氢能与燃料电池产业应用人才培养丛书

氢燃料电池汽车安全设计

Safety Design of Hydrogen Fuel Cell Vehicles

山东氢谷新能源技术研究院　组编

戴海峰　张龙海　袁　浩　编著

机械工业出版社

氢燃料电池汽车是一种将车载氢燃料电池系统产生的电力作为动力的汽车，是电动汽车的一种。鉴于氢气易燃易爆的特性及整车的电耦合环境，氢燃料电池相较于传统汽车，更多涉及氢安全和电安全问题。同时作为交通运输工具，还需要考虑整车安全问题。本书从氢燃料电池汽车安全设计的角度出发，详细阐述了氢燃料电池汽车主要组成系统的安全设计要求以及原理，具体内容涉及氢燃料电池汽车的基本概念、氢燃料电池汽车的氢电安全问题、氢燃料电池汽车总体安全设计、氢燃料电池汽车车载氢系统安全设计、氢燃料电池汽车燃料电池系统安全设计、氢燃料电池汽车燃料电池堆安全设计、氢燃料电池汽车高压电安全设计、氢燃料电池汽车行驶系统安全设计以及氢燃料电池汽车制动系统设计。

本书适用于新能源汽车尤其是燃料电池汽车的研发人员、管理人员，以及相关专业的老师和学生阅读参考。

图书在版编目（CIP）数据

氢燃料电池汽车安全设计/山东氢谷新能源技术研究院组编；戴海峰，张龙海，袁浩编著. —北京：机械工业出版社，2022.12（2024.11 重印）
（氢能与燃料电池产业应用人才培养丛书）
ISBN 978-7-111-72514-5

Ⅰ.①氢… Ⅱ.①山… ②戴… ③张… ④袁… Ⅲ.①氢能-燃料电池-应用-电传动汽车-安全设计 Ⅳ.①U469.72

中国国家版本馆 CIP 数据核字（2023）第 010883 号

机械工业出版社（北京市百万庄大街22号　邮政编码100037）
策划编辑：舒　恬　　　　　　责任编辑：舒　恬　刘　煊
责任校对：潘　蕊　张　征　　封面设计：王　旭
责任印制：单爱军
北京虎彩文化传播有限公司印刷
2024 年 11 月第 1 版第 3 次印刷
184mm×260mm・12.75 印张・317 千字
标准书号：ISBN 978-7-111-72514-5
定价：79.80 元

电话服务　　　　　　　　　　网络服务
客服电话：010-88361066　　　机　工　官　网：www.cmpbook.com
　　　　　010-88379833　　　机　工　官　博：weibo.com/cmp1952
　　　　　010-68326294　　　金　书　网：www.golden-book.com
封底无防伪标均为盗版　　　　机工教育服务网：www.cmpedu.com

编写委员会

指导委员会（排名不分先后）：

衣宝廉　中国工程院院士
陈清泉　中国工程院院士
彭苏萍　中国工程院院士
丁文江　中国工程院院士
刘　科　澳大利亚技术科学与工程院外籍院士，南方科技大学创新创业学院院长
张永伟　中国电动汽车百人会副理事长兼秘书长，首席专家
余卓平　同济大学教授，国家燃料电池汽车及动力系统工程技术研究中心主任

编写委员会（排名不分先后）：

主　任：张　真
副主任：贡　俊　邹建新　赵吉诗　缪文泉　戴海峰　潘相敏
　　　　苗乃乾
委　员：刘　强　潘　晨　韩立勇　张焰峰　王晓华　宋　柯
　　　　孟德建　马天才　侯中军　陈凤祥　张学锋　宁可望
　　　　章俊良　魏　蔚　裴冯来　石　霖　程　伟　高　蕾
　　　　袁润洲　李　昕　杨秦泰　杨天新　时　宇　胡明杰
　　　　吕　洪　林　羲　陈　娟　胡志刚　张秋雨　张龙海
　　　　袁　浩　代晓东　李洪言　杨光辉　何　蔓　林明桢
　　　　范文彬　王子缘　龚　娟　张仲军　金子儿　陈海林
　　　　梁　阳　胡　瑛　钟　怡　阮伟民　陈华强　李冬梅
　　　　李志军　黎　妍　云祉婷　张家斌　崔久平　王振波
　　　　赵　磊　张云龙　宣　锋

FOREWORD 丛书序

当今世界正经历百年未有之大变局，新一轮科技革命和产业变革同我国经济高质量发展要求形成历史性交汇。以燃料电池为代表的氢能开发利用技术取得重大突破，为实现零排放的能源利用提供了重要解决方案，因此，我们需要牢牢把握全球能源变革发展大势和机遇，加快培育发展氢能产业，加速推进我国能源清洁低碳转型。

国际上，全球主要发达国家高度重视氢能产业发展，氢能已成为加快能源转型升级、培育经济新增长点的重要战略选择。全球氢能全产业链关键核心技术趋于成熟，燃料电池出货量快速增长、成本持续下降，氢能基础设施建设明显提速，区域性氢能供应网络正在形成。

"双碳"目标的提出，为我国经济社会实现低碳转型指明了方向，也对能源、工业、交通、建筑等高排放领域提出了更高的标准、更严格的要求。氢是未来新型能源体系的关键储能介质，是推动钢铁等工业领域脱碳的重要原料，是重型货车、船舶、航空等交通领域低碳转型最具潜力的路径，也是零碳建筑、零碳社区建设的必要组成。可以说，氢能的发展关系着碳达峰、碳中和目标的实现，也是推动我国经济持续高质量发展的战略性新兴产业、朝阳产业。

过去三年，我国氢能产业在政策的指引及支持下快速发展。氢从看不见的气体，渐渐融入看得见的生活：氢燃料客车往来穿梭在北京冬奥会、冬残奥会的场馆与赛区之间，一座座加氢站在陆地乃至海上建成，以氢为燃料的渣土车、运输车、环卫车在各地投入使用，氢能乘用车、氢能自行车投入量产，氢动力船舶开始建造，氢能飞行器开启了人们对氢能飞机的想象。2022年3月，国家发展改革委、国家能源局联合发布《氢能产业发展中长期规划（2021—2035年）》，提出到2025年，基本掌握核心技术和制造工艺，燃料电池车辆保有量约5万辆，部署建设一批加氢站；到2030年，形成较为完备的氢能产业技术创新体系、清洁能源制氢及供应体系；到2035年，形成氢能产业体系、构建氢能多元应用生态，可再生能源制氢在终端能源消费中的比重明显提升。未来，氢能产业在以国内大循环为主体、国内国际双循环相互促进的新发展格局下，将迎来更广阔的发展空间。

科技是第一生产力，人才是第一资源，氢能产业的高质量发展离不开人才体系的培养。2021年7月，教育部发布《高等学校碳中和科技创新行动计划》，次年4月发布《加强碳达峰碳中和高等教育人才培养体系建设工作方案》，均提到了对氢制储输用全产业链的技术攻关和人才培养要求，"氢能科学与工程"成为新批准设立的本科专业。《氢能产业发展中长期规划（2021—2035年）》也提出，要系统构建氢能产业创新体系：聚焦重点领域和关键环节，着力打造产业创新支撑平台，持续提升核心技术能力，推动专业人才队伍建设。2022年10月，中共中央办公厅、国务院办公厅印发《关于加强新时代高技能人才队伍建设的意见》，提出构建以行业企业为主体、职业学校为基础、政府推动与社会支持相结合的高技能人才培养体系，加大急需紧缺高技能人才培养力度。

氢能产业的快速发展给人才培养带来挑战，氢能产业急需拥有扎实的理论基础、完整的知识体系，并面向应用实践的复合型人才。此次出版的"氢能与燃料电池产业应用人才培养丛书"由中国电动汽车百人会氢能中心邀请来自学术界、产业界和企业界的专家学者们共同编写完成，是一套面向氢能产业应用人才培养的教育丛书，它填补了行业的空白，为行业的人才建设工作做出了重要的贡献。

氢不仅是关乎国际能源格局、国家发展动向的产业，也是每一个从业者的终身事业。事业的成功要依靠个人不懈的努力，更要把握时代赋予的机遇，迎接产业蓬勃发展的浪潮。愿读者朋友能以此套丛书作为步入氢能产业的起点，保持初心，勇往直前，不负产业发展的伟大机遇与使命！

陈清泉

中国工程院院士
英国皇家工程院院士
世界电动汽车协会创始暨轮值主席
2022 年 10 月

PREFACE 前言

氢能作为来源多样、应用高效、清洁环保的二次能源，广泛应用于交通、储能、工业和发电领域。氢能的开发利用已成为世界新一轮能源技术变革的重要方向，也是全球实现净零排放的重要路径。伴随我国"双碳"战略目标的提出，氢能因具有保障能源安全、助力深度脱碳等特点，成为我国能源结构低碳转型、构建绿色产业体系的重要支撑，产业发展方向确定且坚定。

当前，氢能产业发展迅猛，已经从基础研发发展到批量化生产制造、全面产业化阶段。面对即将到来的氢能规模化应用和商业化进程，具有扎实的理论基础和工程化实践能力的复合型人才将成为推动氢能产业发展的关键力量。氢能人才培养是一个系统化工程，需要有好的人才政策、产业发展背景作为支撑，更需要有产业推动平台、科研院所以及众多企业的创新集聚，共同打造产学研协作融合的良好生态。

2021年7月，教育部印发《高等学校碳中和科技创新行动计划》，明确推进碳中和未来技术学院和示范性能源学院建设，鼓励高校开设碳中和通识课程。2022年10月，中共中央办公厅、国务院办公厅印发了《关于加强新时代高技能人才队伍建设的意见》，明确提出："技能人才是支撑中国制造、中国创造的重要力量。加强高级工以上的高技能人才队伍建设，对巩固和发展工人阶级先进性，增强国家核心竞争力和科技创新能力，缓解就业结构性矛盾，推动高质量发展具有重要意义。"为贯彻落实党中央、国务院决策部署，加强新时代高技能人才队伍建设，同时结合目前氢能产业发展对人才的要求，中国电动汽车百人会氢能中心联合上海燃料电池汽车商业化促进中心、佛山环境与能源研究院、上海氢能利用工程技术研究中心、上海智能新能源汽车科创平台、山东氢谷新能源技术研究院等单位共同编制了"氢能与燃料电池产业应用人才培养丛书"。

本系列丛书包括《氢能与燃料电池产业概论》《制氢技术与工艺》《氢气储存和运输》《加氢站技术规范与安全管理》《氢燃料电池汽车及关键部件》《氢燃料电池汽车安全设计》《氢燃料电池汽车检测与维修技术》，丛书内容覆盖了氢能与燃料电池全产业链完整的知识体系，同时力图与工程化实践做好衔接，立足应用导向，重点推进氢能技术研发的实践设计和活动教学，增进教育链、人才链与产业链的深度融合，可以让学生或在职人员通过学习培训，全面了解氢能与燃料电池产业的发展趋势、技术原理、工程化进程及应用解决方案，具备在氢气制取、储运、加氢站运营、氢燃料电池汽车检测与维修等领域工作所需的基础知识与实操技能。

《氢燃料电池汽车安全设计》这本书主要从安全设计的角度，讲述氢燃料电池汽车主要组成系统的安全设计要求和原理，全书共9章。第1章主要介绍氢燃料电池汽车的组成和原理；第2章主要介绍氢燃料电池汽车的氢电安全问题；第3章主要介绍氢燃料电池汽车总体安全设计要求与测评技术；第 4 章主要介绍氢燃料电池汽车车载氢系统安全设计；第 5 章主要介绍氢燃料电池汽车燃料电池系统安全设计；第 6 章主要介绍氢燃料电池汽车燃料电池堆安全设计；第 7 章主要介绍氢燃料电池汽车高压电安全设计；第 8 章主要介绍氢燃料电池汽车行驶系统安全设计；第 9 章主要介绍氢燃料电池汽车制动系统设计，全书由同济大学联合宇通客车股份有限公司等单位编写，由戴海峰教授统稿。

丛书编写委员会虽力求覆盖完整产业链的相关要点，但新技术发展迅速，编写过程中仍有许多不足，欢迎广大读者提出宝贵的意见和建议，以不断校正与完善图书内容，培养出产业亟需的高技能人才。在此特别感谢各有关合作单位的鼎力支持及辛勤付出。

希冀本套丛书能够为氢能产业专业人才提供帮助，为氢能产业人才培养提供支撑，为氢能产业可持续发展贡献微薄之力。

张真
"氢能与燃料电池产业应用人才培养丛书"编写委员会主任
中国电动汽车百人会氢能中心主任山东氢谷新能源技术研究院院长

目 录

丛书序
前言
第1章 氢燃料电池汽车 ·········· 1
  1.1 氢燃料电池汽车的定义 ·········· 1
  1.2 氢燃料电池汽车的结构和原理 ·········· 2
  1.3 氢燃料电池汽车的主要系统及关键零部件 ·········· 6
  本章小结 ·········· 10
  思考题 ·········· 10

第2章 氢燃料电池汽车的氢电安全问题 ·········· 11
  2.1 氢安全问题 ·········· 11
    2.1.1 氢燃料的性质、种类 ·········· 11
    2.1.2 氢燃料电池汽车的氢安全 ·········· 14
  2.2 电安全问题 ·········· 16
    2.2.1 氢燃料电池汽车主要高压部件 ·········· 17
    2.2.2 氢燃料电池汽车高压电安全 ·········· 18
  本章小结 ·········· 19
  思考题 ·········· 20

第3章 氢燃料电池汽车总体安全设计 ·········· 21
  3.1 氢燃料电池汽车氢电安全设计准则 ·········· 21
    3.1.1 一般设计准则 ·········· 21
    3.1.2 车载氢系统设计准则 ·········· 22
    3.1.3 车载电气系统设计准则 ·········· 22
  3.2 氢燃料电池汽车总体布置 ·········· 23
    3.2.1 氢燃料电池汽车总布置思路 ·········· 23
    3.2.2 设计原则和要求 ·········· 23
    3.2.3 氢燃料电池汽车布置 ·········· 23
    3.2.4 燃料电池总成的布置设计 ·········· 27

3.2.5　空气供给系统布置设计 …………………………………………… 27
　　3.2.6　氢气供给系统布置设计 …………………………………………… 28
　　3.2.7　热管理系统布置设计 ……………………………………………… 30
3.3　氢燃料电池汽车车架的选择 …………………………………………………… 30
3.4　氢燃料电池汽车主要参数的选择 ……………………………………………… 31
　　3.4.1　氢燃料电池汽车构型设计流程 ……………………………………… 31
　　3.4.2　氢燃料电池汽车构型方案选择 ……………………………………… 33
　　3.4.3　氢燃料电池汽车动力系统构型方案选择 …………………………… 33
3.5　氢燃料电池汽车通用安全设计 ………………………………………………… 35
　　3.5.1　失效预警及失效安全设计 …………………………………………… 35
　　3.5.2　整车电磁兼容（EMC）及电气可靠性设计 ………………………… 36
　　3.5.3　碰撞氢、电安全设计 ………………………………………………… 41
　　3.5.4　整车氢气排放和泄漏安全设计 ……………………………………… 46
本章小结 …………………………………………………………………………………… 47
思考题 ……………………………………………………………………………………… 48

第4章　氢燃料电池汽车车载氢系统安全设计 ……………………………………… 49

4.1　加氢系统 ………………………………………………………………………… 51
4.2　供氢系统 ………………………………………………………………………… 52
4.3　储氢系统 ………………………………………………………………………… 53
4.4　氢燃料电池汽车车载氢系统安全要求 ………………………………………… 58
　　4.4.1　材料选择 ……………………………………………………………… 58
　　4.4.2　电气系统 ……………………………………………………………… 59
　　4.4.3　安装及布置 …………………………………………………………… 59
4.5　车载氢系统安全设计 …………………………………………………………… 63
　　4.5.1　功能要求 ……………………………………………………………… 63
　　4.5.2　安全要求 ……………………………………………………………… 64
　　4.5.3　启动与关闭 …………………………………………………………… 66
4.6　车载氢系统的测试评价技术 …………………………………………………… 67
　　4.6.1　供氢系统管路气密性测试 …………………………………………… 68
　　4.6.2　启动与关断功能测试 ………………………………………………… 68
　　4.6.3　安全相关测评 ………………………………………………………… 68
　　4.6.4　振动与冲击测评 ……………………………………………………… 69
本章小结 …………………………………………………………………………………… 70
思考题 ……………………………………………………………………………………… 70

第5章　氢燃料电池汽车燃料电池系统安全设计 …………………………………… 71

5.1　氢燃料电池系统关键零部件及安全因素 ……………………………………… 71
　　5.1.1　控制系统及保护部件 ………………………………………………… 71
　　5.1.2　辅助系统核心部件 …………………………………………………… 73

  5.1.3 外壳、管路及连接件 ……………………………………………… 76
  5.1.4 导线及接地 …………………………………………………………… 78
 5.2 氢燃料电池系统设计及安全因素 ………………………………………… 79
  5.2.1 热管理子系统及热安全设计 ……………………………………… 79
  5.2.2 氢气子系统 …………………………………………………………… 81
  5.2.3 空气子系统 …………………………………………………………… 82
  5.2.4 废气和废水的排放 ………………………………………………… 83
 5.3 氢燃料电池系统的测试技术 ……………………………………………… 84
 本章小结 ……………………………………………………………………………… 89
 思考题 ………………………………………………………………………………… 90

第6章 氢燃料电池汽车燃料电池堆安全设计 ……………………………… 91

 6.1 燃料电池堆关键材料和部件 ……………………………………………… 91
  6.1.1 质子交换膜 …………………………………………………………… 92
  6.1.2 膜电极 ………………………………………………………………… 93
  6.1.3 气体扩散层 …………………………………………………………… 94
  6.1.4 极板 …………………………………………………………………… 95
  6.1.5 端板 …………………………………………………………………… 96
 6.2 燃料电池堆安全设计 ……………………………………………………… 97
  6.2.1 散热设计 ……………………………………………………………… 97
  6.2.2 绝缘设计 ……………………………………………………………… 100
  6.2.3 密封设计 ……………………………………………………………… 101
  6.2.4 其他零部件设计 …………………………………………………… 104
 6.3 燃料电池堆的测试技术 …………………………………………………… 104
 本章小结 ……………………………………………………………………………… 111
 思考题 ………………………………………………………………………………… 111

第7章 氢燃料电池汽车高压电安全设计 …………………………………… 112

 7.1 氢燃料电池汽车高压电安全设计要素分析 …………………………… 112
  7.1.1 人员防护总则 ……………………………………………………… 112
  7.1.2 过电流及短路保护设计 ………………………………………… 118
  7.1.3 过电压及欠电压防护 …………………………………………… 121
  7.1.4 预充电保护 ………………………………………………………… 122
  7.1.5 下电残余电量释放 ……………………………………………… 123
 7.2 燃料电池堆高压安全设计 ………………………………………………… 124
  7.2.1 高压电安全设计的一般指标 …………………………………… 124
  7.2.2 整车高压系统架构及安全指标分解 ………………………… 125
  7.2.3 燃料电池绝缘电阻及防护 ……………………………………… 127
  7.2.4 动力电池绝缘设计及防护 ……………………………………… 131
  7.2.5 其他高压安全设计及防护措施 ………………………………… 132

本章小结 …………………………………………………………………………… 141
　　思考题 ……………………………………………………………………………… 142

第 8 章　氢燃料电池汽车行驶系统安全设计 …………………………………… 143

8.1　驱动系统设计 …………………………………………………………………… 143
　　8.1.1　整车高压平台的确定 ………………………………………………… 144
　　8.1.2　氢燃料电池参数设计 ………………………………………………… 144
　　8.1.3　辅助能源参数设计 …………………………………………………… 144
　　8.1.4　储氢系统参数 ………………………………………………………… 145

8.2　传动系统设计 …………………………………………………………………… 146
　　8.2.1　驱动电机参数设计 …………………………………………………… 146
　　8.2.2　变速器和主减速器参数设计 ………………………………………… 147

8.3　转向系统设计 …………………………………………………………………… 148
　　8.3.1　电动助力转向系统组成和工作原理 ………………………………… 148
　　8.3.2　电动助力转向系统结构匹配设计 …………………………………… 150
　　8.3.3　电动助力转向系统参数匹配设计 …………………………………… 152

　　本章小结 …………………………………………………………………………… 154
　　思考题 ……………………………………………………………………………… 154

第 9 章　氢燃料电池汽车制动系统设计 …………………………………………… 155

9.1　制动器的结构方案分析 ………………………………………………………… 155
9.2　制动器主要参数的确定 ………………………………………………………… 158
9.3　制动器的设计与计算 …………………………………………………………… 163
9.4　制动驱动机构的设计与计算 …………………………………………………… 170
9.5　制动器的主要结构元件 ………………………………………………………… 176

　　本章小结 …………………………………………………………………………… 178
　　思考题 ……………………………………………………………………………… 178

附录　常用缩写词 ……………………………………………………………………… 179

参考文献 ………………………………………………………………………………… 181

第 1 章　氢燃料电池汽车

随着环境问题的加剧与国民环保意识的日益增强，低碳化、绿色化已成为汽车产业发展的重要趋势，发展新能源汽车将对全球汽车和能源技术、产业，以及社会经济发展产生重大、深远的影响。氢燃料电池汽车（Fuel Cell Electric Vehicle，FCEV）一直是氢能产业、新能源汽车产业发展的关键环节，加快发展氢燃料电池汽车既能推动汽车产业结构优化升级，也有利于落实能耗"双控"，进而实现"双碳"目标。

1.1　氢燃料电池汽车的定义

氢燃料电池汽车（以下又称为燃料电池汽车）是利用氢气和空气中的氧，在催化剂的作用下在燃料电池中经电化学反应产生的电能，并作为主要动力源驱动的汽车。燃料电池汽车实质上是电动汽车的一种，在车身、动力传动系统、控制系统等方面，燃料电池汽车与普通电动汽车基本相同，主要区别在于动力电池的工作原理不同，图 1-1 所示为燃料电池汽车的基本结构，主要部件有高压储氢瓶、燃料电池、动力电池、驱动电机和动力控制单元等。高压储氢瓶存储燃料电池系统反应所需的氢气，氢在燃料电池中与空气中的氧气发生氧化还原反应产生电能，并与可充电储能系统（Rechargable Energy Storage System，REESS）一起为驱动电机供电，再由驱动电机带动汽车的机械传动装置，驱动汽车前进。

与传统汽车和纯电动汽车相比，燃料电池汽车具有以下特点。

（1）能量转化效率高

燃料电池没有活塞或涡轮等机械部件及中间环节，且不受卡诺定律的限制，能量转换效率可高达 60%~80%，为传统内燃机的 2~3 倍。

（2）无污染，零排放

燃料电池的燃料是氢和氧，生成物是清洁的水；若以富氢有机化合物重整制得的氢作为燃料，生成物除了水可能还有少量二氧化碳，但排放量比传统汽车少得多，且不包含其他氮化物、硫化物等污染排放物。

（3）氢来源广泛

氢气的来源可包括煤和天然气为主的化石能源重整制氢、焦炉煤气、氯碱尾气、丙烷脱氢为主的工业副产气制氢，以及利用可再生能源电解水制氢。因此，氢燃料电池汽车的发展

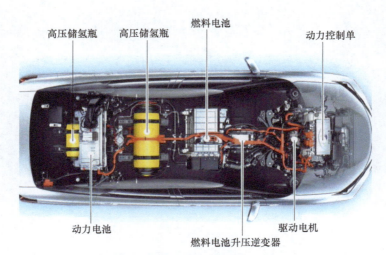

图 1-1 燃料电池汽车基本结构示意图

可减少对石油资源的依赖，优化交通能源结构。

（4）续驶里程长

燃料电池汽车续驶里程由车载储氢瓶的总容量决定，理论上长途行驶能力接近于传统内燃机汽车，克服了纯电动汽车续驶里程短的缺点。

（5）加氢时间短

燃料电池汽车加注一次氢气的时间约为 5~15min，而纯电动汽车进行一次快充也至少需要 30min。

（6）噪声和振动小

燃料电池在发电过程中运行平稳、噪声低，除了空压机、氢气循环泵/引射器和冷却系统以外，无其他大噪声运动部件。

1.2　氢燃料电池汽车的结构和原理

燃料电池车由四个基本模块组成：动力系统、底盘、汽车电子系统和车身。动力系统通过燃料电池系统和驱动电机为汽车提供动力。这种能量来源于氢，氢储存在车辆的高压储氢罐中。燃料电池堆将氢包含的化学能转化为电能，并由电池作为辅助，共同驱动电机。这与纯电动车的原理没有太大不同，但是燃料电池车的电池容量要小得多。因为纯电动车的电池用于储存驱动汽车所需的全部能量，而燃料电池车只需使用电池来辅助稳定燃料电池的输出功率；在功率需求较低时吸收额外的电力，在功率需求大时释放电力。除了动力系统外，车辆的其他部件基本上是相同的。车辆底盘包括传动、转向、制动和行驶系统。汽车电子系统主要由底盘控制系统、安全系统、车辆电子产品，以及传感器等构成。最后，车身包括车身主体、座椅和内饰。

燃料电池汽车结构差异主要取决于其动力系统。燃料电池动力系统中的二次储能装置可以有多种类型，包括锂离子电池、镍氢电池和超级电容等，因此，燃料电池动力系统存在多种构型方案。目前常用的燃料电池动力系统构型包括单一燃料电池、燃料电池+动力电池、燃料电池+超级电容和燃料电池+动力电池+超级电容。

一、单一燃料电池构型

单一燃料电池构型只包含燃料电池一个动力源，单一燃料电池动力系统基本结构如图 1-2 所示，包括燃料电池、整车控制器、DC/DC 变换器和电机等部件。汽车的所有功率负荷都由燃料电池承担。燃料电池系统将氢气与氧气反应产生的电能传给驱动电机，驱动电机将电能转化为机械能再传给传动系统，从而驱动汽车前进。

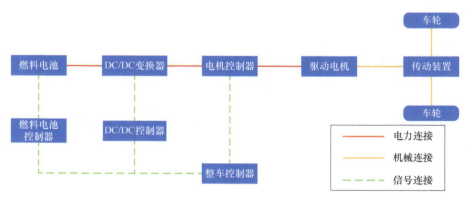

图 1-2　单一燃料电池动力系统基本结构

二、燃料电池+动力电池构型

该种构型有多种分类标准，根据是否插电可分为插电型和不插电型；根据配备的燃料电池和动力电池的功率等级的差异，可分为能量混合型和功率混合型；根据燃料电池是否与直流母线直接连接，可分为直接型和间接型。图 1-3 所示为燃料电池+动力电池动力系统基本结构，包括燃料电池、动力电池、整车控制器、DC/DC 变换器和驱动电机等部件。

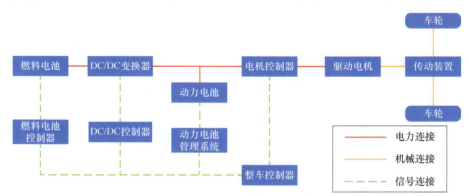

图 1-3　燃料电池+动力电池动力系统基本结构

1. 不插电型和插电型

不插电型燃料电池+动力电池构型动力系统中，燃料电池系统为主要动力源，动力电池配合燃料电池系统进行混合驱动，电能经过驱动电机转化成机械能传给传动系统。加速时，电池组和燃料电池堆共同输出能量，保证整车的加速性能，由于电池组提供了部分能量，减轻了电池堆瞬时加速时的负担，避免阴极"氧气饥饿"现象的发生，可延长电池堆寿命。

制动时，电池组回收部分能量，此过程由电池管理系统控制。此构型的优点是：①燃料电池成本降低；②对电池堆动态特性及功率要求降低；③启动容易；④可靠性高。缺点是：①结构复杂；②紧急制动时的能量回收瞬时电流较高；③动力电池可能会受到一定损伤。

插电型燃料电池+动力电池构型与传统的插电式混合动力汽车类似，该方案有两种驱动模式，第一种以动力电池为主要动力来源，动力电池外接充电器可以为动力电池充电；第二种是纯燃料电池驱动。此方案一方面能够发挥电动汽车低速性能好的特点，解决拥堵造成的车辆起步停车和排放问题；另一方面，适当匹配动力系统结构参数，能够很好地解决氢燃料电池汽车性能、应用和成本之间的矛盾。

2. 能量混合型和功率混合型

根据配备的燃料电池和动力电池功率等级的差异，燃料电池+动力电池构型可分为能量混合型和功率混合型两大类。能量混合型燃料电池+动力电池混合驱动汽车燃料电池功率较小，在车辆行驶过程中，整车部分功率由燃料电池提供，不足部分由动力电池提供。功率混合型燃料电池汽车在车辆行驶过程中，主动力源为燃料电池，动力电池为辅助动力源，动力电池只是在燃料电池启动、汽车爬坡和加速时提供功率，在汽车制动时能回收制动能量。

（1）能量混合型 FCEV 的特点

1）燃料电池所提供的功率占整车总需求功率的比例较小。

2）燃料电池只能提供一部分车辆行驶需求功率，不足部分还需其他动力源（如动力电池或超级电容）提供。

3）燃料电池可在系统效率较高的额定功率区域内长时间工作。

4）需要配备较大容量的动力电池，故整车重量增加，动力性变差，整车布置空间紧张。

5）每次运行结束后，除要加注氢燃料外，还需用地面电源为动力电池充电。

（2）功率混合型 FCEV 的特点

1）燃料电池所提供的功率占整车总需求功率的比例较大。

2）燃料电池为主动力源，动力电池或超级电容为辅助动力源。

3）车辆行驶需求功率主要由燃料电池提供，动力电池只是在燃料电池启动、车辆爬坡和加速时提供功率，在车辆制动时回收再生制动能量。

4）可减小动力电池容量，有利于减轻车重，提高车辆动力性。

5）需配备较大功率的燃料电池，故整车成本较高。燃料电池工作状况随车辆工况波动较大。

3. 直接型和间接型

根据 DC/DC 变换器位置的不同，可将动力系统结构分为两大类：直接型燃料电池动力系统和间接型燃料电池动力系统。

直接型燃料电池动力系统的结构布置特点是燃料电池系统与直流母线直接相连，辅助动力源也直接并入动力母线。在此动力系统拓扑结构中，辅助动力源的存在可以回收制动能量，提高了整车的经济性，降低了燃料电池的功率需求，减少了成本，同时增加辅助动力源也增加了整车储存的能量，增加了续驶里程。但对直接型燃料电池混合动力系统而言，燃料电池系统和驱动电机系统的电压匹配存在矛盾：当母线电压过低时，驱动电机系统的功率输出能力差，进而影响了燃料电池最大功率输出能力的发挥；而母线电压比较高时，驱动电机的最大功率输出能力很好，燃料电池则由于电压太高而输出功率较小。

间接型燃料电池动力系统中燃料电池系统通过单向 DC/DC 变换器并入直流母线，燃料电池的端电压就可以通过 DC/DC 变换器的升压或者降压，与系统直流母线的电压进行匹配，从而使燃料电池系统功率输出与直流母线的电压之间不存在关系，同时 DC/DC 变换器也可将直流母线电压维持在驱动电机系统的最佳工作范围，提高系统效率。

三、燃料电池+超级电容构型

燃料电池+超级电容混合驱动构型与燃料电池+动力电池混合驱动构型类似。燃料电池与超级电容联合方案如图 1-4 所示。它的构型特点是把辅助动力电池换成了超级电容。在该动力系统结构中，有燃料电池和超级电容两个动力源。汽车的功率负荷由燃料电池和超级电容共同承担，即燃料电池和超级电容一起为驱动电机提供能量，驱动电机将电能转化成机械能传给传动系统，从而驱动汽车前进。考虑到超级电容的能量密度，该构型的氢燃料电池汽车大多为功率混合型燃料电池汽车，主动力源为燃料电池，超级电容为辅助动力源，超级电容只是在燃料电池启动、汽车爬坡和加速时提供功率，在汽车制动时能回收制动能量。

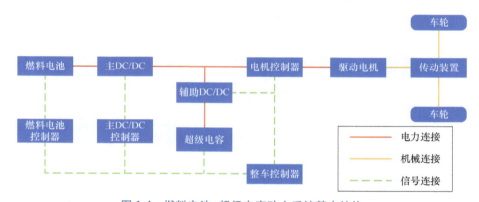

图 1-4 燃料电池+超级电容动力系统基本结构

按照电极材料的不同，可以把超级电容分为三类：碳电极双层超级电容、金属氧化物超级电容和有机聚合物超级电容。金属氧化物超级电容的优点是比功率很高，但是价格昂贵，主要用于军事领域；碳材料是商品化超级电容的主要材料，有成本低、单位质量表面积大、技术成熟等优点。

四、燃料电池+动力电池+超级电容构型

燃料电池、动力电池与超级电容联合方案如图 1-5 所示。它是在燃料电池与辅助动力电池混合驱动的 FCEV 的电压总线上再并联超级电容，用于提供加速或吸收紧急制动的尖峰电流。

三动力源构型特点：燃料电池作为车辆的主能量源，通过主 DC/DC 变换器与逆变器相连，超级电容与双向 DC/DC 串联，再与动力电池并联组成复合电源，作为车辆的副能量源。燃料电池与复合电源并联共同为车辆提供能量。在这种构型中，可以为燃料电池和复合电源分别设计控制策略，保证燃料电池能充分发挥其续驶里程长的特点，同时保证燃料电池工作在高效区，其动态响应慢的缺陷能够通过复合电源进行调节。从复合电源子系统来看，经过超级电容的"削峰填谷"作用，动力电池不会出现大电流的充放电情况，可以提高动力电池寿命。

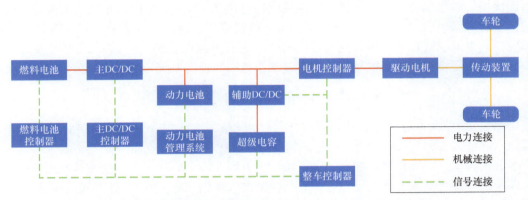

图 1-5　燃料电池+动力电池+超级电容动力系统基本结构

在这种动力系统结构中，燃料电池、动力电池和超级电容一起为驱动电机提供能量，驱动电机将电能转化成机械能传给传动系统，从而驱动汽车前进。在汽车制动时，驱动电机变成发电机，动力电池和超级电容将储存回馈的能量。燃料电池+动力电池+超级电容混合动力系统与"燃料电池+动力电池"或"燃料电池+超级电容"混合动力系统相比较，具有明显优势，尤其是在部件效率、动态特性、制动能量回馈等方面更有优势。此构型特点如下：

1）在采用燃料电池、动力电池和超级电容联合供能时，燃料电池的能量输出更为平缓，随时间变化波动较小。

2）能量需求变化的低频部分由动力电池承担，能量需求变化的高频部分由超级电容承担。各动力源的分工更加明细，使得它们的优势也得到了更好的发挥。

3）可以更加充分地回收制动能量。

4）燃料电池+动力电池+超级电容混合动力控制策略开发难度较大，尤其是在驱动时，由于能量流动自由度多，为了能够充分发挥多能量源系统的输出优势，并保证整车动力性与经济性，对整车能量管理策略要求较高。

1.3　氢燃料电池汽车的主要系统及关键零部件

1. 燃料电池系统

燃料电池系统是燃料电池汽车的"心脏"，其性能的好坏直接决定了整车在市场上的竞争力。通常燃料电池系统由燃料电池堆和辅助系统组成，辅助系统包括氢气子系统、空气子系统、冷却子系统等，典型燃料电池系统结构原理如图 1-6 所示。

空气子系统的作用是为燃料电池反应提供所需的氧气，主要由空气滤清器、空气压缩机、中冷器、加湿器等零部件组成，如图 1-7 所示。空气滤清器对空气中的物理和化学杂质进行过滤，空气压缩机对环境空气进行压缩，压缩后的空气温度可达到 200℃ 以上，为防止进气温度过高而损伤燃料电池堆，需要中冷器对压缩后的空气进行冷却。同时，质子交换膜的电导率与膜的水状态密切相关，一般采用加湿器对进入电堆的空气进行加湿处理。

氢气子系统的作用是为燃料电池反应提供所需的氢气，主要零部件包括高压储氢瓶、减压阀、氢气比例阀、氢气循环泵/引射器、尾气阀等，如图 1-8 所示。氢气循环泵是氢气子系统的核心部件，它可以将阳极出口氢气循环至燃料电池堆阳极入口再次参与反应，有效提

第 1 章　氢燃料电池汽车

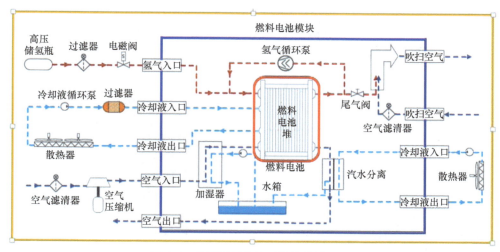

图 1-6　典型燃料电池系统结构原理图

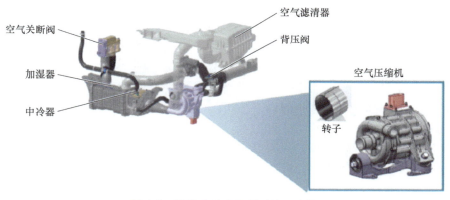

图 1-7　燃料电池空气子系统示意图

高了氢气利用率，并使得阳极侧氢气分配更加均匀，同时带走从阴极渗透至阳极的液态水。氢气喷射器也可作为氢气循环动力器件之一，主要利用射流使不同压力流体相互混合，来传递能量和质量。

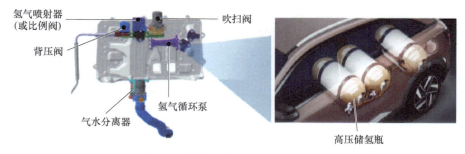

图 1-8　燃料电池氢气子系统示意图

如图 1-9 所示，热管理子系统的作用是维持燃料电池堆和辅助部件在正常运行温度范围内，主要分为主散热回路和辅助散热回路。主散热回路对燃料电池堆进行冷却，若燃料电池

7

堆冷却不充分，温度升高超过理想运行温度上限，将影响整个系统的性能。除了需要对燃料电池堆进行冷却外，空气压缩机和 DC/DC 变换器等辅助零部件也需要冷却，但与主散热回路相比，辅助散热回路所需流量较小，因此对水泵扬程和流量的要求较低。

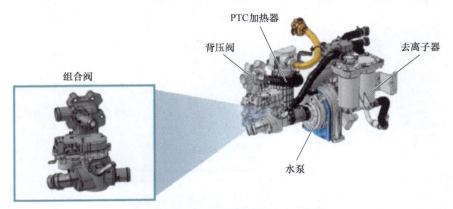

图 1-9　燃料电池热管理子系统示意图

质子交换膜燃料电池因具有工作温度低、动态响应快、冷启动速度快等优点，被广泛应用于燃料电池汽车。为满足整车的电压和功率需求，通常将多个燃料电池单体以串联方式层叠组合，构成燃料电池堆，燃料电池堆反应所需的气体、温度的调节均由上述子系统控制，同时，为确保燃料电池堆运行状态的安全性和可靠性，需配置电压巡检装置（Cell Voltage Monitor，CVM），监测各单体电池的工作状态。

2. 车载储氢系统

车载储氢系统是燃料电池汽车的重要组成部分，包括高压储氢瓶、安全阀、泄压阀、减压阀、温度传感器、压力传感器、管路、高压接头、电磁阀、碰撞传感器等零部件，结构如图 1-10 所示。车载储氢系统可根据氢气存储形式分为高压气态储氢系统、液态储氢系统、固态储氢系统等。其中，高压气态储氢是将氢气直接压缩，以高密度气态形式存储，具有成本低、充放氢速度快等优点，是发展最成熟的储氢技术，也是目前车载储氢应用最广泛的方法。

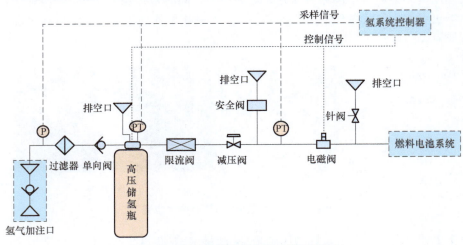

图 1-10　典型车载储氢系统结构示意图

高压储氢瓶是压缩氢广泛使用的关键技术,随着应用需求的不断提高,轻质高压是高压储氢气瓶发展的不懈追求。目前,高压储氢瓶主要分为全金属气瓶(Ⅰ型)、金属内胆纤维环向缠绕气瓶(Ⅱ型)、金属内胆纤维全缠绕气瓶(Ⅲ型)、非金属内胆纤维全缠绕气瓶(Ⅳ型)。其中,因为Ⅰ型瓶和Ⅱ型瓶重容比大,储存密度较低,不适合用作气瓶;Ⅲ和Ⅳ型瓶由于采用了轻质、高强度的纤维,不仅有效减轻了气瓶的质量,还能够承受更高的压力,因而被广泛用作储氢气瓶。国内车载储氢瓶多为Ⅲ型气瓶,Ⅳ型气瓶目前仍处于研发和小批量试制阶段,而国外车载储氢瓶多为Ⅳ型气瓶。国内外车载储氢气瓶(Ⅲ/Ⅳ型)由内至外包括内衬层、复合材料层、外壳保护层,如图1-11所示。国内内衬材料多选用铝合金,国外则多选用特种塑料;内层之外又称为复合材料层,一般分为两层,内层为碳纤维缠绕层,一般是由碳纤维和环氧树脂构成;外层为玻璃纤维保护层,一般是由玻璃纤维和环氧树脂构成。两层均是由缠绕工艺制作而成,通过对环氧树脂加热固化,以保证气瓶强度。

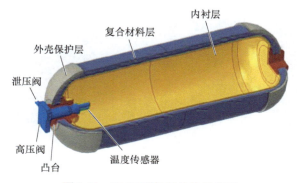

图 1-11　Ⅲ/Ⅳ型气瓶结构示意图

3. 驱动系统

与混合动力汽车相比,燃料电池车使用单一电能源,驱动系统也被称为电驱动系统,大大减少了汽车内部机械传动系统,结构更简化,也降低了机械部件摩擦导致的能量损耗及噪声,节省了汽车内部空间、重量。电驱动系统一般由驱动电机、电机控制器、传动装置、电子驻车控制单元等组成。其中,驱动电机是以磁场为媒介进行机械能和电能相互转换,一种是在电机绕组内通以电流来产生磁场,另一种是由永磁体来产生磁场。电机控制器采用了通过对脉冲宽度进行调制的 PWM 控制技术,将电池直流电压转化为电机所需的幅值、频率可调的三相对称交流电压。

目前,常见的驱动电机有直流有刷电机、交流异步电机、永磁同步电机、开关磁阻电机四类,国内燃料电池汽车配套电机以交流异步电机和永磁同步电机为主,图1-12为永磁同步电机结构示意图。由于永磁同步电机具有功率密度高、体积小、重量轻、效率高、功率因数高、恒功率调速范围宽、振动噪声小、转动惯量小、动态性能好、可靠性高等优点,逐渐成为主流技术方案。

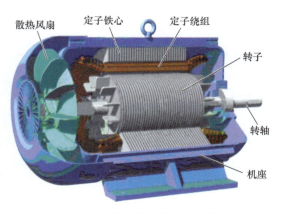

图 1-12　永磁同步电机结构示意图

4. 可充电储能系统（Rechargable Energy Storage System，REESS）

由于燃料电池相对二次电池较软的输出特性，采用燃料电池与辅助电源构成的复合动力系统是现阶段氢燃料电池汽车动力系统的主流趋势。氢燃料电池汽车启动过程中，燃料电池输出尚未稳定，动力系统及整车各子系统中的控制、检测等电路都由 REESS 供电，待燃料电池电压正常输出后，可切断 REESS 的电能供应，并可以给 REESS 反向充电。

目前常见的可充电储能元件有镍氢电池、锂离子电池和超级电容等，如图 1-13 所示。当使用锂离子电池作为 REESS 时，应配有电池管理系统（Battery Management System，BMS）对电池进行有效管理，以确保电池工作在合理的电压、电流、温度范围内。BMS 主要功能包括数据采集、数据显示、荷电状态（State of Charge，SOC）、健康状态（State of Health，SOH）和功率状态（State of Power，SOP）等核心状态估计、热管理、数据通信、安全管理、能量管理和故障诊断等，其中能量管理还包含了电池电量均衡功能及充电管理功能等。

图 1-13　常见可充电储能元件示意图
a) 锂离子电池　b) 超级电容

本章小结

本章介绍了氢燃料电池汽车的一般概念，并从动力系统角度，阐述了现有氢燃料电池汽车的构型方案及其工作原理，接着着重介绍了氢燃料电池的主要系统及其关键零部件，包括燃料电池系统、车载储氢系统、驱动系统等，进而引出氢燃料电池汽车特有氢电安全问题。

思考题

1. 氢燃料电池汽车的定义是什么？相较于其他类型的汽车，有何优势？
2. 从氢燃料电池汽车的动力系统角度出发，氢燃料电池汽车的结构可以分为几类，每一类的特点是什么？
3. 氢燃料电池汽车的主要系统有哪些？其中，储氢系统中高压储氢瓶有哪几类？

第 2 章 氢燃料电池汽车的氢电安全问题

氢燃料电池汽车由氢气和氧气通过燃料电池反应产生的电能提供动力，氢氧反应这一过程不仅有极高的能量利用效率，而且排放物只有水。但是，氢燃料电池汽车要得到推广和应用，其安全性是我们首先要关心的问题。由于氢气本身的特性，如泄漏性、爆炸性、氢脆等，以及燃料电池汽车整车高压环境，使得氢燃料电池汽车的氢电安全备受关注。

2.1 氢安全问题

氢是元素周期表中的第一位元素，也是最轻的元素。在地球上氢多以化合物的形式存在，游离态的氢单质相对罕见，氢气最早于 16 世纪初已被发现。常温常压下，氢气是一种极易燃烧，无色透明、无臭无味的气体，其使用危险程度较高，因此如何保证用氢安全对氢燃料电池汽车的大规模市场化推广至关重要。

目前，氢安全问题在世界范围内引起了广泛关注，如日本、美国、加拿大等国家成立了专门的研究机构开展氢安全研究，并推出了多个安全法规或标准。美国 SAE 制定了 SAE J 2578—2014《燃料电池汽车通用安全推荐规程》，国际标准化组织 ISO 发布了 ISO 23273：2013《燃料电池道路车辆 安全性规范 带压缩氢燃料汽车用氢危险防护措施》，提出了氢燃料电池汽车安全性的相关测试要求，其中对车辆的一般性要求、燃料系统的安全、燃料电池系统的安全、电力系统的安全、机械安全等都有相应的强制性法规要求。此外，国际上也专门成立了氢安全协会来推动氢安全的发展，该协会每两年组织一次国际氢安全会议（ICHS），为展示和探讨氢安全领域的最新研究成果，以及分享氢安全相关信息、政策和数据提供了一个开放的平台。我国也同样高度重视氢安全问题，相关机构也在氢安全领域开展了大量的研究。

2.1.1 氢燃料的性质、种类

与常规能源相比，氢有很多特性，其中既有不利于安全的属性，也有利于安全的属性。不利于安全的属性有：更宽的爆炸极限，更低的燃点，更容易泄漏，更高的火焰传播速度，更容易爆炸。有利于安全的属性有：更大的扩散系数和浮力，单位体积或单位能量的爆炸能更低。本章就人们普遍关心的氢能安全性的几个方面问题，结合氢的相关特性进行介绍。

1. 泄漏特性

氢分子尺寸较小，与其他气体或液体燃料相比更容易从缝隙或孔隙中泄漏。且氢气扩散系数比其他气体更高，并且具有较大的"浮力"，在空间上能够以很快的速度上升，同时进行快速的横向移动扩散。因此当氢气泄漏时，氢气将沿着多个方向迅速扩散，并与环境空气混合。例如，对于透过薄膜的扩散，氢气的扩散速度是天然气的3.8倍。表2-1列出了氢气和丙烷相对于天然气的泄漏特性。

表2-1 氢气和丙烷相对于天然气的泄漏率

气体种类	天然气	氢气	丙烷
空气中的扩散系数/(cm^2/s)	0.16	0.61	0.10
0℃的黏度/$Pa \cdot s \times 10^{-7}$	110	87.5	79.5
26℃，100kPa下的密度/(kg/m^3)	0.666	0.08342	1.858
相对泄漏率（扩散）	1.0	3.8	0.63
相对泄漏率（层流）	1.0	1.26	1.38
相对泄漏率（湍流）	1.0	2.83	0.6

燃料电池汽车的高压储氢瓶的压力一般是35MPa，如果发生泄漏的话是以湍流的形式发生；燃料电池前端的氢气压力约为200kPa，如果发生泄漏就应该是以层流的形式发生。所以，根据FCEV中氢气泄漏的大小和位置的不同，泄漏的状态是不同的。从高压储氢瓶中大量泄漏时，氢气会达到声速。

2. 与材料的相互作用

氢脆是溶于金属中的高压氢在局部浓度达到饱和后引起金属塑性下降、诱发裂纹甚至开裂的现象。锰钢、镍钢以及其他高强度钢容易发生氢脆现象。这些钢长期暴露在氢气中，尤其是在高温高压下，其强度会大大降低。因此，如果与氢接触的材料选择不当，就会导致氢的泄漏和燃料管道的失效。

氢脆的影响因素众多，例如环境的温度和压力、氢的纯度、浓度和暴露时间，以及材料裂纹前缘的应力状态、力学性能、微观结构、表面条件和性质等。因此，氢环境下应用的金属材料要求与氢具有良好的相容性，需进行氢与材料之间的相容性试验，主要包括慢应变速率拉伸试验、断裂韧度试验、疲劳裂纹扩展速率试验、疲劳寿命试验等。

3. 氢气的扩散特性

如果发生泄漏，氢气就会迅速扩散。与汽油、丙烷和天然气相比，氢气具有更大的浮力（快速上升）和更大的扩散性（横向移动）。由表2-2可以看出，氢气的密度仅为空气的7%，而天然气（主要成分为甲烷）的密度是空气的55%。所以即使在没有风或不通风的情况下，它们也会向上升，而且氢气会上升得更快一些。而丙烷和汽油蒸气都比空气重，所以它们会停留在地面，扩散得很慢。氢的扩散系数是天然气的3.8倍，丙烷的6.1倍，汽油的12倍。这么高的扩散系数表明，在发生泄漏的情况下，氢在空气中可以向各个方向快速扩散，迅速降低浓度。

表 2-2　氢气等燃料的浮力与扩散

气体种类	氢气	天然气	丙烷	汽油蒸气
浮力（与空气的密度比）	0.07	0.55	1.52	3.4~4.0
扩散系数/(cm^2/s)	0.61	0.16	0.10	0.05

在户外，氢的快速扩散对安全是有利的。在室内，氢的扩散可能有利也可能有害。如果泄漏很小，氢气会快速与空气混合，保持在爆炸下限之下；如果泄漏很大，快速扩散会使得混合气很容易达到爆炸极限，不利于安全。

4. 氢气燃烧特性

氢气的燃烧爆炸会产生较高的温度场和压力场，对周围的人员财产产生巨大危害。在常温下，氢除非以某种方式（比如适当的催化剂）被激活，否则其活性不强。在环境温度下，氢与氧反应生成水的速度非常慢。但是，如果通过催化剂或火花加快反应速度，它就会以高速率或"爆炸"的形式反应。

氢气是一种极易燃的气体，燃点只有 574℃。目前国际上普遍认为氢气自燃的可能原因包括逆焦耳-汤姆孙效应、静电点火机理、扩散点火机理和热表面点火机理。点火源包括快速关闭阀门产生的机械火花，未接地微粒过滤器的静电放电，电气设备、催化剂颗粒和加热设备产生的火花，通风口附近的雷击等。在氢气使用过程中，必须以适当的方式消除或隔离点火源，并应在不存在点火源的情况下进行操作。

在空气中，氢的燃烧范围很宽，但是点火能很低。氢/空气混合物爆炸极限是 4%~75%（体积分数），点火能仅为 0.02MJ。而其他燃料的爆炸极限要窄得多，点火能也要高得多，见表 2-3。

表 2-3　氢气等燃料的燃烧特性

气体种类	氢气	天然气	丙烷	汽油蒸气
爆炸下限（%，体积分数）	4	5.3/3.8	2.1	1
爆炸上限（%，体积分数）	75	15	9.5	7.8
最小点火能/MJ	0.02	0.29	0.3	0.24
最小自燃温度/℃	520	630	450	228~470
燃烧速度/$cm \cdot s^{-1}$	270	37	47	30
单位体积爆炸能量/$gTNT \cdot m^{-3}$	2.02	7.03		44.22

从表 2-3 可以看出，氢气的爆炸下限是汽油的 4 倍，是丙烷的 1.9 倍，只是略低于天然气。另外，氢气的最小点火能是在浓度为 25%~30%（体积分数）的情况下得到的。在较高或较低的燃料空气比的情况下，点燃氢气所需的点火能会迅速增加。事实上，在爆炸下限附近，燃料浓度为 4%~5%（体积分数），点燃氢气/空气混合物所需要的能量与点燃天然气/空气混合物所需的能量基本相同。

5. 氢气爆燃爆轰特性

在户外，燃烧速度很低，氢气爆炸的可能性很小，除非有闪电、化学爆炸等大能量才能引爆氢气。但是在密闭的空间内，燃烧速度可能会快速增加，发生爆炸。

由表 2-3 可知，氢气的燃烧速度是天然气和汽油的 7~9 倍。在其他条件相同的情况下，氢气比其他燃料更容易发生爆燃甚至爆炸。但是，爆炸受很多因素的影响，比如燃料空气比，温度，密闭空间的几何形状等，并且影响的方式很复杂。氢气的燃料空气比的爆炸下限是天然气的 2 倍，是汽油蒸气的 12 倍。如果要氢气发生爆炸，氢气必须在没有点火的情况下累积到至少 13%（体积分数，后同）的浓度，然后再触发着火源发生爆炸。而在工程上，氢气的浓度基本会保持在 4% 的爆炸下限以下，或者要安装探测器报警或启动排风扇来控制氢气浓度。所以如果氢气浓度累积到 13%~18%，还没有报警则说明安全保护系统已经出现很大的问题，这种情况的概率是很小的。如果发生爆炸，氢的单位体积爆炸能是最低的。而就单位体积而言，氢气爆炸能量仅为汽油蒸气的 1/22。

若在封闭区间内发生爆炸，例如车载储氢瓶内，压力瞬间可达到初始压力的几倍甚至几十倍，因此为了避免发生该事故，通常在车载储氢系统上安装安全泄放装置。此外，设置安全措施以防止爆燃转爆轰的发生，这也是十分重要的。事实上，在露天场地，静止的化学计量氢-空气混合物产生爆炸的压力波只有 0.01MPa（低于造成耳膜损伤的压力级别），而氢-空气混合物爆轰则会伴随着高出两个数量级的压力，约为 1.5MPa（远高于可致命的 0.08~0.10MPa 压力范围）。

6. 氢气淬熄特性

氢气火焰很难熄灭。例如，由于水汽会加大氢-空气混合气体燃烧的不稳定性，加强燃烧能力，大量水雾的喷射会使氢空气混合燃烧加剧。与其他可燃气体相比，氢气的淬熄距离最低。由于氢存在重燃和爆炸的危险，通常只有切断氢供应后，才能扑灭氢气燃烧的火焰。

2.1.2 氢燃料电池汽车的氢安全

氢燃料电池汽车的氢安全主要包括车载高压储氢和燃料电池系统的氢安全问题，主要涉及以下几个方面。

1. 材料安全防护

氢气与金属材料接触会发生氢脆效应。目前高压储氢瓶主要是采用铝合金或合成材料来避免氢脆的发生。例如，丰田 Mirai 在进行储氢瓶设计时，最内侧的塑料内衬采用了尼龙材质，内衬之外分别是增强气瓶强度的碳纤维增强树脂与防止磕碰的玻璃纤维强化层，最外层是防跌落、防火的聚氨酯保护层。其他厂家如美国的昆腾和丁泰克公司现出售的塑料内胆和铝内胆碳纤维缠绕的高压储氢瓶也同样较好地解决了氢脆问题。

另外，供氢管路在高压力下也需要避免氢脆现象发生。目前车载供氢管路都采用 316 不锈钢（0Cr17Ni12Mo2），有研究表明，316 不锈钢在 45MPa 和 80℃氢气环境下的拉伸性能、低应变速率拉伸性能、疲劳性能和疲劳裂纹扩展性能，与在惰性气体和空气中的性能结果相同，因此 316 不锈钢在室温下具有较好的抗氢脆性能。

2. 储氢系统安全防护

储氢系统安全防护主要利用储氢系统控制器，对关键参数如压力、温度等进行采集并进行相关安全诊断，一旦发生故障，通过控制器及时对相关阀类部件进行操作，使氢燃料电池汽车处于安全状态。氢系统安全设施主要如下：

1）压力传感器：储氢瓶内压力传感器实时测量内部气体压力，可判断气瓶内剩余气量，从而用于剩余行驶里程估算，低于某一定阈值时，可提醒驾驶员加注氢气。

2）温度传感器：用于测量储氢系统内部和周围环境温度，在传感器没有故障的前提下，若测量的温度发生异常，则气瓶周围有发生燃烧的可能，可通过储氢系统控制器报警，并切断供氢电磁阀。此外，目前高压储氢是应用最为广泛的车载储氢方式，常见的Ⅲ型储氢瓶采用了复合缠绕铝内胆纤维结构，氢气在快速加注过程中会出现明显升温，这会对复合材料的树脂黏合剂产生影响，从而导致剥离现象，进而影响储氢瓶的承载能力和安全性，为此氢气加注过程中需要温度传感器实时监控。

3）气瓶安全阀：主要用于储氢瓶泄压，防止瓶体内部压力过高，保证气瓶工作在安全压力范围内。

4）气瓶电磁阀：该电磁阀需要具备防爆功能，不通电情况下处于常闭状态，主要用于控制气瓶的开关。当系统正常工作时，电磁阀处于打开状态，一旦发生氢气泄漏且超过限定值，则储氢系统控制器关闭该电磁阀，从而切断氢气源。

5）氢气加注口：加注时与加氢枪相连，具有单向截止功能。

6）管路电磁阀：加氢时可以有效防止氢气进入燃料电池内。

7）减压阀：将储氢瓶出口高压减压至喷射器或比例阀前端适宜压力范围。当出现异常情况时，可以与安全阀、针阀（见图1-10）联动，将储氢瓶中残余的氢气安全排放到空气中。

3. 储氢系统安全监控

储氢系统安全监控主要可以通过以下措施实现。

1）车载储氢系统安全监控：对氢燃料电池汽车储氢、运氢、乘客舱，燃料电池系统的氢气浓度、温度、部分管路压力等进行实时监控，一旦发生异常，随时主动关闭供氢系统，确保燃料电池车辆安全。

2）氢气泄漏监控：在氢燃料电池汽车的储氢瓶、燃料电池发动机、乘客舱等易于发生聚集和泄漏的地方布置氢气浓度传感器，实时检测关键位点处的氢气浓度，一旦发生氢泄漏，立即采取相应措施以保证乘客安全。任何一个浓度传感器检测到的氢气浓度超过一定阈值，则发出对应等级的报警或警告信号，并将故障信息通过声光警告方式反馈给驾驶人。

3）加注安全监控与防护：给70MPa车载储氢瓶加氢时，储氢瓶内压力传感器一旦超过限定值，车载储氢系统控制器通过车-站红外通信系统，立即向加氢机控制器发送停止加氢及储氢瓶压力过高信息。此外，加氢枪前端应配置温度传感器和压力传感器，同时需要具有环境温度补偿、软管拉断保护及优先顺序加气控制系统等功能。

4）储氢瓶温度监控：加氢过程中，车载储氢系统电磁阀本身处于关闭状态，若采用70MPa车载氢系统，一旦检测到温度过高或过低，需将故障信号通过声光警告方式反馈给驾驶人，并将故障报警信号反馈至加氢机请求停止工作。

5）供氢管路压力监控：燃料电池工作时，对整个供氢管路关键位点压力进行实时监控，一旦超过或低于限值，则会发出警告或报警信号，并立即响应动作，将故障信号以声光信号反馈给驾驶人。

6）电气元件短路监控：储氢系统控制器检测到电气元件发生短路时，立即使供氢系统断电并关闭供氢系统所有电磁阀，同时将故障信号通过声光警告反馈给驾驶人。

4. 碰撞安全防护

氢燃料电池汽车碰撞安全防护主要是防止储氢系统、燃料电池系统、各类阀件等部件发生碰撞时不受到破坏或将破坏降至最低，并保护整车氢安全。除了对这些关键部件本身进行防撞设计外,还需通过位置布置、固定装置保护和惯性开关监控碰撞并与整车监控系统联动,自动断电、自动关闭阀门等措施来避免灾难的发生。

2.2 电安全问题

燃料电池汽车是一种用车载燃料电池装置产生的电力作为动力的汽车。车载燃料电池装置所使用的燃料为高纯度氢气。与通常的电动汽车比较,其动力方面的不同在于 FCEV 用的电力来自车载燃料电池装置,电动汽车所用的电力来自由电网充电的动力电池。燃料电池汽车架构图如图 2-1 所示。

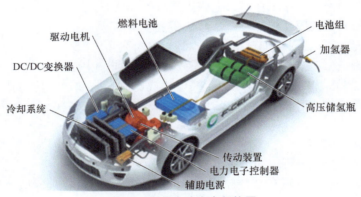

图 2-1 燃料电池汽车架构图

按照动力源的不同,氢燃料电池汽车可分为全功率氢燃料电池汽车和电-电混合氢燃料电池汽车两类。其中,全功率氢燃料电池汽车的动力源只有燃料电池,它必须提供汽车行驶过程中所需的所有功率,其主要特点在于结构布置简单。但全功率氢燃料电池汽车需要大功率、高动态响应的燃料电池,造车成本会进一步增加,如图 2-2 所示。同时燃料电池没有能量存储的功能,不能对制动减速时的动力进行回收,降低了能源利用率。此外,长时间频繁变载工况也会对燃料电池寿命造成较大衰减。考虑到全功率氢燃料电池汽车的不足之处,目前各大汽车厂商把精力主要集中在燃料电池车载可充电储能系统(Rechargeable Energy Storage System,REESS)的电-电混合技术方案上。

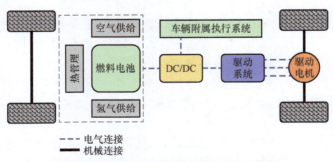

图 2-2 全功率氢燃料电池动力系统结构图

按照燃料电池在整车需求功率占比不同,电-电混合氢燃料电池汽车可分为能量混合型和功率混合型。其中能量混合型主要是指燃料电池提供的功率在整车功率占比较少,部分需要REESS来提供。该类型汽车需要功率较大的REESS，整车质量会明显增加，对整车动力经济性有一定影响。功率混合型是指燃料电池提供的功率占整车需求功率的较大比例，降低了对REESS的功率需求，减轻了整车质量。功率混合型系统中，REESS一般只在加速、爬坡等需求大功率时，帮助燃料电池共同提供动力源。图2-3为典型氢燃料电池汽车动力系统结构图，主要包括燃料电池系统、REESS、DC/DC变换器、驱动系统、驱动电机、车辆附属执行系统等。其中燃料电池系统经DC/DC变换器升压后达到驱动电机所需高压，REESS的动力电池则并联在高压母线上。

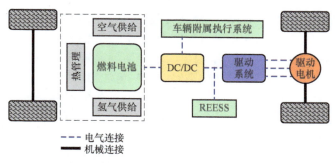

图2-3 电-电混合燃料电池动力系统结构图

2.2.1 氢燃料电池汽车主要高压部件

燃料电池汽车高压系统主要有燃料电池系统、可充电储能系统和驱动系统等，其中燃料电池系统内高压部件见表2-4，除此外在，燃料电池汽车主要高压部件如下：

表2-4 燃料电池系统内高压部件

序号	所属系统	高压部件	作用
1	空气供给系统	空气压缩机及其控制器	为燃料电池电堆提供高压高流量空气
2	氢气供给系统	循环泵及其控制器	实现氢气循环
3	热管理系统	水泵	实现冷却液循环流动
4		散热器	为冷却液散热
5		PTC加热器	在低温环境下实现燃料电池快速升温
6	电堆	电堆	产生电能

1. DC/DC变换器

DC/DC变换器主要用于燃料电池负载控制，通过单向DC/DC变换器实现对燃料系统的输出功率控制，使得燃料电池输出功率与整车需求功率解耦，将整车需求功率进行低频滤波，燃料电池提供相对平缓的功率需求，保证燃料电池工作在相对平稳的工作区间内，避免频繁负载变化对燃料电池造成不可逆衰退，从而延长燃料电池堆的使用寿命。此外，DC/DC变换器对燃料电池进行升压后，燃料电池输出电压不需要和电机驱动电压进行匹配。燃料电池汽车上主要有三类DC/DC变换器，具体功能如表2-5所示。

表 2-5 燃料电池系统内高压部件

序号	高压部件	作用
1	主 DC/DC	为驱动电机提供电能
2	热管理系统用 DC/DC	为热管理系统提供电能
3	低压设备用 DC/DC	为车载低压设备提供电能

目前 DC/DC 变换器多半采用多路交错并联控制，可减小电流纹波并提供更大的输入电流，提高燃料电池耐久性。此外，基于电流的控制技术可提高电流响应速度，并抑制电压波动的影响。除了对燃料电池输出功率进行控制外，部分氢燃料电池汽车（如丰田 Mirai）的 DC/DC 集成了交流阻抗装置，可将一个幅值较小，某特定频率（Mirai 为 300Hz）的交流负载扰动叠加在直流负载上，通过对施加扰动时的燃料电池堆电压和电流进行在线快速傅里叶变换，能够实时得到当前的膜阻抗，并反馈至燃料电池系统控制器用于控制进气流量和压力，保证交换膜处于相对湿润状态。DC/DC 变换器的示意图，如图 2-4 所示。

图 2-4 DC/DC 变换器示意图

2. 高压配电盒（PDU）

高压配电盒是整车高压电的一个电源分配的装置，类似于低压电路系统中的电器熔丝盒。高压配电盒（Power Distribution Unit，PDU）是由很多高压继电器、高压熔丝组成的，它内部还有相关的芯片，以便同相关模块实现信号通信，确保整车高压用电安全。

3. 电动压缩机

传统车的压缩机是通过压缩机电磁离合器的吸合，促使发动机带动压缩机运转。燃料电池汽车没有发动机，它的压缩机是通过高压电源直接驱动的。为了与传统汽车的压缩机区别，这里将燃料电池汽车上的空调压缩机称为电动压缩机。

4. PTC 加热器

传统汽车上空调暖风系统的热源是引入发动机冷却后的冷却液的热量，这个在新能源车上是不存在的，因此需要专门的制热装置，这个装置被称为空调 PTC。空调 PTC（Positive Temperature Coefficient，PTC）的作用就是制热。

5. 高压线束

高压线束将高压系统上各个部件相连，作为高压电源传输的媒介。区别于低压线束系统，这些线束均带有高压电，对整车的高压系统的稳定性影响很大。高压线束设计的安全性是我们主要考虑的问题。

2.2.2 氢燃料电池汽车高压电安全

车辆安全策略的设计方案主要采取以下四方面措施：

1. 高压互锁的设计

为了能够实现在打开高压部件舱门和加氢口时确保高压电被切断的目的，在各个高压设备安装舱门上安装了接近开关，用于提供准确的开舱信号。当舱门打开时，舱门信号继电器无法闭合，整车 2 档也就无法上电，高压继电器也就无法工作，从而实现对高压的互锁；当整车外接充电时（包括燃料电池保温充电和动力电池充电），加氢口不允许打开；在加氢的过程中，外接充电也是无效的。

2. 碰撞保护及绝缘检测设计

在燃料电池舱内部装有碰撞开关。当发生碰撞时，碰撞开关会发生动作，通过相应的回路来切断高压继电器的线圈，从而实现高压回路的安全切断。为了能够实时地检测到整车绝缘电阻的具体数值，并根据相应的电阻值或报警情况及时地采取相应的措施，整车电气安全系统还设计安装了整车绝缘电阻检测系统。

根据 GB/T 18384—2020《电动汽车安全要求》：在最大工作电压下，直流电路绝缘电阻最小值应大于 100Ω/V，交流电路绝缘电阻最小值应大于 500Ω/V；如果直流和交流的 B 级（$U_{DC}>60V$，$U_{AC}>30V$）电压电路连接并导通，则必须满足大于 500Ω/V，或交流电压电路采取加强绝缘或附加防护措施后满足大于 100Ω/V。目前氢燃料电池汽车动力系统中的燃料电池、锂电池属于直流源电路，而驱动电机、方向助力电机等属于交流电压电路。如果没有特殊措施，导致属于直流和交流的 B 级电压导通，应当执行 500Ω/V 的标准。图 2-5 为 B 级电压触电安全原理图。

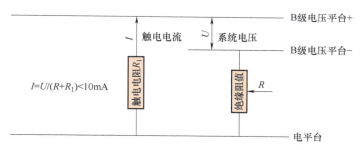

图 2-5 B 级电压触电安全原理图

3. 手动隔离开关

为了更加可靠地保证在停车状态下整车高压完全切断，高压供电系统在供电电路中，除设计了电控高压接触器之外，还设计安装了机械式高压断路装置，用以切断动力电池和燃料电池的总输出。

4. 电子元器件氢安全防护

除了防护高压漏电对整车绝缘和氢安全的危害，还需考虑低压电子元器件对氢安全的影响。为防止电路中产生电火花点燃泄漏或管路中的氢气而发生燃烧或爆炸事故，氢燃料电池汽车的电气元件阀体均采用相应的防爆、防静电、阻燃、防水、防盐雾材料。例如，氢燃料电池汽车的氢浓度传感器需要选择防爆型，若氢气浓度达到限值时，触点式传感器会通过触点动作传输信号，容易产生火花而引发事故；同时为了防止继电器动作时发生电弧放电而点燃氢气，储氢供氢系统中的电磁阀需要选用防爆固态继电器。

本章小结

本章针对氢气的特性，介绍了氢燃料电池主要存在的安全问题。氢气作为氢燃料电池汽车的燃料，自身的安全问题也受到广泛的关注，在氢燃料电池汽车设计过程中需要综合考虑氢气的特性，保障汽车在使用过程中的氢安全问题。注意使用过程中的材料安全防护、储氢系统安全防护、氢系统安全监控以及碰撞安全防护。

思考题

1. 氢燃料电池汽车面临的氢安全问题主要存在于哪些方面？
2. 氢气的特性是什么？什么材质适用于氢气的储存？
3. 氢气的危险性在哪些方面？爆炸浓度范围是多少？
4. 氢燃料电池汽车中涉及哪些高压部件，有什么特点？
5. 氢燃料电池汽车高压电安全主要是哪些方面？

第 3 章 氢燃料电池汽车总体安全设计

氢燃料电池汽车作为新能源汽车之一，其安全属性除了氢安全、电安全等特性安全以外，还包括碰撞安全（结构安全）、防火安全、涉水安全、整车 EMC 及电气可靠性等通用安全。随着近些年 FCEV 在国内各地的推广和示范运行，逐步形成了燃料电池汽车的安全要求，这些安全要求和设计准则为氢燃料电池汽车的安全运行起到了重要的支撑作用。

本章参考标准，对一般设计准则、整车总布置、整车通用安全设计、整车通用安全测试及评价分别加以介绍，旨在全面说明整车层级的安全设计要求和安全检测要求。

3.1 氢燃料电池汽车氢电安全设计准则

3.1.1 一般设计准则

相对于纯电动汽车而言，氢燃料电池汽车的安全问题增加了氢安全相关内容。鉴于氢气易燃易爆的特性及整车的氢电耦合使用环境，氢安全将直接影响到整车的安全性，且比纯电动汽车的安全性更为复杂。因此氢燃料电池汽车除了必须符合相关的国家机动车强制性标准要求和电动汽车安全要求外，还应满足以下一般原则。

1）失效安全原则。在进行涉氢系统设计时，必须保证即使在某一零部件失效时，也不会因之导致更加严重的后果。换言之，当系统单一零部件出现故障时，系统必须仍是安全的。

2）最简化原则。在进行涉氢系统设计时，在满足安全需求和使用需求的前提下，系统应尽可能简化，避免冗余。

3）区域布置原则。在进行涉氢系统安装时，应将系统零部件尽可能集中布置，并根据压力等级进行分区域布置。

4）氢电隔离原则。在进行涉氢系统安装时，应将涉氢系统与电气系统进行有效隔离。隔离措施可以是系统的物理隔离，也可以是针对可能产生火花的零部件自身的隔离，例如采用防爆电器。

5）氢气浓度报警原则。汽车应有和氢气浓度探测器联动的安全措施。氢气积聚浓度达到 1%（体积分数）之前，就能够利用声响报警装置或者紧急提示等方法，提示驾驶员或者汽车使用者注意；氢气浓度达到2%（体积分数）时，应能自动切断氢气源、电源等。

6）氢气快速逸散原则。在涉氢系统设计与安装时，应充分考虑若氢气泄漏后，可以快速飘逸到管路上方，整车布置应避免存在氢气残余死角，应通过传感器检测或其他装置将氢气尽量引到车外。

3.1.2 车载氢系统设计准则

氢燃料电池汽车车载氢系统作为氢燃料电池汽车的重要组成部分，主要的功能是实现高压氢气的加注、储存与供应。在车载氢系统设计开发过程中，应充分遵照相关国家标准，从设计开发到集成安装，均应满足如下安全要求。

1）燃料电池供氢系统应符合 GB/T 24549—2020《燃料电池电动汽车 安全要求》和 GB/T 26990—2011《燃料电池电动汽车 车载氢系统 技术条件》，以及 GB/T 29126—2012《燃料电池电动汽车 车载氢系统 试验方法》的标准要求。

2）车载氢系统零部件选型时，各零部件应符合相应国标要求，并满足车载氢系统使用需求，如加氢口应满足 GB/T 26779—2021《燃料电池电动汽车 加氢口》，对于常用的Ⅲ型储氢瓶，应满足 GB/T 35544—2017《车用压缩氢气铝内胆碳纤维全缠绕气瓶》等。

3）燃料电池供氢系统应满足燃料电池用氢气规模、对氢气品质的技术要求，同时应配置与整车关联可靠的监控关联系统，确保车辆使用安全。

4）车载氢系统在安装集成时，应确保安装集成人员经过相关培训和考核，严格控制装配过程中各项要求的有效实施。

5）车载氢系统集成后应进行气密和保压测试，相关电子元件应进行联调，保证功能的有效实现。根据用户要求进行相关认证性试验，如EMC测试、振动测试等。

3.1.3 车载电气系统设计准则

1）电压级别划分：见表3-1。

表3-1 电压级别划分

电压级别	直流系统/V	交流系统（15~150Hz）/V（rms）
A	$0<U\leqslant 60$	$0<U\leqslant 25$
B	$60<U\leqslant 1000$	$25<U\leqslant 660$

2）在接近B级电压源时，需要做好标志。

3）B级电压电缆线束应由统一的橙色和/或橙色套管构成。

4）B级电压动力电路系统不应含有暴露的导线、接线端、连接单元，或者任何直接暴露给人员的B级电压部件。

5）动力电路系统的带电部件，应通过绝缘或使用盖、防护栏、金属网板等来防止直接接触。这些防护装置应牢固可靠，并且耐机械冲击。在不使用工具或无意识的情况下，它们不能被打开、分离或移开。

6）在乘客舱及货舱中，带电部件在任何情况下都应由至少能提供IPXXD防护等级的壳体来保证防护。

7）打开机盖后，与系统连接的部件应具有IPXXB防护等级。

8）氢燃料电池汽车的每个电路和电平台及其他电路之间应保持绝缘，绝缘电阻应符合 GB 18384—2020 要求。

如有发生电解液泄漏的可能，建议爬电距离满足以下要求：
1）动力电池连接端子之间的爬电距离：$d \geq 0.25U+5$；

其中：U—动力电池两个连接端子之间的最大工作电压，单位为 V

2）带电部件与电平台之间的爬电距离：$d \geq 0.125U+5$；

其中：U—动力电池两个连接端子之间的最大工作电压，单位为 V

3）导电部件之间表面最小电气间隙为 2.5mm。

3.2 氢燃料电池汽车总体布置

总布置的设计是以设计理论为指导，以现代化的 CAD/CAE 技术为手段，以获得良好的乘坐舒适性、操纵稳定性、安全性等为目标。

3.2.1 氢燃料电池汽车总布置思路

关于燃料电池汽车的开发，不仅要解决燃料电池动力系统等核心技术，还要建立一个氢燃料电池汽车的动力系统平台，既要在性能上达到预定的设计目标，又要易于氢燃料电池汽车未来持续的开发和完善，形成一个功能完善的参数化设计系统，包括利用相应软件完成相关数据库的建立、整车总布置的装配设计和输出功能设计等。数据库建立的主要内容有指导设计的车型参数数据库、汽车设计标准库、总布置设计规则库和供整车装配的三维总布置图形库、三维参数化零件库，以及三维参数的人体模型等。整车总布置的装配设计主要有定义三维总布置工作层、定义三维总布置的工作坐标系及坐标系变换原则、定义并描述整车设计硬点、建立整车各总成参数化模型和装配树结构以及安装定位方式等、建立基于规则的整车总布置参数化模型等。输出功能设计主要是定义图面和输出图纸等。此参数化的汽车设计系统能极大地提高设计质量、减轻设计人员的劳动、缩短设计周期和降低产品成本，更为重要的是，极大地方便了对产品的后续开发。

3.2.2 设计原则和要求

总布置设计的总体原则是在尺寸上要符合预定的要求，在性能和质量上要达到或优于预计的设计目标，如图 3-1 所示。燃料电池的开发遵循以下原则：
1）适应性原则。氢燃料电池汽车总布置应满足国家现行的汽车强制性标准。
2）条件性原则。如氢燃料电池汽车最高时速为 120km/h，其制动性能、平顺性、操纵稳定性要求，应以此为条件。

3.2.3 氢燃料电池汽车布置

1. 国内外燃料电池布置

世界各国燃料电池动力系统发展的水平存在着很大的差异。如丰田公司的燃料电池动力系统的集成度就较高，其在 Mirai 车上的应用基本上可达到商业化运行程度。目前国内的燃料电池动力系统集成度不高，系统零部件较分散，因此其布置特点是分散式布置。表 3-2 介绍了国外品牌几种氢燃料电池汽车动力系统的布置方式。

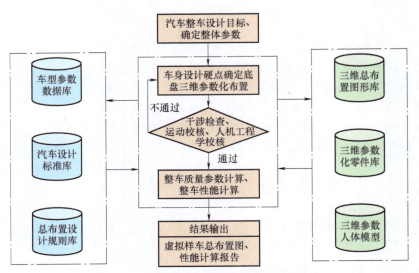

图 3-1 燃料电池汽车总布置流程图

表 3-2 国外品牌几种氢燃料电池汽车动力系统的布置方式

车型/部件	高压储氢瓶	燃料电池	电堆辅助系统		动力电池
			空压机	水热管理系统	
丰田	后排座椅	发动机舱	发动机舱		行李舱
奔驰	后部	中部	中后部		—
通用	后排座椅下	发动机舱	—		—
福特	行李舱	前排座椅下	中部		后排座椅下
三菱	行李舱	中部	—		前部靠近发动机舱
日产	后排座椅下	前排座椅下	发动机舱		后部
本田	后部	中部	发动机舱		后部

其中，本田、奔驰的相关燃料电池汽车总布置示意图分别如图 3-2 和图 3-3 所示。

2. 丰田 Mirai 布置介绍

以 Mirai 为例，这款作为丰田首款量产的氢能源电池汽车，体现了丰田汽车公司在氢燃料电池领域的技术优势。

Mirai 的动力系统被称作丰田燃料电池堆（Toyota Fuel Cell Stack，TFCS），是以燃料电池堆栈为核心组件的混合动力系统。TFCS 没有传统的汽油发动机，也没有变速器，发动机舱内部是驱动电机和电机控制单元。

丰田 Mirai 作为氢燃料汽车的代表之作，其整车技术具有跨时代的代表意义。

1）从整车性能方面，Mirai 的续驶里程可达 502km，最高输出功率 114kW，最高时速 175km/h，其输出功率以及最高时速和与当前汽油车型的性能基本相同。同时由于没有发动机的存在，降低了车辆行驶过程中的振动和噪声，整车噪声、振动和声振粗糙度（Noise、Vibration、Harshness，NVH）要高于传统汽油车。

图 3-2　本田燃料电池氢瓶布置示意图

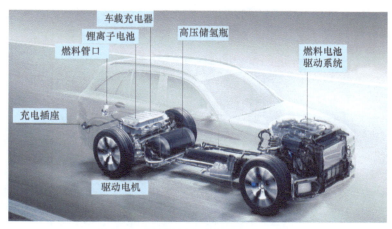

图 3-3　奔驰燃料电池氢瓶布置示意图

2）Mirai 采用的燃料电池体积功率密度和质量功率密度分别为 3.1kW/L，2.0kW/kg，同时升压变频器可以将电压提升至 650V，以满足高性能电机的需求。

3）为了提高效率，Mirai 设置了镍氢储能电池，用于吸收燃料电池组输出剩余的电能和车辆行驶过程中回收的电能，提升氢燃料反应能力的利用率。

4）Mirai 配备了两个最大可承受 70MPa 压力的高压储氢罐，其外壳由碳纤维和凯夫拉组成，可以抵抗轻型武器的攻击。与此同时，该车型在时速 80km/h 的追尾试验中，可以保持储氢罐的完好。在发生碰撞后，储氢罐具有爆炸预防措施，氢气会以安全的速度被强制排出，杜绝发生爆炸的风险。同时该储氢罐填充速度较快，在 3min 内即可加满氢气，实现车辆的燃料的快速注入。

5）驱动电机。目前 Mirai 采用的驱动电机的最大功率为 113kW，最大扭矩为 335N·m。

6）升压装置。燃料电池发出的电能还需要经过升压变频器的升压才能供给电动机使用，目前 Mirai 采用的 FC 升压变频器的最大输出电压为 650V。

7）动力控制装置。目前该车型的动力控制装置有逆变器、升压变换器和 DC/DC 变换器组成，用于精确控制燃料电池的输出和储能电池的充放电。

丰田燃料电池汽车布置如图 3-4 所示，在驾驶舱底部布置着的燃料电池堆栈是整套系

图 3-4　丰田燃料电池汽车布置示意图

统的核心,在车身后桥部分放置着一个镍氢动力电池组和前后两个高压储氢罐。

丰田 Mirai 搭载的燃料电池（图 3-5）是由 370 片薄片燃料电池组成的,因此被称为"燃料电池堆栈"简称"电堆",一共可以输出 114kW 的发电功率。丰田的燃料电池堆栈经历了十几年的技术优化,形成了自己的特色结构,比如 3D 立体微流道技术,通过更好地排出副产物水,让更多空气流入,有效改善了发电效率。所以整个堆栈的发电效率达到了世界先进水平,达到了 3.1kW/L,比 2008 年丰田的技术整整提升了 2.2 倍。

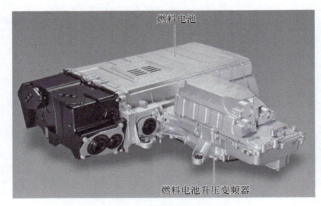

图 3-5　丰田燃料电池示意图

高压储氢瓶的布置如图 3-6 所示,丰田设计了一大一小两个高压储氢瓶,通过高压的方式尽可能多充入一些氢气。以目前的主流存储技术,丰田选用了 70MPa 的高压储氢瓶。两个储氢瓶的容量加起来是 122.4L,采用 70MPa 的压力储存,只能容纳约 5kg 的氢气。

图 3-6　丰田燃料电池和高压储氢瓶布置示意图

直接驱动 Mirai 车轮的驱动电机功率是 113kW，峰值转矩 335N·m，基本相当于一辆 2.0L 自然吸气家轿的动力水平。除了燃料电池堆栈发电之外，Mirai 后轴上方布置的 1.6kW·h 的镍氢电池组也有着非常重要的作用，即当作动力电池或储能电池。这个电池组基本上跟凯美瑞混动汽车的电池完全一样，在整车负载低的时候可以单独用它供电带动车辆前进，与此同时燃料电池堆栈发出来的电可以给动力电池充电，用镍氢电池充当一个"缓存"。

3.2.4 燃料电池总成的布置设计

1. 标准法规要求

国标 GB/T 25319—2010《汽车用燃料电池发电系统 技术条件》要求燃料电池总成的防水防尘应满足 GB/T 4942—2021《旋转电机整体结构的防护等级（IP 代码）分级》中的 IPX5 或 IP55，即满足喷水不损坏和进入的灰尘量不会影响正常运转。而目前大部分产品都做到 IP67，即满足浸水和完全防止灰尘进入。

2. 布置位置

燃料电池总成一般可以布置在发动机舱或车底，燃料电池总成布置在发动机舱的优点是和燃料电池的各附件系统距离近，管路更短，布置更紧凑。难点是发动机舱布置空间小，零件多，很难将相关系统零件都妥善布置，因此有时候会将动力电池或 DC/DC 等零件移出发动机舱。为了有效散热和排气，燃料电池总成的高度一般不超过散热器总成。燃料电池处于中心位置则有利于后续空气供应系统、氢气供应系统和热管理系统的布置，整体会更紧凑。

而燃料电池总成布置在车底的原因往往是发动机舱太过拥挤。如燃料电池布置在发动机舱，其他零件可能要挪到车底，比如 DC/DC、空压机控制器、电机控制器、PDU 等。权衡利弊，燃料电池布置在车底可能更合理。此外，燃料电池总成布置在车底，空间相对充裕，可便于和 DC/DC 集成。

3. 燃料电池姿态布置

燃料电池在电化学反应中，阴极会生成水。这些水大部分都是水汽，但有时候少部分会凝结成液态水。液态水如不能及时排出，积少成多就会堵塞空气通道或渗透到阳极，造成水淹。因此最佳的电堆姿态是让空气通道由上向下，利用重力加快排水，防止液态水堆积。而对于阳极，氢气降压散热，温度更低，在电堆入口高/低温混合导致水汽凝结出水滴，也不利于氢气流通和氢气氧化反应。同理，最佳的电堆姿态是让氢气通道由上向下。另外为了避免车辆加减速和上下坡的影响，电堆空气和氢气的进出口都最好朝向车辆的左或右，而不要朝向车辆的前或后。

4. 燃料电池总成布置小结

可见，燃料电池总成布置位置主要分发动机舱和车底两大类。随着技术进步，燃料电池总成的尺寸逐渐减小，布置位置的趋势应该是发动机舱。而燃料电池的姿态最好是空气和氢气的进口在上，出口在下，朝向最好是车辆的左或右。

3.2.5 空气供给系统布置设计

空气供应系统是对进入燃料电池的空气进行过滤、增压、冷却、加湿和压力调节等方面处理的系统。空气供应系统的原理如图 3-7 所示。

1. 布置优先

由于空气供应系统的空滤器总成、加湿器总成、中冷器和空气压缩机等体积较大，而且

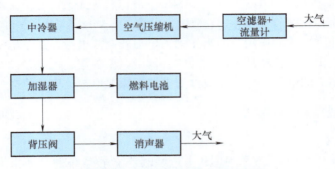

图 3-7 空气供应系统的原理示意图

管路直径大，占据空间最多，因此应优先布置，尽量使它们紧凑缩短空气管路，节约空间。丰田 Mirai 的电堆布置的车底，空气管路势必较长，不但增加阻力，而且增加成本。本田 CLARITY 和现代 NEXO 的电堆都布置在发动机舱，有利于空气系统布置。

2. 减振设计

在考虑紧凑的同时也要考虑必要的减振。比如空滤器总成和空气压缩机之间的管路，由于空滤器总成一般布置固定在车身上，而空气压缩机布置固定在动力总成上，两者是相对运动部件，所以中间连接的管路最好设计成 S 形。再如空气压缩机和中冷器之间的管路，虽然都固定在动力总成上，但是空气压缩机是自带动力源的，会发生振动，所以其连接管路不应设计成直管（避免振动拉扯脱出）。

空气供应系统体积较大，应优先布置，尽量紧凑，缩短管路，达到美观降本的作用；应要考虑相对运动件的管路设计，采用 S 形管路增大缓冲。

3.2.6 氢气供给系统布置设计

氢气供应系统包括储氢系统（即储氢部分）和供氢系统（即供氢部分）。储氢部分包含加氢、储氢、减压和泄放保护，压力、温度和浓度的检测并反馈，控制氢气的输送和关闭等功能。供氢部分包含调压、循环应用和排水气等功能。氢气供应系统储氢部分和供氢部分的原理如图 3-8 和图 3-9 所示。

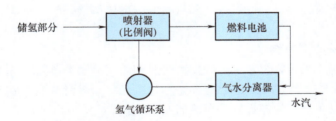

图 3-8 氢气供应系统储氢部分示意图

1. 储氢系统布置

储氢系统包括氢瓶、瓶阀、减压阀、过滤器、加氢组件和泄放组件。车载氢系统就是整车的燃料存储和输送系统，防止碰撞和刮伤是布置的重点。氢气瓶一般布置在车辆的底部，

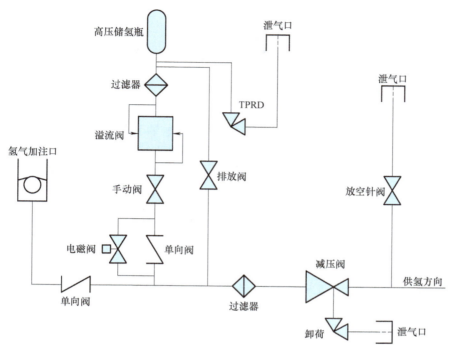

图 3-9 供氢部分示意图

且在车辆碰撞梁内部,防止碰撞,离地间隙要满足满载时设计要求防止刮伤,泄放管路应布置在车辆尾部,防止氢气聚集在车底。根据 GB/T 26990—2011《燃料电池电动汽车 车载氢系统 技术条件》,车载氢系统的布置还需满足以下要求:

1)管路安装位置及走向应避免热源以及电器、动力电池等可能产生电弧的地方,至少应有 200mm 的距离。

2)氢气瓶和附件的安装应距离车辆的边沿至少有 100mm 的距离。

3)氢气管的支撑点间隔小于 1m。

多个氢气瓶的车载氢系统组成如图 3-10 所示。

图 3-10 多个氢气瓶的车载氢系统示意图

2. 供氢系统布置

供氢系统主要包含喷射器(比例阀)、氢气循环泵和气水分离器(含冲刷阀)。供氢系统主要是电堆的燃料供应系统。为了防止电堆发生水淹，氢气循环泵和气水分离器应布置在电堆下方，及时抽取和排出多余水汽，尤其是气水分离器应在最低点。为了防止冷/热水汽作用产生冷凝水，在氢气循环泵的输出和喷射器输出混合区域应离电堆氢气输入口较远，且中间增加混合腔和排水汽模块，先预热氢气和排除多余水汽。氢气在冲刷和排气过程产生较大声音和排除多余的水汽，所以在冲刷阀后增加消声器，且排气管路应布置到车辆的最尾部，避免氢气聚集在车辆底部。

氢气供应系统中氢气循环泵和气水分离器应布置在电堆下方，及时抽取和排出水汽；氢气瓶应布置在整车安全区域，防止碰撞和刮伤；泄放和排放管路应布置在车辆尾部，及时排除氢气，避免氢气汇集在车底；各附件和管路应远离热源或产生电弧的电器件；管路和各附件固定位置要有效，防止碰撞位移和刮伤；要满足国家标准要求。

3.2.7　热管理系统布置设计

1. 热管理系统简述

由于电堆的工作特性，其采用的冷却液必须是去离子水，且是单独一套热管理。热管理系统是通过风扇、散热器、水泵和 PTC 调节冷却液的温度来确保电堆获得合适的工作温度的系统。车辆在运行过程要保证冷却液的离子浓度在规定范围内，为了满足该要求，冷却回路增加去离子器，去除冷却液中多余的离子。为保证空气输入到电堆时的温度与电堆内部的温度相近，防止冷凝水的产生，中冷器与电堆冷却并联，保证温度相近。

2. 热管理系统布置要求

电堆的工作温度范围较窄，为保持电堆的工作效率和延长寿命，有效快速地提供舒适的工作环境是必要条件。因此电堆在工作过程产生的热量和气泡要及时散去和排出，所以热管理系统应确保散热器上水势比电堆高，副水箱总成位于系统最高处。为保证冷却液的离子量，去离子器的流量如满足冷却管路流量要求，可以布置在主回路，如不满足流量需求，去离子器应与一段管路并联，且此管路要有水势差。

电堆的工作温度要求较严，因此各部件布置尽量紧凑，缩短管路，增大管路弯曲半径，减少流阻，加快散热和加热，达到热管理目的。氢燃料电池汽车增加电堆的热管理系统，则整车的散热器应增加一套，分别为空调系统的冷凝器、电驱动系统的散热器和电堆热管理的散热器。根据三个系统的散热量需求，有三种布置方式：一是电堆散热器、驱动散热器、空调冷凝器并排成三层，从内到外布置；二是驱动散热器和空调冷凝器并列成一层，然后电堆散热器与其并排成两层，电堆散热器在内；三是电堆散热器居中，驱动散热器和空调冷凝器倾斜并列两侧。

3. 热管理布置小结

为满足电堆热管理系统的有效工作，各部件布置和管路设计过程，要保证及时散去热量和气泡。即排气口要在最上边，散热器要在电堆上方，各部件布置紧凑，整个热管理的流阻尽量小，去离子器的布置位置要满足去离子要求。

3.3　氢燃料电池汽车车架的选择

燃料电池汽车的车身系统由现在轿车普遍采用的承载式车身更改为半承载式的车身，或者适当增加中央通道的宽度。半承载式车身在氢燃料电池汽车的总布置中具有更加灵活的优势。首先，采用半承载式的车身平台，可以有效解决高压电线的安全走向空间问题。其次，可以有效利用高度空间，在动力电池或氢瓶技术有所突破的情况下，可以将动力电池或者氢瓶进行前移，在不牺牲离地间隙的情况下得以解放行李舱的空间，并且提高碰撞的安全性。

对于一般的车辆来说，可以将其零部件分为四个大类，即发动机、底盘、车身以及电气设备。当车型设计开发时，由于在设计和开发时，需要将四大类零部件拆分成更为详细的部分，由不同的设计部门进行造型和结构设计。为了匹配氢燃料系统以及车型特征，对其动力总成、车身结构、灯具、外部装饰件、散热系统、吸气系统、座椅以及空调系统进行重新设计。其中属于车身系统开发的设计任务共有九大类，分别为：氢燃料反应堆搭载、储氢罐搭载、车身结构设计、整车用灯具设计、外部装饰件设计、散热系统重新构建、吸气系统设计、座椅全新布置，以及空调系统的设计。

对于车身总体设计，首先按照汽车车身设计的一般原则确定汽车车身的基本参数，包括总长、总宽、总高、轴距、离地间隙、接近角、离去角等。在确定汽车的基本参数和外形特征时，由于要最大可能借用原型车的零部件，如前后悬架、转向系统、制动系统、仪表板、座椅等，所以充分考虑了原型车的基本参数和外形，基本做到各种参数与原型车的相同或相近。然后，在草图上进行初步布置。

车身是车辆的骨架，是车辆上用以安装和固定各主要总成、零部件、乘客、专用设备及装置的主要承载件。车身在其使用过程中，不仅要承受由悬架系统所产生的各种反力的作用，而且要承受车辆行驶过程中所产生的各种动载荷的作用，因此，车身还是一个受力很大且受载情况十分复杂的部件。车身设计的基本原则是：

1）具有足够的强度，车架的主要零部件不受应力而破坏。
2）具有足够的抗弯刚度。最大弯曲挠度应小于10mm，以免车架上的总成因变形过大而早期损坏。
3）车架要有合适的扭转刚度，一般两端的扭转刚度大些，而中间小些。
4）车身的自身总量要轻。一般应在汽车整备质量的10%左右。

3.4 氢燃料电池汽车主要参数的选择

氢燃料电池汽车是指由电机驱动，由燃料电池提供部分或全部电能的新能源汽车，主要由电机系统、燃料电池系统、储氢系统、整车控制器（Vehicle Control Unit，VCU）、燃料电池控制器（Fuel Cell Engine Control Unit，FC-ECU）、动力电池、电池管理系统（Battery Management System，BMS）等组成，如图3-11所示。与常规电动汽车类似，氢燃料电池汽车的动力源为电机，整车控制器根据驾驶员需求，控制电机转矩的大小，从而驱动整车运动；与常规电动汽车的不同之处在于，常规电动汽车的能量源为动力电池，而氢燃料电池汽车为燃料电池或燃料电池和动力电池的组合。燃料电池以氢气和空气为燃料，在燃料电池堆中通过电化学反应产生电流，通过DC/DC变换器实现与动力电池的耦合，共同为电机供电，从而实现整车驱动。燃料电池控制器根据VCU的控制指令，控制输入燃料电池的氢气和空气的流量，从而实现对燃料电池输出电流的控制。

3.4.1 氢燃料电池汽车构型设计流程

目前，国内氢燃料电池汽车尚处于研发阶段，相应的关键技术也处于探索阶段，因此，

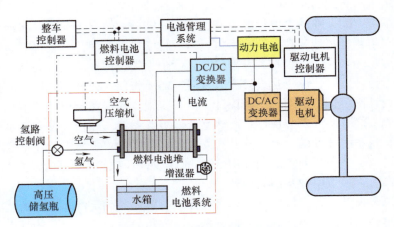

图 3-11　燃料电池系统控制示意图

基于成熟的传统汽车设计开发流程,作者提出了图 3-12 所示的氢燃料电池汽车匹配设计流程。

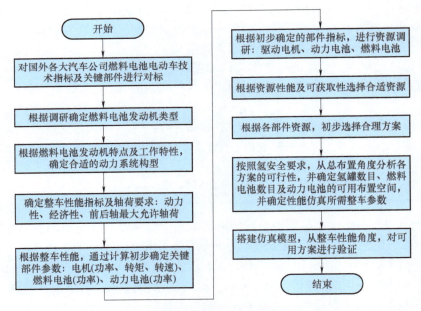

图 3-12　氢燃料电池汽车总布置流程示意图

由于目前国内在研发氢燃料电池汽车方面可借鉴的经验较少,所以设计前期的工作步骤如下:

1)针对国外成熟的氢燃料电池汽车开展对标分析,为氢燃料电池汽车的开发提供参考,并确定合适的氢燃料电池汽车动力构型。

2)根据关键总成的技术现状,确定包括动力性、经济性、前后轴最大允许轴荷在内的氢燃料电池汽车的关键指标;基于整车性能指标,通过计算初步确定关键部件参数,并根据相应参数及可用资源选择可用部件；基于选定的电机、电池、燃料电池等部件，进行总布置设计，以确定总布置的合理性，此时需要重点关注储氢系统的布置方案。

3）根据总布置确定的整车参数，通过搭建仿真模型，对整车性能进行验证。

3.4.2 氢燃料电池汽车构型方案选择

1. 氢燃料电池汽车对标分析

根据氢燃料电池汽车设计流程，对奔驰、丰田、本田、通用、现代等具备量产能力的氢燃料电池汽车的性能及关键部件进行对标分析。

1）燃料电池类型均采用质子交换膜燃料电池。
2）储氢系统采用高压气态储氢。
3）整车构型均采用电电混合方案。
4）最高车速、续驶里程、冷启动温度等整车性能与传统汽车接近。

2. 氢燃料电池汽车构型方案选择

燃料电池特性是合理使用燃料电池发动机、设计氢燃料电池汽车动力系统构型、开发整车控制系统的基础。与其他能量源相比，PEMFC 具有很高的能量密度，而其功率密度却较小，如图 3-13 所示。因此，为了获得较长的续驶里程和整车动力性，一般采用与动力电池耦合的供电方式。

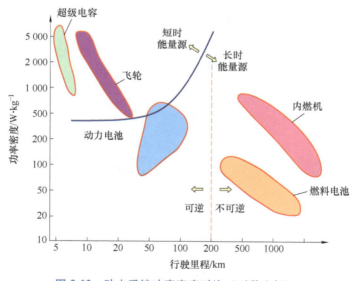

图 3-13 动力系统功率密度对比（对数坐标）

3.4.3 氢燃料电池汽车动力系统构型方案选择

根据整车供能系统的不同组合，氢燃料电池汽车动力系统目前有 4 种可行构型，如图 3-14 所示。从整车动力性、整车续驶里程、制动能量回收、燃料电池寿命、整车启动速度等方面对 4 种构型进行了对比分析，结果见表 3-3，表中"×"表示缺点，"√"表示优点。

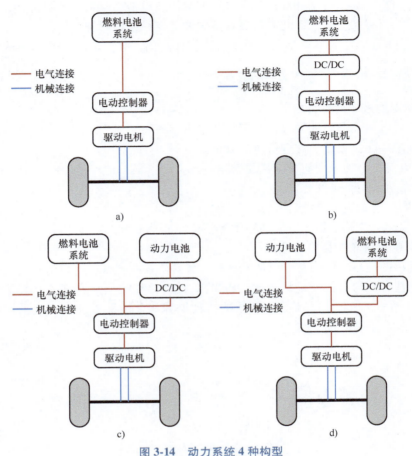

图 3-14 动力系统 4 种构型
a) 方案 1 b) 方案 2 c) 方案 3 d) 方案 4

表 3-3 氢燃料电池汽车 4 种构型方案对比表

评价指标	方案 1	方案 2	方案 3	方案 4
整车动力性	×	×	√	√
整车续驶里程	×	×	√	√
制动能量回收	×	×	√	√
燃料电池寿命	×	×	×	√
整车启动速度	×	×	√	√

方案 1 和方案 2 以燃料电池作为唯一能量源，这需要由燃料电池独自满足整车功率需求，而燃料电池本身功率密度较低，会导致整车动力性弱、燃料电池寿命短、整车启动速度慢等问题，且无法实现制动能量回收功能，整车续驶里程相对较短。方案 3 以燃料电池和动力电池作为能量源，通过 DC/DC 调节动力电池电压以跟踪燃料电池电压变化，由燃料电池的工作特性可知，其电压随负载变化大，且不稳定，这会导致燃料电池寿命较短。方案 4 也以燃料电池和动力电池作为能量源，通过 DC/DC 调节燃料电池发动机输出电压，以跟踪动

力电池电压，通过燃料电池与动力电池的组合共同满足整车功率需求，因此，整车启动速度快、动力性强，可实现制动能量回收功能，续驶里程长，燃料电池可稳定工作在中负荷区域，燃料电池寿命长，同时该方案可减少燃料电池需求功率，从而降低整车成本，更易实现商业化。

3.5 氢燃料电池汽车通用安全设计

氢燃料电池汽车（FCEV）的安全属性除了氢安全、电安全等特性安全以外，还包括碰撞安全（结构安全）、防火安全、涉水安全、整车电磁兼容性（Electromagnetic Compatibility，EMC），以及电气可靠性等通用安全。随着近些年 FCEV 在国内各地的推广和示范运行，氢燃料电池汽车的安全要求逐步形成。这些安全要求和设计准则为氢燃料电池汽车的安全运行起到了重要的支撑作用。

1）全国汽车标准化技术委员会制定了 GB/T 24549—2020《燃料电池电动汽车 安全要求》，该标准分别规定了燃料系统、燃料电池系统、动力电路系统、整车功能及紧急情况下的安全要求，对氢燃料电池汽车设计开发和运营工作中起到了积极引导，并基本满足对氢燃料电池汽车的安全需求。

2）美国于 2008 年发布 SAE J 2578《燃料电池汽车通用安全推荐规程》，并于 2013 年对其进行修订。这份推荐标准为设计和制造氢燃料电池汽车的储氢系统提供基本要求，以最大限度地减少操作和维护中的风险，并提供了基本的性能测试标准用于设计方面的性能验证。

3）GTR13 是氢燃料电池汽车领域首部国际性法规，其主旨在保证氢燃料电池汽车达到与传统汽车同样的安全级别，避免人员受到氢气爆炸或燃烧等伤害，同时简要介绍了紧急情况下如何避免车辆内人员伤害和急救措施。GTR13 是较为基础性法规，为世界各国制定此类标准提供了基础。

4）ECE R134 基本等同采用了 GTR 13 的内容，但未涵盖动力总成部分的电安全、碰撞后的氢系统完整性和使用液氢方面的注意事项。

3.5.1 失效预警及失效安全设计

1. 故障分级及处理机制

氢燃料电池汽车的功能安全设计要求满足 GB/T 24549—2020 的相关内容。推荐参照 GB/T 34590—2017 的相关规定，进行电控系统的功能失效分析和安全目标设计。针对车辆的不同故障等级，制定不同的故障处理机制，表3-4 给出了某车型设计中的故障分级及处理机制示例。

表 3-4 氢燃料电池汽车故障分级及处理机制

故障级别	说明	处理机制
三级故障	严重故障	车辆下高压
二级故障	较严重故障	车辆限制转矩输出
一级故障	警告故障	仪表提示

一级故障对燃料电池的影响不大，但是故障时间过长后可能会引起二级故障，因此仅在

仪表盘对驾驶员进行警告，由驾驶员评估风险。

二级故障会造成燃料电池性能下降，此时故障处理可以是降低燃料电池输出功率，并且告知整车控制系统。

三级故障会造成燃料电池严重损坏或违反法律法规，此时故障处理可以是燃料电池系统急停，并且告知整车控制系统评估此时的风险，但是不建议引起车辆运行过程中突然失去动力的风险。

2. 危害的隔离和分离

与传统汽车及纯电动汽车不同的是，氢燃料电池汽车的危害隔离应重点考虑氢的有效隔离，常用的设计方案是将可能产生电弧或火花等火源形式的点与氢系统进行隔离，或将可能产生静电、电弧及火花的地方可靠接地。

设计层面，氢系统应优先选择利于通风释放的部位进行布置，若无法满足需增加必要的通风设计以避免氢气聚集引发危险；同时氢系统与电气系统，尤其是高压电气系统需保持一定的安全距离（比如对商用车，安全距离重点关注线束接插件到氢气管接头之间的距离，一般大于100mm以上；如果接头有防护，则距离可适当减小），避免电火花的能量引燃氢气；车辆故障或碰撞事故时，氢系统可基于温度、压力、流量等物理量实现快速断氢；避免将氢系统（气瓶及管理阀门等）布置在舱内（乘员舱或行李舱），尽量布置在非密闭空间；氢气排空方向尽量向上布置，保证氢气不会在车底空间四处逃逸；由于氢系统重量较大，在结构设计方面，要确保在高速行驶紧急制动的瞬间，不会因为惯性产生一定位移，撞击其他系统部件或后排乘客。

使用层面，车辆加氢过程禁止上高压，可仅唤醒必要的控制器（实现加氢功能以及加氢过程的监测功能），减少电气系统与氢系统之间的耦合风险。

3.5.2　整车电磁兼容（EMC）及电气可靠性设计

氢燃料电池汽车上所有可能影响车辆安全运行的电气组件，在功能上都应该能够承受车辆暴露于其中的电磁环境。车载电源系统、驱动系统和控制系统运行在高电压、大电流，以及处在较大的 dU/dt 或 dI/dt 条件下，车辆应可正常运行，不应造成误停车。车辆在满足传统内燃机汽车 EMC 要求的同时，还应符合车辆不同运行状态下的 EMC 特殊要求。

1. 整车 EMC 设计要求

（1）整车电气系统 EMC 设计

在整车开发过程中，通过电气系统设计评审，对整车 EMC 风险进行评估，分析目前整车有可能存在的 EMC 问题点，尽可能地避免车型设计中的 EMC 风险，减少整车后期试验中出现的问题。主要技术路线如下：根据新能源汽车电气系统设计原则，从整车接地、整车电源分配、整车高压线束布置及整车高压部件布置四个方面进行检查，输出评审问题列表。针对评审检查中存在的风险点，在整车上采取相应的优化措施，并通过整车试验验证设计优化效果。

根据整车电器配置和重点零部件检测报告与设计审核结果，初步确定整车的主要骚扰源和敏感设备清单。基于该清单，结合整车三维布局布线设计资料，分析项目整车电器布置合理性，重点关注高压部件电源系统布局布线和低压敏感设备布局布线问题。具体内容包括：高压系统布局位置与电流回路设计分析；高压系统端口位置的设计分析；低压敏感系统布局及其与高压系统耦合关系设计分析；低压骚扰源布局及其与低压敏感系统耦合关系设计分析。

(2) 整车电源和接地 EMC 设计

1) 接地点位置的选择：接地点位置要远离溅水区域、潮湿区域、高温区域；接地点应选择在车架上，接地车身处应该平整，不能在车身小支架上接地，接地点车身件需要刮漆处理；接地点不建议选择在活动件（门、发动机罩、行李舱门等）上，如活动件与车身之间的电阻小于 2.5mΩ，也可以在活动件上接地；不要让电子零部件的连接件或接地螺栓靠近汽车的涉氢系统或部件、管路等。

2) 接地点的分配：敏感部件与骚扰源不得共用同一接地点；敏感部件的接地点与骚扰源的接地点之间距离至少大于 10cm；电机类部件一般就近接地。

3) 接地片的安装结构：接地片必须使用防旋转接地片；接地片与接地线要求规格匹配；车上的所有接地点都应该采用焊接螺母（推荐）或者通过金属片上的过孔采用螺栓连接；接地螺栓应该有足够的扭矩以保证连接紧固；自攻螺钉严禁用于任何接地连接件的连接；零部件的固定点不能同时用于接地，不能将接地片放置在零部件固定点下作为接地连接。

4) 对于有的部件，其接地点有特殊要求，应按部件的要求进行布置接地点：动力系统 ECU、安全气囊等整车重要控制器接地线长度不应长于 20cm；音视频系统必须单独接地；传感器地线与控制器应采用同一接地点，如受实际环境限制，不能采用同一接地点，则应保证两接地点之间电阻小于 2.5mΩ；发动机与车身之间应使用长宽比小于 50 的编织线进行接地；如果经过试验能确认具有同等的电气性能和耐久性，那么可以使用 16AWG（最小）的导线；车身、发动机应使用专用接地线与蓄电池负极相连；车身接电线线径应选择较大的线型，保证蓄电池负极与发动机、车身之间电阻小于 2.5mΩ。对于金属外壳的部件，应将金属外壳使用接地螺栓可靠地固定在车身或车身支架上。支架与车身应为焊接连接，保证接地电阻小于 2.5mΩ。

5) 电源和熔丝的选择和分配：大电流和会产生电磁干扰的用电器最好使用单独的熔丝，避免产生电源共阻抗耦合；常见此类零部件包括：冷却风扇、刮水器电机、车窗升降电机、门锁电机、后除霜等；敏感设备的电源和受到电磁干扰的电源不能共用熔丝；高低电流回路（部件工作电流差 5A 以上）不共用一个熔丝，避免共阻抗耦合产生过大的电压降。在进行熔丝和继电器的分布设计时，要尽量减少线束的长度，可以降低导线的阻抗，降低产生电磁兼容问题的风险。

(3) 整车线束 EMC 设计

高压线束在氢燃料电池汽车上主要起提供高压强电供电作用，对于线束的设计及布置尤为重要，主要遵循以下几个方面的原则：

1) 线束走向设计、线径设计。高压线束设计采用双轨制，由于氢燃料电池汽车的高压已经超出人体安全电压，车身不可作为整车高压搭铁点；因此高压线束系统的设计上，直流高压电回路必须严格执行双轨制。高压线束可分为电机高压线、电池高压线、充电高压线等。

2) 高压连接器选型。高压连接器主要负责高压高电流连接和传输，并负责高压回路的人机安全。因此高压线束连接器目前多采用耐高压、防水等级高，并且具有环路互锁、屏蔽层连接等功能的连接器。

3) 屏蔽设计。采用屏蔽高压线，屏蔽网包覆在高压线内部，连接器连接时实现屏蔽层的连接。考虑到电磁干扰的因素,整个高压线束系统均由屏蔽层全部包覆。

低压线束除满足传统汽车功能的实现外,还负责强电控制单元模块的功能实现。低压线束设计与布置方案中考虑高压线束对其产生的干扰防护。不同信号源采用不同的低压屏蔽导线,低压线束布置中屏蔽导线选择遵循如下规则:高频信号屏蔽线束采用双绞线、屏蔽层采用箔层屏蔽,采用多点接地;低频信号屏蔽线束采用双绞线,屏蔽层采用编织层屏蔽,采用单点接地。

(4) 零部件的 EMC 管控

为了提高零部件的 EMC 设计水平,减少后期整改工作量和降低零部件 EMC 风险,主机厂需要制定零部件设计审核规范和制定零部件 EMC 性能管控流程,针对氢燃料电池汽车还需要制定高压零部件 EMC 设计审核及风险评估。只有掌握了高压部件 EMC 性能的设计方法,才能从源头上控制部件及整车的 EMC 性能,因此开展对高压部件典型电路(如开关电源电路、电机驱动电路等)的 EMC 设计研究。整车电场及磁场超标的常见原因是源自高压部件的开关电源,包括电机控制器(主开关)、DC/DC 变换器、空调压缩机等内部均有开关电源,且对应不同的开关频率。

结合现有的产品管控流程和供应商管理体系,制定零部件 EMC 开发流程,明确以下内容:零部件产品开发各阶段需要进行的 EMC 相关工作;零部件产品开发各阶段要求供应商提供的资料;工程师与供应商各自的 EMC 开发职责;零部件样品 EMC 性能管控方法;零部件产品 EMC 性能一致性管控方法;零部件开发各阶段 EMC 性能管控文件的模板。

针对氢燃料电池汽车的电驱动系统等高压零部件,首先需要调查目标车型重点零部件的功能、性能特性、驱动负载特性、端口特性、结构和封装形式等,分析其 EMC 设计手段,结合行业内同类型零部件 EMC 设计水平,分析本车型零部件的 EMC 技术水平和状态。根据零部件供应商提供的设计资料,审核设计中 EMC 相关方案的存在性与合理性,重点关注零部件封装、端口特性、驱动负载特性和结构设计,对有缺陷的设计评估其风险,以确保设计的 EMC 考虑尽可能周全,并为后期的设计改动留出空间。对重点关注的零部件,结合零部件功能和性能要求,考察零部件内部晶振/开关电源等重点模块布局、时钟/总线等重点信号布线,以及端口防护/滤波等 EMC 相关设计方案,从而评估零部件 EMC 性能水平。

高压零部件的风险分析内容包括:零部件内部高低压模块布局设计的 EMC 分析;零部件重点信号的布线分析;零部件高低压输入、输出线束及端口处理的 EMC 分析;零部件封装的屏蔽设计分析;零部件负载特性分析;零部件接地设计。

根据零部件的工作原理和组成,可以分为以下管控类型,见表 3-5。

表 3-5 氢燃料电池汽车 EMC 管控零部件类型

类别		描述
无源模块	P	仅包含无源器件的电器部件或模块 例如:电阻、电容、防反/钳位二极管、热敏电阻、压敏电阻、无控制电路的 PTC 发热器 机械触点开关的 LED 背光(测试大电流注入、漏电起痕测试、静电放电)
电机类	BM	无控制电路的电机,例如:门窗电机、刮水器电机、暖风电机、后视镜调节电机、洗涤电机、电动天窗等
	EM	内部带有控制电路的电机

(续)

类别		描述
有源模块	A	含有有源器件的电器模块。例如：静电放电、仪表、风扇控制器、基于微处理器的控制器和显示屏、空调面板、模拟放大电路、开关电源等
	AS	由其他模块中的调节电源供电的电子部件或模块，这类零部件通常是向控制器提供信号输入的传感器，例如：雷达传感器、摄像头、光照度传感器等。这类器件通常是向控制器提供输入信号的传感器 12V 部件：应测试电源线传导骚扰和传导抗扰试验 5V 部件：不测试电源线传导骚扰和传导抗扰试验
	AM	包含磁敏感元件的模块或者是外部连接有磁敏感元件的模块 例如：电磁传感器、霍尔传感器、收发信号频率在 50Hz~300kHz 的器件
	AX	内部带有电机等感性设备的电器部件以及控制外部感性设备的电器部件 例如：BCM、EPS、PEPS、TCU、BMS、VCU、DC/DC、IPU、PEU、OBC 等
	AW	含射频收发和内部电源，无外部线束的模块，例如 RKE、TPMS 发射器等
感性设备	R	电感、电磁继电器、电磁阀、线圈和电喇叭（内部含有有源器件的电喇叭属于 AX 类器件）

电气/电子部件 EMC 试验和整车 EMC 试验不能互相代替，他们之间的确切关系与零部件在整车上的安装位置、线束长度、线束走向、接地以及天线系统都有关。但是，零部件级 EMC 测试可以使电气/电子部件在整车装配之前得到评估。低压类部件和高压系统中的低压控制部分依据表 3-6 进行测试，高压系统中的高压部分依据表 3-7 进行测试。

表 3-6 低压（LV）系统 EMC 测试项目选择表

测试项目	ID	无源模块	有源模块					电机类		感性设备
		P	A	AS	AM	AX	AW	BM	EM	R
传导发射（LV）	CE01		√	√	√	√		√	√	√[②]
瞬态传导发射	CE02					√		√	√	√
辐射发射	RE01		√	√	√	√	√	√	√	√[②]
辐射抗干扰（ALSE）	RI01		√	√	√	√	√	√	√	
辐射抗干扰（BCI）	RI02		√	√	√	√		√	√	
磁场抗干扰	RI10	√[①]	√[①]	√[①]	√[①]	√[①]		√[①]		
发射器射频抗干扰	RI20		√	√	√	√	√	√	√	
瞬态传导抗干扰	CI01	√	√	√	√	√		√	√	√
瞬态耦合抗干扰	CI02		√	√	√	√		√	√	√
静电放电抗干扰	RI30	√	√	√	√	√	√	√	√	√

注："√" 表示需要测试，且对所有测试，在过渡频率点按严格的要求执行。
① 当电气设备出现以下三种状态的任何一种时，实施磁场抗干扰试验。
　a. 电气设备含有磁敏感元件的电子模块（如霍尔效应传感器、磁阻抗传感器、射频放大器等）。
　b. 电气设备布置在乘客舱/行李舱且车辆配备无钥匙系统。
　c. 电气设备布置靠近外部强磁场源（如交流发电机、电机等）。
② 由于本身工作时会产生电磁发射的零部件，仍需进行 CE01 和 RE01 试验。

表 3-7 高压（HV）系统 EMC 测试项目选择表

测试项目	ID	高压系统				
		电驱系统	电池系统	DC/DC	电动压缩机	OBC
辐射发射	RE01	√	√	√	√	√
辐射抗干扰（ALSE）	RI01	√	√	√	√	√
传导发射（HV）	CE03	√	√	√	√	√
传导发射（AC/DC）	CE04					√
谐波电流	CE05					√
电压变化、波动和闪烁	CE06					√
电快速脉冲群抗干扰	CI03					√
浪涌抗干扰	CI04					√

注：1. "√"表示需要测试。
　　2. 对所有测试，在过渡频率点按严格的要求执行。
　　3. 当直流充电线缆长度小于 30m 时，无需进行直流充电时 CE04、CI03、CI04 试验。
　　4. 当车辆只在私人充电桩充电且没有与其他人共用时，无需进行直流充电时 CE04、CI03、CI04 试验。

2. 整车电气可靠性设计要求

氢燃料电池汽车整车电气安全可分为高压电气安全、车载储能系统安全以及绝缘检测，具体要求如下：

（1）高压电气安全一般要求

根据 GB 18384—2020《电动汽车安全要求》规定，依据电路的最大工作电压 U，将电气元件或电路划分等级，如表 3-8 所示。

表 3-8 电路的电压级别

电压级别	直流系统/V	交流系统（15~150Hz）/V（rms）
A	$0<U\leq 60$	$0<U\leq 30$
B	$60<U\leq 1500$	$30<U\leq 1000$

在接近 B 级电压源的附近应有标识，B 级电压电缆线皮应统一由橙色和/或橙色套管构成。

汽车不应含有暴露的导线、接线端、连接单元或者任何直接暴露给人员的 B 级电压部件。动力系统的带电部件应通过绝缘或使用盖、防护栏、金属网板等来防止直接接触。这些防护装置应牢固可靠，并耐机械冲击。在不使用工具或无意识的情况下，它们不能被打开、分离或移开。

B 级电压动力电路系统应满足：所有的电气设计、安装应避免绝缘失效；应通过绝缘的方法来防止间接接触，并且使车载的外露可导电部件电连接在一起，达到电位均衡。如果防护是绝缘提供，电系统的带电部件应有足够的电气间隙和爬电距离且有绝缘层隔离。这种绝缘层只能通过破坏才能够移开。绝缘材料应满足相应标准要求，并应有足够的耐电压能力，防止发生绝缘击穿或电弧现象。

燃料电池系统部件的导体外壳应同电平台连接，确保在氢气泄漏时，不会因静电而引燃氢气。

(2) 车载储能系统安全

对于包括车载储能系统的氢燃料电池汽车,为了防止爆炸、起火或有毒物质的危害,当车载储能系统在正常的环境和操作条件下可能排出有害气体或其他有害物质时,应满足以下要求。在正常的环境和操作条件下,应有适当的措施,使驾驶舱、乘员舱以及各载货空间的有害气体或其他有害物质不会达到潜在的危险浓度。有害气体和其他有害物质允许的最大聚集量应符合国家相关标准的要求。应采取适当的措施应对单点失效。

应采取适宜的措施防止任何由单点失效情况造成可能危害人员的危险产生,比如,基于电流、电压或温度的监控器。如果车载储能系统自身没有防短路功能,则应有一个车载储能系统过电流断开装置能在车辆制造厂商规定的条件下断开车载储能系统电路,以防止对人员、车辆和环境造成危害。

(3) 绝缘检测

氢燃料电池汽车的每个电路和电平台及其他电路之间应保持绝缘,绝缘电阻的要求应符合 GB 18384—2020 中的规定。

车载储能系统绝缘电阻测量时,应带有外壳里的所有辅助部件,例如监测或者温度调节装置,如果有冷却液,也应包括在内。对于没有嵌入在一个完整的电路里的车载储能系统,如果在整个寿命期内没有交流电路,或者交流电路有附加防护,其绝缘电阻除以它的最大工作电压,应不小于 $100\Omega/V$;如果包括交流电路且没有附加防护,则此值应不小于 $500\Omega/V$。如果车载储能系统集成在一个完整的电路里,可能需要一个更高的阻值。

燃料电池系统测量绝缘电阻时,冷却系统中的冷却泵应处于运转状态,燃料电池系统处于热机状态,并按照 GB/T 24549—2020 规定的方法测量燃料电池堆正极和负极分别对地的绝缘电阻,绝缘电阻值需满足 GB/T 24549—2020 的规定。

3.5.3 碰撞氢、电安全设计

由于氢电安全问题的存在,氢燃料电池汽车的碰撞安全设计与传统汽车及纯电动汽车不同。以燃料电池乘用车为例,由于氢燃料电池汽车前舱结构的变化,对于乘员的生存空间和车身的吸能特性产生影响,所以应重新设计和考虑车内乘员的保护效果。由于车辆底部和后部可能会布置电池和储氢瓶(图 3-15),因此针对侧碰、侧柱碰、后碰工况应有相对应的保护设计。

图 3-15 燃料电池乘用车的结构布置图示例

1. 碰撞安全设计的一般要求

碰撞传感器检测到整车发生碰撞超过一定强度时,应能够自动切断电源和氢气供应,以确保碰撞后车载供氢系统、电气系统及燃料电池系统的完整性等，具体要求如下：

（1）车载供氢系统完整性

高压储氢瓶的固定装置不应出现断裂、脱落或导致高压储氢系统安全功能失效的移位或变形；高压管路系统不应破损、断裂，瓶口阀不应损坏失效；在发生碰撞后的60min之内，车载供氢系统的平均氢气泄漏率不得超过118 NLPM（Normal Liter Per Minute）；封闭空间内的氢气浓度不应超过4%（体积分数，余同）。

（2）电气系统完整性

根据GB 11551—2014《汽车正面碰撞的乘员保护》（对于M1类汽车和最大设计总质量不大于2500kg的N1类汽车）和GB 20071—2006《汽车侧面碰撞的乘员保护》（对于M1类汽车）适用范围的规定。

对带有B级电压电路的氢燃料电池汽车进行碰撞试验后，高压安全应符合GB/T 31498—2021《电动汽车碰撞后安全要求》中4.2-4.4的相关要求，包括：电压要求、电能要求、物理防护要求和绝缘电阻要求，具体要求如下。

1）按照GB/T 31498—2021标准 A.1规定的测试方法，高压母线的电压 U_b、U_1、U_2 应不大于30V 交流或60V 直流。

2）高压母线上的总电能 TE 应小于0.2J。TE 可通过以下两种方式之一得到：一种是在碰撞测试之后，确定高压母线的电压 U_b、U_1、U_2，电压测量应在碰撞之后的5~60s之间进行，取最小电压值，进而得到总电能 TE。另一种是通过高压母线的电压 U、和制造商规定的 X-电容器的电容来计算总能量 TE。储存在 Y-电容器里的能量（TE_{y1}，TE_{y2}）也应少于0.2J，应通过高压母线和电平台的电压 U_1 和 U_2 以及制造商所规定的 Y-电容器的电容（C_{y1}，C_{y2}）来计算该值。

3）为了防止直接接触高压带电部位，碰撞后车辆应有 IPXXB 级别的保护。另外，为了防止间接接触的触电伤害，用大于0.2A 的电流进行测量，所有外露的可导电部件与电平台之间的电阻应低于0.1Ω。电连接是采用焊接方式时，则符合此要求。

4）动力系统由单独的直流和交流母线组成时，如果交流高压母线和直流高压母线是互相传导绝缘的，高压母线与电平台之间的绝缘电阻对于直流母线来说，最小值应为100Ω/V；同时对于交流母线来说，最小值应为500Ω/V。

5）动力系统由连接的直流和交流母线组成时，如果交流高压母线和直流高压母线是互相传导连接的，高压母线与电平台之间的绝缘电阻的最小值应为500Ω/V。如果在碰撞之后，所有交流高压母线的保护级别达到 IPXXB；或交流电压等于或小于30V，则高压母线与电平台之间的绝缘电阻的最小值应为100Ω/V 工作电压。

（3）燃料电池系统完整性

燃料电池系统外壳应无机械损伤，燃料电池堆模块及氢气相关部件不应发生损坏或者出现氢气泄漏。

2. 碰撞防护设计

（1）侧面碰撞防护设计要求

侧面防护结构可参考 GB 20071—2006 等标准进行碰撞试验，车辆在碰撞试验后应符合 GB/T 31498—2021 中4.2-4.4 的要求。

以燃料电池乘用车为例，其在设计中，B 柱应采用加强结构设计，保证变形形态合理，最大塑性应变应不会导致断裂风险，如图3-16 所示。

图 3-16　燃料电池乘用车侧撞设计案例

（2）侧翻防护设计要求

车身防护结构若按 GB 17578—2013《客车上部结构强度要求及试验方法》进行上部结构强度验证试验，应在其可充电储能系统电荷量（SOC）30%～50%且处于上电状态下进行试验，试验后应符合 GB/T 31498—2021 中 4.2-4.4 的要求。侧翻防护总体要求包括以下几点：

1）车辆的上部结构应具有足够的强度，以确保在整车侧翻试验过程中和侧翻后生存空间没有受到侵入。

2）测试时，生存空间之外的车辆其他部件（如立柱、拉手、行李架、灭火器等，不包括生存空间内的结构部件）在测试过程中不得侵入生存空间，也不应发生结构件完全断开的现象。

3）生存空间内的部件（如座椅、垂直把手、隔间、小厨房和卫生间等）不应有导致乘员伤害的可能，并且不应突出至变形结构的轮廓外。变形结构的轮廓线应在每个相邻的窗和/或门立柱间按顺序进行确定。两个变形的立柱之间的轮廓线，理论上应是一个连续的平面，由立柱内部各轮廓点连接的直线确定，这些点在侧翻试验前距地板平面处于同一高度。

（3）后碰撞防护设计要求

后高压舱 B 级电压部件的布置位置和防护结构应考虑被追尾后，符合 GB/T 31498—2021 中 4.2-4.4 的要求，对燃料电池乘用车，后碰撞测试方法可参考 GB 20072—2006。

仍以燃料电池乘用车为例，如果其储氢瓶布置于后排座位后侧，应在车身上考虑设计横梁和纵梁的加强结构，确保后面碰撞时，整车储氢系统及其管路的塑性变形在失效应变值之内，如图 3-17 所示。

（4）底部碰撞防护设计要求

底部碰撞防护设计要考虑两方面，一是离地间隙，二是防护结构。防护设计应能满足发生底部碰撞后符合 GB/T 31498—2021 中 4.2-4.4 的要求。

（5）前碰撞防护设计要求

前高压舱 B 级电压部件的布置位置和防护结构应考虑正面碰撞工况，符合 GB/T 31498—2021 中 4.2-4.4 的要求，对燃料电池乘用车，正面碰撞测试方法可参考 GB 11551—2014《汽车正面碰撞的乘员保护》。

以燃料电池乘用车为例，散热器前端框架结构应考虑加强设计，可通过提高板料厚度、改变开口尺寸大小，以及选合适位置设计加强支架，当车辆发生正面碰撞时，前端框架应吸收能量的同时保护燃料电池系统，如图 3-18 所示。

一般地，燃料电池氢气子系统各组件布置于燃料电池系统与车身前挡板总成之间，设计

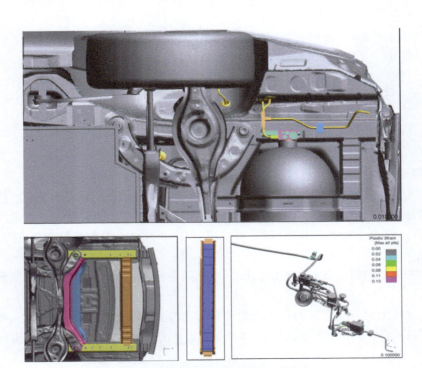

图 3-17 燃料电池乘用车后碰撞设计案例

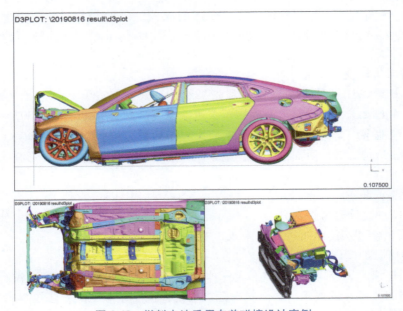

图 3-18 燃料电池乘用车前碰撞设计案例

时应考虑供应回氢总成、电磁阀和管路等组件与车身前挡板总成间隙不小于 35mm 以上,当车辆发生正面碰撞时,满足氢气子系统各组件有足够的安全逃逸空间,布置案例如图 3-19 所示。

第 3 章 氢燃料电池汽车总体安全设计

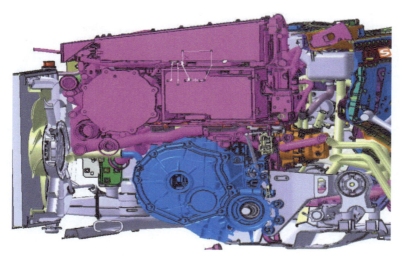

图 3-19 燃料电池乘用车前舱布置案例

氢气子系统管路应考虑软管与硬管结合的设计方式，且管路设计转弯位置和转弯角度时，应充分考虑碰撞受力的方向和大小，尽量避免出现氢气管路弯折或折断，导致氢气泄漏的情况发生。如图 3-20 所示，电堆供氢管路和回氢管路设计转弯位置和角度后，需经正面碰撞仿真分析，所承受应力在管路材料允许范围内，并保证该段管路不会发生氢气泄漏的风险。

图 3-20 氢燃料电池汽车氢气管路应力仿真分析示例

如果燃料电池发动机 X 轴前端设计有高压连接器和高压线束等，应考虑进行保护罩、防护支架等设计，避免碰撞时前端框架结构将高压部件切断引起高压失火的危险情况发生。如图 3-21 所示，升压 DC/DC 变换器与驱动电机、空压机和水泵连接的高压连接器设计在 X 轴前端，应设计防撞保护罩，在整车发生正面碰撞时，能够避免前端框架横梁剪切高压连接器，最大塑性应变控制在保证无断裂失效风险范围之内。

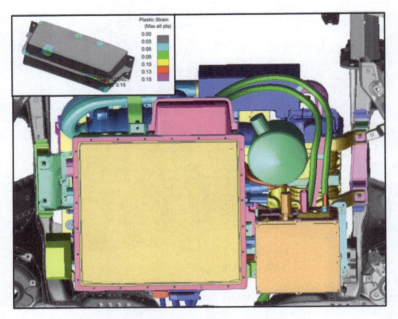

图 3-21　燃料电池乘用车高压防护罩及防护支架设计示例

3.5.4　整车氢气排放和泄漏安全设计

1. 整车氢气排放要求

按照 GB/T 37154—2018《燃料电池电动汽车 整车氢气排放测试方法》中"怠速热机状态氢气排放"章节规定的试验方法进行测试,在进行正常操作(包括启动和停机)时,任意连续 3s 内的平均氢气浓度不超过 4%(体积分数,余同),且瞬时氢气浓度不超过 8%。

整车氢气排放的一般要求包括:

1)不应排到乘客舱和行李舱。
2)不应排向车轮所在空间。
3)不应排向露出的电器端子、电器开关件及其他点火源。
4)不应排向其他氢气容器。
5)不应排向车辆正前方。

2. 整车氢气排放设计

排气系统管路连接的硬管材质应采用具备氢脆抑制性能的材料,宜采用 316L 不锈钢;软管的工作温度范围-50~150℃;所有金属管件焊缝处应做打磨、防锈、钝化处理;焊接后做密封性检查,无泄漏、渗漏。

尾排系统管路中应设置气液分离装置,同时建议将分离出来的氢气通过专用通道在车辆高位处排出(7m 以下车辆可以除外)。为避免尾排管氢气聚集,同时减少尾气排放阻力,宜设计冷凝水排水管路,排水口设置在管路中最低点。排气管排气口均应从车身后侧伸出车外,管口朝向车辆后方。

在温度驱动安全泄压装置(Thermally-Activated Pressure Relief Device,TPRD)和安全泄

压装置（Pressure Relief Device，PRD）释放管路的出口处应采取必要的保护措施（例如：加盖管帽），防止在使用过程中被异物堵塞，影响气体释放。与 PRD 相连的管路、通道和出口的制造材料应使用熔点高于 538℃（1000°F）的金属材料。

氢气子系统需考虑设计泄压安全阀，如果发生氢气压力超过安全限值的情况，泄压安全阀紧急排氢完成泄压，避免因压力过高损坏燃料电池堆和发生氢泄漏；氢系统压力异常升高时，氢系统能够通过压力泄放装置及时泄压；车辆进行维修维护时，能够通过手动泄压阀将氢管路中的氢气进行泄放。

3. 整车氢气泄漏要求

车内要求：储氢系统泄漏或渗透的氢气，不应直接排到乘客舱、行李舱/货舱，或者车辆中任何有潜在火源风险的封闭空间或半封闭空间。封闭空间或半封闭空间是指车辆内有可能暴露于压缩氢气储存系统的空间和可能积聚氢气（从而产生危险）的环境空间、区域（若有），如乘客舱、行李舱、货舱或前舱盖下面的空间。

车外要求：对于 M1 类车辆，在密闭空间内进行氢泄漏试验，应满足任意时刻测得的氢气浓度不超过 1%。

车辆应尽可能保证在碰撞后氢系统的完整性。在发生碰撞后的 60min 内，氢系统的平均氢气泄漏率不得超过 118NL/min；碰撞后的氢气泄漏不得使乘客舱、行李舱或是货舱内的氢气浓度超过 4%。

4. 整车氢气泄漏报警装置要求

1）在安装氢系统的封闭或半封闭空间上方的适当位置，至少安装一个氢气泄漏探测传感器，能实时检测氢气的泄漏情况，并将信号传递给氢气泄漏报警装置。车内安装的氢气泄漏探测传感器精度应高于 1.0%。

2）在驾驶员容易识别的部位安装氢气泄漏报警提醒装置。当检测系统检测到氢气泄漏时，应在 1.0%~3.0% 区间中的某个值时设置某警报级别；且在 2.0%~4.0% 中的某个值，设置另一警报级别报警。一般处理机制是，在车辆运行过程中或启动过程中，当车内封闭空间或半封闭空间内出现氢气浓度达到 1.0%~3.0% 内某个值的泄漏情况时，警报应保持亮起；当达到 2.0%~4.0% 内某个值泄漏报警发生后，应切断氢气供应；当泄漏浓度下降到低于报警值时，只有在下次燃料电池系统启动时才能复位报警状态，取消报警。

3）当氢气泄漏探测传感器发生短路、断路等故障发生时，应能对驾驶员发出故障警告信号。

本章小结

本章从氢燃料电池汽车整车的角度介绍了其通用安全性设计及测评技术。介绍了燃料电池电动汽车整车通用安全的一般设计准则；从失效安全、整车 EMC 及电气可靠性、碰撞安全、氢气排放与泄漏安全、整车人员保护、安全标识等方面详细介绍了整车通用安全的设计技术；重点从 EMC 测评、电气系统测评、碰撞测评、氢气泄漏测评等方面介绍了整车通用安全的测评技术。并且介绍了氢燃料电池汽车布置思路、原则和要求。针对氢燃料电池汽车中几大重要零部件，着重进行了布置分析。

思 考 题

1. 氢燃料电池汽车一般设计准则是什么?
2. 氢燃料电池汽车设计原则和要求是什么?
3. 燃料电池一般布置在车身的什么位置?
4. 氢燃料电池汽车构型设计流程是什么?

第 4 章　氢燃料电池汽车车载氢系统安全设计

氢系统是氢燃料电池汽车动力系统的重要组成之一。氢系统的组成包括加氢模块、调压模块（组合阀）、储氢模块。它的主要功能是为燃料电池系统供给反应所需的氢气，典型的氢系统示意图如图 4-1 所示。氢系统的主要部件为加氢口、高压储氢瓶、供氢管路、单向阀、减压阀、排空口、限流阀、安全阀、温度传感器、压力传感器和控制器等。

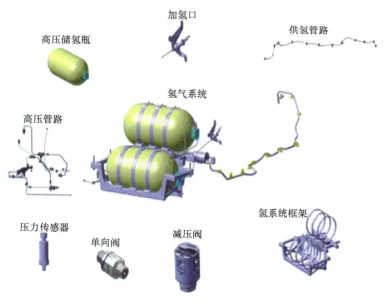

图 4-1　典型的氢系统示意图

车载氢系统的零部件清单如表 4-1 所示。

在氢气安全系统中，氢气使用安全分为两类，即被动安全系统和主动安全系统。被动安全系统包括的部件为排空口、氢瓶及氢管路上的安全阀，其部件特征为无需电气控制的机械部件，例如当管道内氢气压力过高时，安全阀会打开，过压的氢气就可以通过氢管路从排空口排到空气中。主动安全系统是可通过电气控制的系统，其以氢系统控制器为核心，以氢系统各传感器、整车的部分传感器和其他控制器发送的信号等作为信息读取来源，以可控的电磁阀作为执行部件,当各传感器监控的状态出现异常时,能够主动控制阀门动作,关闭供氢系统,进而保证车辆和人员的安全。

表 4-1 车载氢系统中零部件清单

子系统	名称	作用
储氢模块	瓶阀	一般集成 TPRD、手动截止阀、电磁阀、过流阀、压力传感器、温度传感器等功能部件
	TPRD	设置在高压储氢瓶内,可防止周边着火导致的储氢瓶爆炸。一旦温度传感器检测到储氢瓶周边温度过高,则氢瓶内的热熔栓将熔化,使氢气低流速释放,若周边有火源,只出现氢气缓慢燃烧而避免爆燃情况发生
	气瓶电磁阀	气瓶电磁阀为 12V 直流电源驱动,无电源时处于常闭状态,主要起开关气瓶的作用,与氢气泄漏报警系统联动。当系统正常通电工作时,电磁阀处于开启状态,一旦氢气泄漏浓度达到保护值则自动关闭,从而达到切断氢源的目的
	手动截止阀	通常处于常开状态,当气瓶电磁阀失效时可以手动切断氢源。电磁阀和手动截止阀联合作用,可有效地避免氢气泄漏
	气瓶安全阀	当高压储氢瓶氢气压力超过设定值后能自动泄压。例如瓶体温度由于某种原因突然升高造成瓶内气体压力升高,当压力超过安全阀设定值时,安全阀自动泄压,保证气瓶在安全的工作压力范围之内
	压力传感器	用于判断气瓶中剩余氢气量,保证车辆的正常行驶。当压力低于某值时可以提示驾驶员加注氢气
	温度传感器	通过气体温度的变化判断外界是否有异常情况发生。如果气体温度突然急剧上升,若非温度传感器故障,则在气瓶周围可能有火警发生,可通过氢系统控制器立即报警
加氢模块	加氢口	在加注时与加氢机的加气枪相连,加氢口集成有加氢嘴、过滤器及单向阀等功能部件
	过滤器	净化气体,拦截杂质使其不至于污染电堆
	单向阀	在加气口损坏时,阻止气体由外泄漏
供氢模块	过流阀	一种安全保护装置。当过流阀两端压差过大时,该阀可以起到限制气体流量的作用,主要是防止管路有破裂等意外。通常建议该阀紧邻储氢瓶出口安装
	减压阀	将氢气的压力调节到燃料电池所需要的压力。当出现异常情况时,可以与针阀、安全阀联动将高压储氢瓶中的残余氢气安全放空
	管路电磁阀	在给高压储氢瓶充气时,可有效防止气体进入燃料电池
	管路	由于高压氢气这样的特殊环境,系统中使用的气体管路采用 316L 不锈钢,耐压等级也是符合相关标准

为了保证燃料电池汽车的安全运行,以氢系统控制器为主,各传感器和执行部件为辅的氢管理系统发挥着重要的作用。在正常工作时,氢管理系统与燃料电池控制系统通信,在不同的网络架构中氢管理系统也与整车控制系统通信。按照氢管理系统的工作场景,氢系统的

安全控制策略分为以下四个方面：加氢安全策略、储氢安全策略、氢泄漏及排氢安全策略和碰撞及整车紧急安全策略。

4.1 加氢系统

在国内外，燃料电池汽车的储氢形式以高压气态储氢为主，目前储氢压力分为两个等级，即 35MPa 和 70MPa。在高压氢气加注过程中，车载高压储氢瓶内氢气容易快速升温，存在安全隐患。为了实现氢气的安全快速加注，常采用氢气预冷、温升控制和分级优化加注策略相结合的方法，同时车载氢管理系统与加氢站通过红外信号实时通信，时刻检测加注过程中的各项参数。

1. 氢气预冷

如果气源为常温，则在氢气加注过程中，气瓶温度会快速增加，并很容易达到高压储氢瓶的安全温度限制，如果此过程靠自然冷却，则加注时间会很长，也就无法达到快速加注的目标，所以在氢气加注之前，通过对氢气进行制冷，使气源温度达到−40℃，然后再用低温氢气进行加注。

2. 温升控制加注

在氢加注过程中，即使进行氢气预冷，也不能保证加注流量很大时高压储氢瓶温度始终在安全限值以下，因此为了平衡氢气加注速度和高压储氢瓶温升，需要通过控制高压储氢瓶内的压力上升速度和氢气加注流量的方式控制高压储氢瓶温度。

3. 分级加注

通常加氢站的储氢罐按照压力级别分成三组，压力从高到低分别是高级瓶组、中级瓶组和低级瓶组。在加注过程中，加氢机将按照控制程序，按照从低压到高压的顺序依次供应氢气。其中，气源阶梯切换的判断常以高压储氢瓶内平均压力变化速率为依据，进而可按照低级瓶组到中级瓶组再到高级瓶组的顺序从各级储氢罐中取气，按照此方式也提高了各级储氢罐中的氢利用率。氢气的分级加注流程如图 4-2 所示。

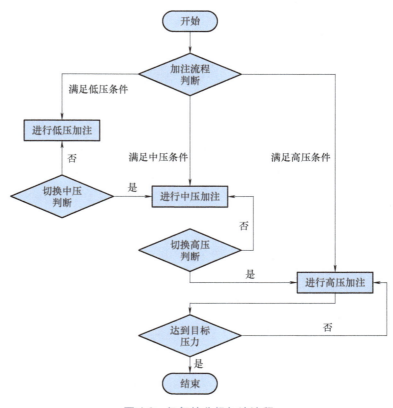

图 4-2 氢气的分级加注流程

4.2 供氢系统

供氢系统按照功能可以分为供氢管路、充氢管路、排氢管路三部分,供氢系统示意图如图 4-3 所示。

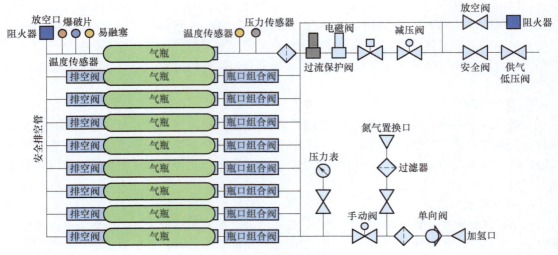

图 4-3 供氢系统示意图

1. 供氢管路

供氢管路是从氢瓶组合阀到燃料电池电堆入口之间的管路,其中包括过流阀、次级过滤器、压力调节器、主电磁阀与手动截止阀等部件。过流阀具有流量限制功能,当氢气流量异常时,可以起到安全保护作用;次级过滤器是用来过滤介质中可能存在的颗粒性杂质等,以保护管道上的其他部件不受损害和阻塞;压力调节器主要用来降低高压端氢气的压力和稳定低压端氢气的压力,保证进入燃料电池堆的是满足要求的低压氢气。氢气流量应保持在 12~20L/min 范围内,所以需要对低压端的氢气进行压力监测,通过控制压力调节器的开度来满足所需的氢气流量。主电磁阀用来控制氢气管路的通断,起到控制燃料电池启、停的作用;手动截止阀用来手动控制低压端氢气流向燃料电池堆管路的通断,当燃料电池堆需要启动之前,必须先手动将其打开。

2. 充氢管路

充氢管路是从氢气加注口到氢瓶组合阀之间的管路,其中包括加注口、压力表、过滤器、单向阀与过流阀等部件。加注口可以按照 35MPa 或 70MPa 的压力标准进行设计,加注口内部具有颗粒物杂质过滤功能,并且还具有单向阀结构控制氢气的流动方向,避免氢气回流、倒流、外泄。

3. 排氢管路

排氢管路是由放空阀与安全阀接出的连接外界大气的管路,及高压储氢瓶超温超压保护装置与易熔塞组成的排氢放空管路两部分组成。它的主要作用是排放车载供氢系统中内漏的氢气;在压力调节器出现问题失灵时排放超过设计要求压力的氢气;在发生车辆事故,如碰撞、火灾时能够及时将高压储氢瓶中储存的氢气完全排空。

由于各部分管道作用不同，在设计时要考虑流量和管径等关键参数。

管道流量方面，供氢管道的流量需结合燃料电池的功率、电压和电流参数进行确定。充氢管道的流量由车载高压储氢瓶的储氢量、充装速率和加氢站充氢速率决定。放空管道的排放总量通常按总储氢量的80%来设计。管道管径方面，为便于安装使用，管径应在满足车载供氢系统压力和流量的前提下尽量小一些。管道管径的设计需考虑氢气流量、流速与管道内的压力。氢气经高压储氢瓶口组合阀流出并经减压阀减压后，可使车载供氢系统管道中的压力降至5MPa以下，目前，车载供氢系统上应用的管道管径范围多在10~12mm之间，管径视供氢、充氢、放空三种管道的压力和流量不同而有所差异。

车载供氢系统中管道及阀、接头等零部件较多，由于氢气的氢脆性质，金属材料在与氢气的长期接触中，易产生脆性破坏事故。因此，选取抗氢脆材料用于管道及零部件的制造对系统安全性也极为重要。目前，供氢系统管道的抗氢脆性能主要通过断面收缩率和延伸率等性能参数来衡量，通过相关试验，316不锈钢和6061铝合金具有良好的抗氢脆性能，其中316不锈钢是当前车载供氢系统道及其零部件的主要制造材料。

为向燃料电池稳定提供具有合适压力、温度、流量的氢气，车载供氢系统还离不开管道上众多阀的控制，包括管道电磁阀、减压阀、稳压阀、溢流阀、单向阀和过滤阀等。管道电磁阀可通过电信号控制气路通断。氢气进入燃料电池前，通常需要两级减压，使氢气进入燃料电池时压力在0.2MPa以下。在管道电磁阀开启后，氢气可进入减压阀、稳压阀，二者相互配合，可以达到减压和稳压的目的，从而为燃料电池提供可进入堆的稳定低压氢气。目前，燃料电池汽车上减压阀范围通常在0.3~3MPa之间。溢流阀是系统的安全保护阀，单向阀可避免氢气回流，过滤阀可滤去系统中颗粒等杂质，以保证车载供氢系统管道及部件不被污物堵塞及损坏。

接头是管道与阀的连接部件，车载供氢系统中常采用结构简单、便于安装且密封性较好的卡套接头，并通过抓紧能力、气密性和抗振性考核其性能指标。应用在车载供氢系统上的卡套接头，承受了一定压力和冲击振动。目前，车载供氢系统多采用不锈钢卡套的连接方式和橡胶O形圈的密封方式。

4.3 储氢系统

目前，氢燃料电池汽车车载储氢技术主要包括高压气态储氢、低温液态储氢、高压低温液态储氢、金属氢化物储氢及有机液体储氢等。衡量储氢技术的性能参数有体积储氢密度、质量储氢密度、充放氢速率、充放氢的可逆性、循环使用寿命及安全性等，其中质量储氢密度、体积储氢密度及操作温度是主要评价指标。为了达到并超过燃油车的性能要求，众多研究机构对车载储氢技术提出了新标准，其中美国能源部（Department of Energy，DOE）公布的标准最具权威性。DOE先后提出车载储氢技术研发目标，其终极目标是质量储氢密度（即储氢质量分数）必须达到7.5%，体积储氢密度为70g/L，操作温度为40~60℃。根据DOE燃料电池车载储氢系统相关要求，下面我们对储氢技术的研究现状、特点以及存在的问题进行分析，并展望未来的发展方向。

储氢技术各有优缺点（表4-2）。从技术成熟方面分析，高压气态储氢最成熟、成本最低，是现阶段主要应用的储氢技术，在行驶里程、行驶速度及加注时间等方面均能与燃油车相媲美，但如果对氢燃料电池汽车有更高要求时，该技术不适用。从质量储氢密度分析，液态储氢、有机液体储氢的质量储氢密度最高，能达到 DOE 的标准，但两种技术均存在成本高等问题，且操作、安全性等方面较之气态储氢要差。从成本方面分析，液态储氢、金属氢化物储氢及有机液体储氢成本均较高，目前不适合推广。

表 4-2 储氢技术对比

储氢技术	质量储氢密度（%）	优点	缺点
高压气态储氢	5.7	技术成熟、成本低	质量储氢密度低
低温液态储氢	5.7	质量储氢密度高	易挥发、成本高
高压低温液态储氢	7.4	质量储氢密度高	成本高、安全性差
金属氢化物储氢	4.5	安全、操作条件易于实现	成本高、质量储氢密度低
有机液体储氢	7.2	质量储氢密度高	成本高、操作条件苛刻

1. 高压气态储氢

在车载储氢中，增加内压、减小罐体质量、提高储氢容量是储氢容器的发展方向。高压气态储氢是一种最常见、应用最广泛的储氢方式，其利用气瓶作为储存容器，通过高压压缩方式储存气态氢。目前，高压气态储氢容器主要分为纯钢制金属瓶（Ⅰ型）、钢制内胆纤维缠绕瓶（Ⅱ型）、铝内胆纤维缠绕瓶（Ⅲ型）及塑料内胆纤维缠绕瓶（Ⅳ型）。由于高压气态储氢容器Ⅰ型、Ⅱ型质量储氢密度低、氢脆问题严重，难以满足车载质量储氢密度要求；而Ⅲ型、Ⅳ型瓶由内胆、碳纤维强化树脂层及玻璃纤维强化树脂层组成，明显减少了气瓶质量，提高了单位质量储氢密度。因此，车载储氢瓶大多使用Ⅲ型、Ⅳ型瓶。

Ⅲ型瓶以锻压铝合金为内胆，外面包覆碳纤维，使用压力主要有 35MPa、70MPa 两种。中国车载储氢中主要使用 35MPa 的Ⅲ型瓶，70MPa 瓶也已研制成功并小范围应用。2010 年，浙江大学成功研制了 70MPa 轻质铝内胆纤维缠绕储氢瓶，解决了高抗疲劳性能的缠绕线形匹配、超薄（0.5mm）铝内胆成型等关键技术，其单位质量储氢密度达 5.7%，实现了铝内胆纤维缠绕储氢瓶的轻量化。目前，70MPa Ⅲ型瓶使用标准 GB/T 35544—2017《车用压缩氢气铝内胆碳纤维全缠绕气瓶》已经颁布，并小范围应用于轿车中。

Ⅳ型瓶是轻质高压储氢容器的另一个发展方向，美国 Quantum 公司、Hexagon Lincoln 公司、通用汽车公司、日本丰田汽车公司等国外企业，已成功研制多种规格的纤维全缠绕高压储氢瓶，其高压储氢瓶设计制造技术处于世界领先水平。其中，丰田汽车 Mirai 的高压储氢瓶采用Ⅳ型瓶，其由 3 层结构组成：内层为高密度聚合物，中层为耐压的碳纤维缠绕层，表层则是保护气瓶和碳纤维树脂表面的玻璃纤维强化树脂层。Ⅳ型瓶的使用压力为 70MPa，质量储氢密度为 5.7%，如图 4-4 所示。

表 4-3 对比分析了不同类型气瓶的优缺点。由上述分析可知，Ⅰ型和Ⅱ型气瓶因重量容积比较大而不适合车载高压储氢，而Ⅲ型、Ⅳ型气瓶均采用了全缠绕式的纤维层，具有质量轻、承载能力强、抗爆性能好、化学性能稳定等优势，目前广泛应用于车载储氢中。

高压气态储氢以气瓶为储存容器，其优点是成本低、能耗少，可以通过减压阀调节氢气释放速度，充气、放气速度快，动态响应好，能在瞬间开关氢气，满足氢燃料电池汽车车用要求。同时，其工作温度范围较宽，可在常温至零下几十摄氏度的环境下正常工作。高压气

第4章 氢燃料电池汽车车载氢系统安全设计

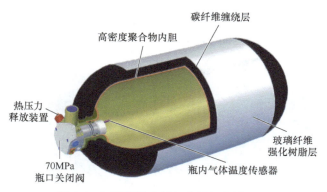

图 4-4　Ⅳ型轻质高压气态储氢瓶模型图

态储氢是目前较为成熟的车载储氢技术,但其质量储氢密度还很小,未达到美国能源部制定的发展目标。今后,高压气态储氢还需向着轻量化、高压化、低成本、质量稳定的方向发展。

表 4-3　四种气瓶结构特点对比

气瓶类型	内胆材料	纤维缠绕方式	优点	缺点
钢制气瓶 （Ⅰ型气瓶）	金属 （优质铬钼钢）	无纤维缠绕	经济性好	质量较大
金属内胆纤维环向缠绕气瓶 （Ⅱ型气瓶）	金属 （优质铬钼钢）	纤维环向缠绕；封头 无纤维缠绕	气瓶工作压力较小	质量较大
金属内胆纤维全缠绕气瓶 （Ⅲ型气瓶）	金属 （铝合金）	筒体环向缠绕和螺旋缠绕； 封头螺旋缠绕	气密性好、耐高温	与非金属内胆相比 质量较大
非金属内胆纤维全缠绕气瓶 （Ⅳ型气瓶）	非金属	筒体环向缠绕和螺旋缠绕； 封头螺旋缠绕	质量较小、疲劳 强度高	金属瓶口与非金属内胆 连接处气密性不好

2. 低温液态储氢

液氢是一种高能、低温的液态燃料,其沸点为 $-252.65℃$、体积储氢密度为 $70g/L$,其中密度是气态氢的 845 倍,是高压气态储氢的数倍,如图 4-5 所示。通常,低温液态储氢是将氢气压缩后冷却至 $-252℃$ 以下,使之液化并存放于绝热真空储存器中。与高压气态储氢相比,低温液态储氢的质量储氢、体积储氢密度均有大幅度提高。如果从质量储氢、体积储氢密度角度分析,低温液态储氢是较理想的储氢技术。但是,容器的绝热问题、氢液化能耗是低温液态储氢面临的两大技术难点。

1）低温液态储氢必须使用特殊的超低温容器,若容器装料和绝热性能差,则容易加快液氢的蒸发损失。

2）在实际氢液化中耗费的能量占总能量的 30%。

3. 高压低温液态储氢

高压低温液态储氢是在低温下增加压力的一种存储方式。在高压下,液氢的体积储氢密度随压力升高而增加,如在 $-252℃$ 下液氢的压力从 $0.1MPa$ 增至 $23.7MPa$ 后,其体积储氢

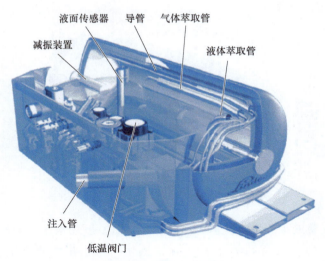

图 4-5 液态储氢模型图

密度从70g/L增至87g/L,质量储氢密度也达到了7.4%。美国加利福尼亚州的劳伦斯利沃莫尔国家实验室研发了新型高压低温液态储氢罐（图4-6），外罐长度为129cm、直径为58cm。该储氢罐内衬为铝，外部缠绕碳纤维，外套保护由高反射率的金属化塑料和不锈钢组成，储氢罐和保护套之间为真空状态。现有的低温液态储氢罐仅能维持介质2～4天无挥发，将新研发的高压低温液态储氢罐安装在混合动力车上进行测试，结果表明有效降低了液氢的挥发，可以保持6天无挥发。与常压液态储氢相比，高压低温液态储氢的氢气挥发性小、体积储氢密度更大，但成本、安全性等问题急需解决。

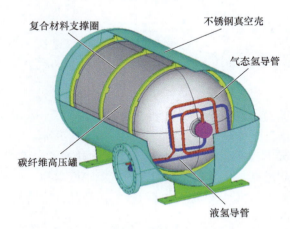

图 4-6 高压低温液态储氢罐示意图

4. 金属氢化物储氢

金属氢化物储氢是利用过渡金属及其合金与氢气反应，以金属氢化物形式吸附氢，然后加热氢化物释放氢，其反应方程式为

$$aM + 0.5bH_2 \leftrightarrow M_aH_b + \Delta Q \tag{4-1}$$

式中　M——过渡金属或合金；

　　　ΔQ——反应热（kJ）。

当金属单质作为储氢材料时，能获得较高的质量储氢密度，但释放氢气的温度高，一般超过300℃。为了降低反应温度，目前主要使用$LaNi_5$、$Ml_{0.8}Ca_{0.2}Ni_5$、Mg_2Ni、$Ti_{0.5}V_{0.5}Mn$、$FeTi$等AB_5、A_2B、AB型合金（表4-4），合金储氢材料的操作温度均偏低，质量储氢密度为1%~4.5%。

表4-4　合金储氢材料的储氢能力

合金	放氢温度/℃	压力/MPa	质量储氢密度（%）
$LaNi_5$	22	0.10	1.37
$FeTi$	60	0.50	1.89
Mg_2Ni	-18	0.10	3.59
$CeNi_4Zr$	20~60	3.20	4.00
$CeNi_4Cr$	20~60	3.10	4.30
$LaNi_{4.5}Sn_{0.5}$	25	0.75	0.95
$Zr_{0.9}Ti_{0.1}Cr_{0.8}Ni_{0.4}$	100	0.10	2.00
$Ti_{0.5}V_{0.5}Mn$	-13	35.00	1.90
$Ti_{0.47}V_{0.46}Mn$	33	12.00	1.53
$Ml_{0.8}Ca_{0.2}Ni_5$	20	30.00	1.60

由于储氢合金具有安全、无污染、可重复利用等优点，已在燃气内燃机汽车、潜艇、小型储氢器及燃料电池车中开发应用。浙江大学成功开发了燃用氢-汽油混合燃料城市节能公共汽车，其使用的是$Ml_{0.8}Ca_{0.2}Ni_5$合金储氢材料，在汽油中掺入质量分数为4.5%的氢，使内燃机效率提高14%，节约汽油30%。日本丰田汽车公司采用储氢合金提供氢的方式，汽车时速高达150km/h，行驶距离超过300km。虽然金属氢化物储氢在汽车上已有应用，但与2017年DOE制定的储氢密度标准相比，差距仍较大。将其发展成为商业车载储氢还需进一步提高质量储氢密度，降低分解氢的温度与压力，延长使用寿命等。同时，车载储氢技术不仅与储氢金属材料有关，还与储罐的结构有关，需要解决储罐的体积膨胀、传热、气体流动等问题。

5. 有机液体储氢

有机液体储氢材料是利用不饱和有机物液体的加氢和脱氢反应来实现储氢。某些有机物液体可以可逆吸放大量氢，且反应高度可逆、安全稳定、易运输，可以利用现有加油站加注有机液体。目前，常用的储氢有机液体包括苯、甲苯、萘、咔唑及四氨基吡啶等（表4-5）。传统有机物（苯、甲苯、萘）的质量储氢密度为5.0%~7.5%，达到规定标准，但反应压力在1~10MPa，反应温度为350℃左右，需要贵金属催化剂。可见，有机液体储氢技术操作条件较苛刻，导致该储存技术成本高、寿命短。

表 4-5　合金储氢材料的储氢能力

有机液体氢化物	理论质量储氢密度（%）	催化剂	脱氢温度/℃
苯	7.2	0.5% Pt-0.5% Ca/Al_2O_3	300
甲苯	6.2	10% Pd/AC 0.1% K-0.6% Pt/Al_2O_3	297 320
萘	7.3	10% Pd/AC 0.8% Pd/Al_2O_3	320 340
咔唑	6.7	5% Pd/C	170
四氨基吡啶	5.8	10% Pd/SiO_2	170

传统有机液体氢化物脱氢的温度高、压力高，难以实现低温脱氢，制约了其大规模应用和发展。有研究者采用不饱和芳香杂环有机物储氢，其质量、体积储氢密度较高，最重要的是可有效降低加氢和脱氢反应温度，如咔唑和四氨基吡啶的脱氢反应温度为170℃，比传统有机液储氢材料的脱氢温度低（表4-5）。聚力氢能公司成功开发出一种稠杂环有机分子，将其作为有机液体储氢材料，可逆储氢密度达到了5.8%，在160℃下150min即可实现全部脱氢，在120℃下60min即可全部加氢，且循环寿命高、可逆性强，其存储、运输方式与石油相同，80L稠杂环有机分子液体产生的氢气可供普通车行驶500km。2017年，中国扬子江汽车与氢阳能源联合开发了一款城市客车，利用有机液体储氢技术，加注30L的氢油燃料，可行驶200km。

有机液体储氢技术极具应用前景，其储氢容量高、运输方便安全，可以利用传统的石油基础设施进行运输、加注。目前，有机液体储氢技术的理论质量储氢密度最接近DOE的目标要求，该技术进一步发展的关键是提高低温下有机液体储氢介质的脱氢速率与效率、催化剂反应性能，改善反应条件，降低脱氢成本。

4.4　氢燃料电池汽车车载氢系统安全要求

4.4.1　材料选择

燃料电池供氢系统由于直接或间接与氢气接触，应具有与氢气相容特性，所选材料应满足以下要求。

1) 在所有的使用条件下，具有必要的化学稳定性，使用中不会发生各种形式的化学反应，以避免这些反应形成对氢气的污染。最大可能地避免发生氢脆、氢腐蚀、应力腐蚀和其他形式的腐蚀。车载氢系统中与氢气存在承压关系的零部件材料应满足与氢气的相容性要求，对非公认材料应参考ISO 11114-4：2017《可运输气瓶 气瓶和瓶阀材料与盛装气体的相容性 第4部分：选择抗氢脆金属材料的试验方法》进行相关测试。

2) 适应供氢系统物理环境的变化，符合各项机械性能要求，并在使用条件下保持稳定的力学性能，如安装金属框架应充分考虑低温环境下冷脆造成的强度大幅衰减问题，以及密封用O形圈耐温性问题。

3) 非金属管道和相关配件材料满足相应标准的规定要求。

4）所选用材料满足供氢系统整体预期寿命的要求。

5）当已知所用的材料在某些条件下会发生危险时，制造商应采取各种防范措施，并向用户提供必要的信息，以最大程度降低人身安全与健康风险。

4.4.2 电气系统

车载氢系统一般还包含氢控制器、氢浓度传感器、压力传感器、电磁阀、连接线束、接插件等电气元件，它们组成了车载氢系统的电气系统。对电气系统的一般安全要求如下：

1）该电气系统应满足 QC/T 29106—2014《汽车电线束技术条件》、QC/T 1067.2—2017《汽车电线束和电气设备用连接器 第 2 部分：插头端子的型式和尺寸》、EMC 测试的相关要求。

2）供氢系统所有电气元件和接线应该在机械强度、绝缘和电流承载能力方面均满足氢气安全使用要求。线束走向等应合理布置且卡固良好，尽量避免与相邻部件摩擦。线路中宜设置过电流保护装置。

3）电气元件的材料应满足供氢系统的使用环境，在选择电绝缘材料时，应考虑材料的机械强度、电绝缘强度和热绝缘特性，即使在出现火灾和事故时也能够起到防护作用。

4）供氢系统所用电磁启闭的元件、部件应采取必要的措施，避免同其他电磁设备因电磁干扰而产生不良影响。

5）供氢系统所有电气元件的开口或接头应采取保护措施防止破损，有产生电火花危险的电气元件，应予以适当的包覆。

6）电气元件所发出的电磁波，不应对其他电气设备的功能产生持续且重大的干扰。

7）为防止电气系统使用过程中产生破损、短路，并且避免电火花等对使用者或操作人员产生的危害，线路应加以适当的保护，或在没有妨碍的位置装设防护。电源接口应避免设置在氢气入口附近，氢管路与充电高压线应相对隔离。

8）为满足不同地方的使用环境要求，供氢系统所有电气元件应满足必要的耐盐雾性能要求，具体要求应满足使用环境要求或参照相应标准要求。

9）车载供氢系统电工电子产品进行防水防尘试验时，所有电气元件防护等级不低于 GB/T 4208—2017 中 IP67 等级。

10）电气系统中的各零部件应满足系统使用环境温度要求，防火阻燃要求，以及自身应满足的使用要求等。

11）根据供氢系统结构特点对电气系统及配线等进行接地防护。

12）充电口与加氢口不宜设在车身同一侧，如设置在同一侧不应处于同一舱内，且相距至少 200mm。

13）车载氢系统的安装集成过程中也应注意电气系统的安装规范，避免出现因人为因素导致的功能性、耐久性、安全性等问题。

4.4.3 安装及布置

1. 车载氢系统安装布置的一般要求

车载氢系统的安装及布置首先应满足 GB/T 26990—2011《燃料电池电动汽车 车载氢系统 技术条件》中 4.2 的描述，加氢口的布置应满足 GB/T 26990—2011 中 4.4 的描述。此外，还应充分参考如下建议。

1）燃料电池供氢系统安装前，应检查供氢系统单体设备、管路及附件的各种合格证、技术文件，制定安装就位方案和相关安全措施。

2）要充分考虑使用环境对供氢系统可能造成的伤害，采取必要措施，避免热源以及电器、蓄电池等可能产生电弧的部件对供氢系统的安全影响。

3）车载氢系统中的氢浓度传感器应布置在车内氢气容易聚集的最高点区域，如果区域分离较远，应相应增加氢浓度传感器数量。在可能发生泄漏的部位及载人车厢内，都应合理地安装氢气泄漏探测器，探测器应安装在氢气最易发生积聚的位置，一般为局部最高点，通风不好的地方。

4）车辆车身设计应减少车载氢系统不必要的承重。

5）车身应针对有可能产生氢气泄漏区域设计相应的氢气排放口。

6）车身与车载氢系统的安装应充分考虑积水排放问题，避免致使车载氢系统的电气系统长期泡水，产生安全隐患。

7）支撑和固定管路的金属零件不应直接与管路接触，需要加装非金属衬垫，但管路与支撑和固定件直接焊合或使用焊料连接的情况例外。

8）供氢系统可能产生静电的地方要可靠接地，或采取其他控制氢泄漏量及浓度的措施，以使得即便在产生静电的地方，也不至于发生安全问题。金属管路和金属连接件应可靠接地，连接处应采用金属线跨接，且适应氢气环境。

9）供氢系统应安装牢固，应避开易摩擦、易受冲击的位置，或者采取缓冲保护措施，以防止应用时发生位移或损坏。

10）供氢系统各功能总成、零部件的连接管路要牢固固定，固定点之间的间隔不大于1000mm，如总成无法固定在同一个结构体上应确保两个不同的结构体之间的相对位移合理，必要时将储供氢总成与燃料电池系统用软管连接。

11）供氢系统安装在不能充分换气的封闭或半封闭空间（如驾驶室、载人车厢和货箱内）时，应该使用密封箱、波纹管及通气接口将瓶口阀及连接的高压接头与驾驶室、载人车厢或货箱安全隔离，通气接口排气方向应在与地面成45°圆锥的范围内，并能将泄漏气体排出车外，通气接口至排气管和其他热源距离不得小于250mm，通气总面积应不小于450mm^2。密封箱应满足如下要求：

① 密封箱的排风口位于装置最高点，且排放气体的流动方位和方向应远离人、电源和火源。排放方向满足如下要求：不应直接排到燃料电池应用装置操作室等密闭空间；不应排向容易产生静电的装置；不应排向露出的电气端子、电气开关器件及其他引火源；不应排向其他储氢容器。

② 密封箱需进行密封和排气测试。

③ 密封箱的电子接头和元件不能产生火花。

④ 密封测试时，密封箱不发生任何永久变形。

⑤ 密封盒等隔离装置应有很强的防护功能，当车辆受到冲撞时应能有效地防止气瓶冲入驾驶室、载人车厢或货箱内。

12）供氢系统安装完成后，应检查各相关尺寸、连接管线的正确性、气密性；检查电气接地的正确性和接地电阻。

13）车载氢系统在组装、运输、吊装过程中应避免系统，特别是功能阀件、电气元件的磕碰，避免出现螺栓螺母的漏装、漏检，电气接插件的漏接、虚接、接地，静电片的漏装,卡套螺母的安装不到位等问题。

2. 车载储氢瓶的安装及布置要求

(1) 一般要求

供氢系统涉及的压力容器,应符合压力容器的相关标准,安装人员应持有相关资质。任何完整的高压氢气储存容器,应包括一个连接固定装置。

高压储氢瓶应被可靠地固定在车上,安装气瓶的固定座应具有阻止气瓶旋转、移动的能力,固定座应便于拆装工作。高压储氢瓶安装在车上后,高压储氢瓶的强度和刚度不得下降,车架(车身)结构强度也不应受影响。高压储氢瓶安装方法不能严重削弱车辆结构,部件结合的部位(比如将拉带螺栓焊到拉带上),连接点的强度不能小于任一连接件的强度。

当高压储氢瓶安装在车辆的外露空间时,应采取有效的防护措施,高压储氢瓶周围应避免有尖锐、棱角等结构的零件。

(2) 燃料电池客车

对于燃料电池客车,高压储氢瓶底置设计时,高压储氢瓶舱体的两侧舱门上应有格栅,保证正常通风,且格栅的高度应位于高压储氢瓶舱门的高位,防止氢气在舱体顶部聚集;高压储氢瓶舱体与乘客舱应保证有效的隔离,防止泄漏的氢气进入乘客舱;与氢系统无关的电气线路和气体管路接头应尽量避开高压储氢瓶舱室。

当高压储氢瓶布置在车架下方时,高压储氢瓶下方应采取有效防护措施,应有效避免驱动轮造成的异物飞溅撞击储氢容器,高压储氢瓶最低位置离地距离建议不小于200mm。

高压储氢瓶应固定牢靠,其安装位置应使其在车辆前、后、侧向碰撞事故中受到车身结构的保护。车长大于6m的客车,储氢容器任何部位距车辆前端应不小于600mm,距车辆后端应不小于300mm。

高压储氢瓶安装在顶部时,顶置气瓶应有气瓶罩遮蔽保护,避免太阳直射,气瓶罩应结构合理,美观实用;气瓶罩侧门尽量采用碰销式结构,以便于开启;气瓶罩上应有通风口,通风口通气总截面面积应不小于$2000mm^2$。

高压储氢瓶安装位置应远离热源,其环境温度不得高于50℃,必要时应采取隔热措施。在任何情况下,气瓶及其所有高压储气管路与热源距离应不小于100mm;当气瓶及其所有高压管路与热源的距离在100~200mm之间时,应设置固定可靠的隔热及保护装置。

如果高压储氢瓶若采用纵向安装方式,即气瓶的中轴线与车辆的纵轴平行,则气瓶装有阀门、仪表的一端应朝向车辆的尾部。

由于商用客车底盘放置了动力电池、DC/DC变换器及驱动电机,加上目前商用客车多为低底盘客车以方便乘客搭乘,建议将燃料电池商用客车的多瓶组车载氢系统布置于车顶。顶部的空间更有利于布置多个高压储氢瓶,以增加储氢量和续驶里程。除了考虑负载均衡以及不影响客车内部乘车空间外,车顶氢系统的罩壳可制成玻璃钢件,顶裙围采用铝合金板,有效地保证车辆外观的平整性与连贯性。此外氢系统罩壳顶部可以打开,方便高压储氢瓶的维护与安全操作。图4-7为供氢系统布置于车顶前半部的燃料电池商用客车案例。

(3) 燃料电池乘用车

乘用车车载高压储氢瓶配置应综合考量足够的乘客空间、行李置放空间与燃料储量,并考虑车辆安全性与重量平均分配。建议轿车车载高压储氢瓶置于轿车底盘下方中部、后座乘客椅座的下方,以及行李舱与后轮间的开放空间。受空间的限制和规避停驶期间安全排放的风险,可采用多个高压储氢瓶。乘用车高压储氢瓶的安装及布置方案案例参考图4-8。

图 4-7　商用客车车载高压储氢瓶安装及布置案例

图 4-8　乘用车车载高压储氢瓶安装及布置案例

（4）燃料电池货车

商用货车为了保证其一定的续驶里程，目前通常布置多瓶组 35MPa 的车载氢系统，中小型货车设置双瓶组或三瓶组，大型货车的高压储氢瓶可能会超过四组，必要时采用 70MPa 储氢系统以提高储氢量和续驶里程。建议将高压储氢瓶以横卧叠排式安装在靠近牵引车头的车辆底盘上，可增加货车车厢的空间利用率。商用货车氢系统的布置方案可参考图 4-9。

图 4-9　商用货车车载高压储氢瓶安装及布置案例

4.5 车载氢系统安全设计

4.5.1 功能要求

车载氢系统可以分为加氢模块、储氢模块、供氢模块和控制监测模块，车载氢系统的安全设计可以结合上述几个模块的功能进行。

1. 加氢模块

加氢模块一般包含加氢口、压力表、过滤器、单向阀等功能阀件，通过与加氢枪连接实现为车辆加注氢气的功能。为了保证加氢过程的安全可靠，应在充分考虑加氢时的温升问题、静电消除问题、气密性问题等基础上，对加氢模块进行安全设计。一般应考虑以下建议。

1）考虑到加氢过程的温升问题，对于70MPa氢系统应配备温度监测模块。
2）加氢口周围应设计有静电接地装置。
3）为避免加氢口密闭不严导致高压管路漏气，增加单向阀。
4）为避免加氢模块连接点泄漏，在加氢模块安装舱内最高点区域安装氢浓度传感器。

2. 储氢模块

储氢模块一般包含储氢瓶、瓶口组合阀（手动阀门、电磁阀、TPRD）、限流阀、压力传感器、瓶尾安全泄放装置等功能阀件。

为了保证储氢模块的安全可靠，储氢瓶应满足GB/T 35544—2017《车用压缩氢气铝内胆碳纤维全缠绕气瓶》的相关要求，瓶口组合阀、瓶尾安全泄放装置同样应满足GB/T 35544—2017的相关要求，当管路内的压力异常降低或流量反常增大时，限流阀能够有效自动切断储氢容器内的氢气供应，压力传感器可以通过氢控制器向整车控制器或燃料电池控制器传递压力信息。

3. 供氢模块

供氢模块一般包含减压阀、压力传感器、安全阀、排空阀、电磁阀等功能阀件。为了保证供氢模块的安全可靠，减压阀应能保证输出压力的稳定可靠，安全阀能够实现管路压力超过一定限值后的起跳泄放功能，并在管路压力恢复正常后，可以恢复原状态。

4. 控制监测模块

控制监测模块一般是由电气系统组成，通过氢控制器实现车载氢系统运行状态的监测，其中包括储氢瓶的开启状态、瓶内的温度、管路的压力以及氢浓度传感器测量值，还要稳定高效地控制瓶口组合阀和其他电磁阀类的开启和关闭，计算车载氢系统运行的耗氢量，对剩余氢气量进行估算，实现不同故障的识别，还要通过控制器局域网络（Controller Area Network，CAN）总线与整车通信，将接收来的信息发送给VCU，并接受VCU的指令做出相应动作。

（1）余量监测

在易于观察处，设置氢气剩余量仪表。

（2）实时监测

供氢系统应具有能够实时监测储氢容器或管路压力及温度的能力，相应传感器材料应能够与氢完全兼容。当氢系统检测到气瓶或管路压力超过允许最大压力或检测到气瓶温度超过最高允许温度时，应主动报警，同时关断气瓶阀停止供氢。

当氢系统检测到储氢容器压力低于安全值时，应主动关断阀件停止供氢。

5. 供氢能力

供氢系统在可用压力范围内应能够满足燃料电池系统的氢气需求。

供氢系统应有过流保护装置或其他措施，当检测到储氢容器或管道内压力异常降低或流量异常增大时，能自动关断储氢瓶内的氢气供应。如采用过流保护阀，该阀应安装在主关断阀上或紧靠主关断阀处。

主关断阀、储氢容器的单向阀以及安全泄放装置应集成在一起，装在储氢容器端头。对于多储氢瓶系统，每个储氢瓶的端头应分别安装手动关断阀或其他装置，在加氢、排氢及维修时可根据需要单独隔断每个储氢瓶。

6. 氢气品质

根据 GB/T 37244—2018《质子交换膜燃料电池汽车用燃料 氢气》，燃料电池供氢系统供应的氢气品质应能满足表 4-6 中的要求。

表 4-6 氢气品质要求

序号	项目名称	指标
1	氢含量（最小摩尔分数）	99.97%
非氢组分最大浓度		
2	气体总量	300μmol/mol
3	氧（O_2）	5μmol/mol
4	水	5μmol/mol
5	总硫含量	0.004μmol/mol
6	甲醛（HCHO）	0.01μmol/mol
7	甲酸（HCOOH）	0.2μmol/mol
8	氨（NH_3）	0.1μmol/mol
9	一氧化碳	0.2μmol/mol
10	二氧化碳	2μmol/mol
11	总烃（以 CH_4 计）	2μmol/mol
12	氦（He）、氮（N_2）、氩（Ar）	100μmol/mol
13	卤化物（以氯化氢计）	0.05μmol/mol

注：颗粒物的指标可参考 ISO 14687（所有部分）的规定。

4.5.2 安全要求

1. 气密性

车载氢系统的气密性应至少满足国标要求，此外还应满足一定的泄漏速率或符合气泡法检测要求。建议参考国外相关标准制定思路，即将泄漏速率要求与安全扩散速率对应，氢气在静止空气中会以大约20m/s的速度迅速扩散,在有排空扇或流动空气的情况下会更快,如果单位空间内整车的泄漏速率可以小于等于扩散速率,那么可以适当根据使用区域,存放场所对气密性提出针对性要求。

2. 泄漏量

在1.05~1.1倍额定工作压力下,供氢系统在稳态下每小时氢气泄漏量应小于0.5%。在安装供氢系统的封闭或半封闭空间上方合适位置,至少安装一个氢气浓度传感器,实时监测氢气的泄漏情况,并将信号传递给氢气泄漏报警装置。氢气传感器可在其响应时间内(一般为1s)感知到氢气泄漏。在燃料电池系统中易发生氢气泄漏或者氢气积聚的部位,且驾驶员容易识别的部位安装氢气泄漏报警提醒装置,泄漏浓度与警告信号的级别由制造商根据车辆的使用环境和要求决定,建议配置与传感器相应的安全连锁装置。建议当空气中氢气体积分数不低于2.0%±1.0%时,发出警告;空气中氢气体积分数不低于3.0%±1.0%立即关断氢供应;如果车辆装有多个氢系统,允许仅关断有氢泄漏部分的氢供应。

泄放分为两种情况,一种是当周围环境温度达到(110±5)℃时,TPRD开启;另一种是当减压阀下游管路压力超过安全阀起跳压力时,安全阀起跳泄放。

车载氢系统使用的车用压缩氢气铝内胆碳纤维全缠绕气瓶,都是经过火烧试验认证的,但是均为单只测试,当TPRD作用时,不同储氢瓶数量组成的瓶组中TPRD泄放管路串联应有数量及通径限制,避免集中泄放造成管路破损,以致氢气未能及时排出舱体外,在相对密闭的空间内积聚,最终造成严重后果。

安全阀泄放通径至少应满足燃料电池堆提供的安全压力下泄放需求,但极端情况下应考虑减压阀完全失效时造成的无压降情况。

3. 安全措施

(1) 压力保护

系统应该带有检测压力的部件,当系统检测到供氢压力低于产品规定的最低压力,应发出报警;当系统检测到供氢压力高于产品规定的最高压力时,应发出报警,同时关断气瓶阀停止供氢。

(2) 泄压装置

系统应该有泄压装置,当系统压力大于设计压力时可以及时释放压力。为便于供氢系统操作及维护,可根据需要安装手动泄压阀。

(3) 接地性能

系统应具有接地点,且应有明显的标志,接地点应用铜螺母;供氢系统外壳、所有可触及的金属零部件与接地端子间的电阻应不大于0.1Ω。

(4) 防护等级

系统防护等级应符合IP67。当完成防护等级试验后,系统部件不应有损坏或故障的迹象,也不应出现水在系统任何部件中的有害聚集。

(5) 氢气泄漏探测及报警

供氢系统或其安装使用位置应设置氢气泄漏浓度连续测定和报警装置。氢气浓度传感器应符合GB 16808—2018和GB 12358—2006的规定要求。报警装置应能根据氢气浓度的大小发出不同等级的报警信号。浓度与报警信号的级别可由供氢系统使用者根据具体的使用环境和标准要求决定。

涉及安全的气体传感器应根据 IEC 61779-6 的规定进行选择、安装、校对、使用和维护。

（6）安全泄压装置

供氢系统应设置安全泄压装置（Pressure Relief Device，PRD），在释放管路的出口处采取必要的保护措施，防止在使用过程中被异物堵塞，影响气体释放。通过安全泄压装置释放氢气时，不应有下列情况发生：直接排到密闭或半密闭空间；排向容易产生静电的装置或空间；排向露出的电气端子、电气开关器件及其他引火源；排向其他储氢容器。

4. 电磁兼容性

燃料电池供氢系统不得在其周围产生超过规定水平的电磁干扰。除此之外，供氢系统电气设备应对电磁干扰具有足够的抵抗能力以便在其工作环境中正常运行。供氢系统的电磁兼容性具体要求如下：

供氢系统的静电放电抗扰度限制应符合 GB/T 17626.2—2018 中试验等级 3 的规定。试验期间，被测样品不应损坏、故障或发生状态改变，但允许指示灯闪烁，试验后系统应能正常工作。

5. 绝缘及电安全要求

参考 GB 18384—2020《电动汽车安全要求》中间接接触防护要求、绝缘电阻检测要求、电位均衡要求、电容耦合要求设计供氢系统，以保障其电安全。

4.5.3　启动与关闭

1. 启动

当所有防护装置均已到位且起作用时，供氢系统才能启动。为保证下次正常启动，可采用适当的连锁装置，装置应具备手动、自动启动功能。

氢系统在低压电源接通后，氢管理系统应控制供氢系统，先对氢系统提供氢气进行预充，确保氢气管路压力达到规定值。

2. 关断

燃料电池不需要继续工作时，氢系统控制器根据通信协议关闭高压储氢瓶口组合阀，当燃料电池关闭时，整车关断瓶口组合阀供电；紧急情况时，驾驶员可紧急关闭氢阀翘板开关，切断储氢瓶瓶口组合阀供电需求，将瓶口组合阀关闭。根据燃料电池供氢系统的功能性要求，供氢系统应提供以下关断功能。

（1）紧急关断功能

当供氢系统内部或外部情况恶化，继续运行供氢系统会带来危害时，应能够通过手动操作应急按钮而终止供氢系统的运行，并同时自动切断氢气的供给。紧急关断功能应考虑以下安全因素。

1）在不产生新的危险情况下阻止危险发生。
2）在必要情况下，触发或允许触发某些防护措施。
3）不论供氢系统处于何种运行，紧急开关启动后，紧急关断具有第一优先权。
4）在紧急开关没有复位的情况下系统不能重新启动。
5）紧急开关的复位不得导致任何危险情况的发生。

（2）正常关断功能

供氢系统处于正常运行状态，通过启动控制设备而终止供氢系统运行。在正常运行情况下能够自动或手动安全关断。

（3）非正常关断功能

供氢系统处于非正常运行状态时，通过启动控制设备而终止系统的运行。在不会立即带来危险的非正常状态下能够自动关断，但不能自动重新启动。

当出现下列情况之一时，应触发关断功能，并进行停机检查：

1) 监测的空气中氢气浓度超设定值（3%±1%）。
2) 电力供应故障。
3) 系统检测到制氢系统内富氢化合物余量低于设定值。
4) 系统氢气压力超过/低于设定安全值。
5) 系统监测到温度超过设定安全值。
6) 系统监测到储氢容器或管道流量反常增大或压力快速下降。

（4）氢气系统关断应注意事项

1) 燃料电池系统停止供氢请求前，不允许断开氢气供应。
2) 当氢管理系统发生通信丢失时，考虑到氢气传感器无法监控，建议整车控制器或燃料电池系统发送氢系统关断信号。
3) 当检测到车辆碰撞、火灾、氢气泄漏等严重情况，整车控制器应发送应急关闭氢系统的信号。

3. 启动时间

对于以单质形式储存氢气的供氢系统（如高压气态储氢等），高压储氢启动时间由电磁阀控制，按燃料电池需求启动供氢。对于以化合物形式储存氢气的供氢系统，启动时间可根据用户要求确定。一般对于启动供氢的要求如下。

1) 在热待机条件下，额定流量从 0 到 80% 额定流量的启动时间不应大于 10min，0 到 100% 额定流量的启动时间不大于 15min。
2) 在停机条件下且利用燃料燃烧实现氢气产生设备加热时，额定流量从 0 到 80% 额定流量的启动时间不应大于 45min，0 到 100% 额定流量的启动时间不大于 50min。
3) 在停机条件下且利用电加热装置实现氢气产生设备加热时，额定流量从 0 到 80% 额定流量的启动时间不应大于 120min，0 到 100% 额定流量的启动时间不大于 125min。

4.6 车载氢系统的测试评价技术

车载氢系统测试分为公告测试及一般测试。

公告测试即目前国家强制要求的测试。按照 GB/T 29126—2012《燃料电池电动汽车 车载氢系统 试验方法》中 6.1.1.3 的描述"当储氢容器安装紧固后，分别在车辆坐标系 X、Y、Z 三个方向施加 8 倍于充满标称工作压力氢气的储氢容器重力的力，测量检查储氢容器与固定座的相对位移"和 GB/T 26990—2011《燃料电池电动汽车 车载氢系统 技术条件》中 4.2.4 的描述"储氢容器安装紧固后，在上、下、前、后、左、右六个方向上应能承受 8g 的冲击力，保证储氢容器与固定座不损坏，相对位移不超过 13mm"，此外还有加氢口测试，气瓶型式试验报告。

一般测试涉及的方面比较多，主要有安装座的安全测试（氢泄漏、氢排放、功能要求、绝缘安全、加氢安全和碰撞安全等）、盐雾测试、高低温环境测试、零部件自身的型式试验、电子元器件的 EMC 测试、湿热循环测试、盐雾测试以及系统主体的振动测试等。

4.6.1　供氢系统管路气密性测试

供氢系统管路气密性检测，应在管路安装完成后或气体置换前进行。采用惰性气体（氦气20%，氮气80%，均为体积分数）作为检测介质。对于压力调节器与燃料电池堆之间的管路，泄漏检测压力为实际工作压力；对于加氢口至高压储氢瓶之间的管路，泄漏检测压力为1.25倍的额定工作压力。使用泄漏检测液进行目测检查，3min内不应出现气泡。使用氦气检测仪进行检测时，应尽可能接近测量部位，其泄漏速度应满足不高于0.005mg/s。

4.6.2　启动与关断功能测试

测试手动启动方式时，手动启动或关闭燃料系统，检查系统是否正常启动或关闭。测试遥控启动方式时，远程启动或关闭燃料系统，检查系统是否正常启动或关闭。测试自动方式时，定时启动或关闭燃料系统，检查系统是否正常启动或关闭。

4.6.3　安全相关测评

1. 泄漏量测试及评价

供氢系统应当将泄漏试验气体压缩到规定压力，并观测3min内表面活性剂是否产生气泡；或者使用已被证实等效的办法进行泄漏试验。允许的泄漏速率只适用于100%氢气，其他气体或者混合气体允许的泄漏速率应当被等效成100%氢气的泄漏速率。

在供气系统的出口处安装精度为0.5%的压力计和截止阀。关闭截止阀后打开氢气阀门及管路上其他的阀门，系统达到额定工作压力并稳定1min后，记录压力传感器测得的压力 p_1。关闭氢阀门，24h后记录压力传感器测得的压力 p_2。按照式（4-2）进行计算，泄漏率以平均每小时小于0.5%为合格。当 p_1 和 p_2 只略高于大气压，且两者相差不大时，在式（4-2）中可不必带入氢气的压缩因子。

$$L=\frac{1-\dfrac{p_2 T_1 Z_1}{p_1 T_2 Z_2}}{T}\times 100\% \tag{4-2}$$

式中　L——泄漏率；
　　　T——测试时间（s）；
　　　p_1——为测量开始时记录的压力（MPa）；
　　　p_2——为测量结束时记录的压力（MPa）；
　　　Z_1——p_1 压力下的压缩因子；
　　　Z_2——p_2 压力下的压缩因子；
　　　T_1——记录 p_1 时的环境温度（K）；
　　　T_2——记录 p_2 时的环境温度（K）。

氢气的压缩因子按照式（4-3）进行计算：

$$Z=\sum_{i=1}^{6}\sum_{j=1}^{4} v_{ij} p^{i-1}(100/T)^{j-1} \tag{4-3}$$

式中　v_{ij}——系数；

p——需要计算压缩因子的压力（MPa）；
T——绝对温度（K）。

2. 压力保护测试

检测系统是否有压力测量装置，当压力高于或低于设定压力时应当报警。

3. 泄压装置测试

检测系统中是否有泄压装置，当系统压力大于设计压力时，泄压装置可以及时释放压力。

4. 接地性能测试

按以下步骤对接地性能进行试验：

1）被测系统的内部电路、监控设备及所有外部电路完全断开。
2）使用数字微欧计、开尔文电桥等微电阻测量仪器，按微电阻测量仪器测量接线方法（双线或四线），测量线主接线端接主保护接地端子，测量线另一端依次接可以触及的金属部件。
3）从微电阻测量仪器依次直接读出主保护接地端子与各测量点之间的连接电阻值。

5. 防护性能测试

按照 GB/T 4208—2017 中 13.4 和 14.2.4 的规定分别进行防尘和防水试验。对于安装在舱室内或外壳内的供氢系统，该试验进行时需要把供氢系统安装在舱室内或外壳内。

4.6.4 振动与冲击测评

车载氢系统的耐振动性能直接决定了整车的安全性以及使用寿命，振动试验的目的是模拟车载氢系统在汽车行驶过程中可能出现的振动激励，提前预测潜在故障和失效模式，从而在车载氢系统和汽车设计过程中加以避免，满足车辆全生命周期运行需求。

车载氢系统的振动测试应充分参考车辆类型、车辆运行设计重量、车载氢系统重量（或瓶组数）、车辆运行速度、车载氢系统安装布置位置等信息制定相应的振动测试方法及流程。一般车载储氢瓶的振动测试如图4-10所示。

图 4-10 车载储氢瓶振动测试案例

车载供氢系统根据整车布置要求，一般可分为单层排列或多层叠加排列结构形式，建议按表4-7顺序及时间进行试验，试验顺序应按照 Z、Y、X 方向依次进行。若振动顺序不按照此规定时，应在试验报告中注明试验顺序。

表 4-7　随机振动试验方法

振动方向	功率谱密度（PSD）	振动时间/h	备注
X	见 Q/320582QYH101—2018 的附录 A、附录 B	12	X 对应产品在车辆上的前进方向
Y		12	Y 对应产品在车辆上前进方向的水平垂直方向
Z		12	Z 对应产品在车辆上的上下方向

注：单层排列结构按附录 A 要求进行，多层叠加排列方式按附录 B 要求。

车载供氢系统经历振动和撞击后，需满足气密性和泄漏量的要求，应有预防措施确保人员的财产安全。

本章小结

本章从氢燃料电池汽车载氢系统角度分别介绍了加氢系统、供氢系统、储氢系统的组成及原理。介绍了氢燃料电池汽车车载氢系统的一般安全要求；从功能要求、安全要求、启动与关断等方面详细介绍了氢燃料电池汽车车载氢系统的安全设计技术，并介绍了基于 CAE 技术的氢燃料电池汽车车载氢系统安全仿真分析技术；重点从管路气密性测评、启动与关断功能测试、安全测评、振动与冲击测试等方面介绍了车载氢系统的测评技术。

思考题

1. 氢燃料电池汽车储氢方式有哪些，优缺点是什么？
2. 车载氢系统的电气系统有哪些？
3. 车载氢系统安全设计的需求有哪些？

第 5 章 氢燃料电池汽车燃料电池系统安全设计

燃料电池系统是燃料电池汽车的核心部件，其输出性能决定了燃料电池汽车的动力性。车用燃料电池系统功率通常达到上百千瓦，在系统运行过程中，不仅涉及用氢问题，还包括机械、电气、热、化学等各种安全要求，且集中布置于紧凑有限的空间中；另外，还要考虑车辆运行过程中的振动冲击和冷热雨尘等环境影响，这对燃料电池系统的安全性能提出了非常高的要求。

5.1 氢燃料电池系统关键零部件及安全因素

燃料电池系统的设计和制造应充分考虑在正常或非正常使用过程中可能遇到的各种故障或事故导致的安全风险，采取相应的处理措施加以避免，可参照 GB/T 7826—2012《系统可靠性分析技术 失效模式和影响分析（FMEA）程序》进行相应的风险评估和可靠性分析。对无法避免的安全风险，应提供安全提示标识和处理说明。

燃料电池系统按零部件划分包括控制系统、辅助系统，以及外壳、管路和导线等，燃料电池系统的安全性与其零部件密切相关。在燃料电池正常使用过程中，各零部件应避免出现可能危害系统安全性能的失稳、失效、变形、断裂等故障问题。

5.1.1 控制系统及保护部件

燃料电池系统的核心是对燃料电池堆的准确控制。图 5-1 为燃料电池控制系统示意图，它主要由三大模块组成：供氢控制模块、供氧控制模块以及热管理模块。燃料电池控制器采集燃料电池系统中各种传感器的信息，主要包括氢气侧气源压力、氢气侧/空气侧进出堆压力、氢气侧/空气侧出堆压力、氢气侧/空气侧进出堆温度、质量式空气流量值、循环水进堆压力、循环水进堆/出堆温度；燃料电池电堆的执行器信号主要包括氢气侧气源控制阀、氢气侧进气/排气控制阀、空气侧气源控制器、循环水泵和循环水散热控制器等，实现对各个模块的精准控制，保证燃料电池堆在各种工况下都可以稳定运行。

除了具有控制燃料电池堆正常运行外，燃料电池控制系统还应具有报警功能，并能通过通信接口将报警信号传送到近端、远程监控设备。一般而言，报警信息包括负载过载、氢气泄漏、燃料电池故障、DC/DC 变换器模块故障、供氢压力低、供氢压力高、系统输出电压

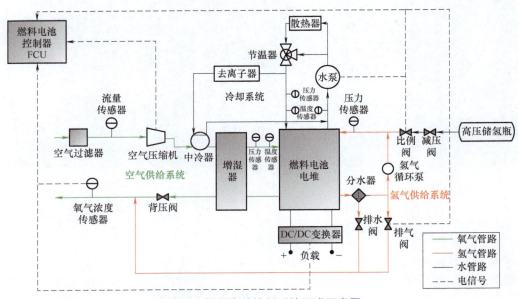

图 5-1 燃料电池控制系统组成示意图

高、系统输出电压低、短路、漏点、过温、空气压力低、空气压力高、冷却水路压力低、冷却水路压力高、通信故障、系统绝缘低、空压机故障等,具体报警信息的定义及相应控制动作如下:

(1) 过载保护

当燃料电池系统实际输出功率超过额定功率100%,持续10min,或输出超过额定功率110%,持续3s,DC/DC变换器应自动进入输出限流保护状态,并能通过显示屏或声光等方式发出报警信息;待故障消除后,自动恢复工作。

(2) 供氢压力低保护

当控制系统检测到供氢压力低于系统规定的最低压力,应能通过显示屏或声光等方式发出报警,燃料电池系统停机,同时关断储氢系统电磁阀停止供氢。

(3) 供氢压力高保护

当控制系统检测到供氢压力高于系统规定的最高压力时,应能通过显示屏或声光等方式发出报警,燃料电池系统停机,关断储氢系统电磁阀停止供氢,同时通过泄压装置,及时释放压力。

(4) 系统输出过电压保护

燃料电池系统输出电压超过过电压保护设定值时,应能通过显示屏或声光等方式发出报警信号,同时燃料电池系统自动关机。

(5) 系统输出欠电压保护

燃料电池系统输出电压低于欠电压保护设定值时,应能通过显示屏或声光等方式发出报警信号。

(6) 短路或漏电保护

当系统中存在短路或漏电时,应能通过显示屏或声光等方式发出报警信号,同时自动切断燃料电池电能输出或紧急关机。

(7) 氢气泄漏保护

燃料电池系统应具有氢气泄漏检测功能,并在发生泄漏时能及时发出报警信号;氢泄漏浓度超过 2%(体积分数),燃料电池系统自动切断氢气源或紧急关机。

(8) 过温保护

当燃料电池系统冷却液出口温度超过温度限值,应能通过显示屏或声光等方式发出报警,同时燃料电池系统故障停机。

(9) 燃料电池故障保护

当燃料电池单体电压以及压差超过限定值时,燃料电池系统应自动进入输出限流保护状态,故障消除后,应能自动恢复工作;如果故障无法消除,应发出报警,并请求燃料电池系统停机。

为确保燃料电池系统的安全稳定运行,除了依靠燃料电池控制系统外,在系统中安装保护部件也必不可少,保护部件应满足以下要求。

1) 保护部件安装位置应满足维护和检测要求。

2) 保护部件应独立于其他装置可能具有的各种功能,比如配置隔离型 DC/DC 变换器的燃料电池系统,具备独立的绝缘监测能力。

3) 必须安装氢气浓度传感器,传感器的选型、安装、校对、使用和维护可参照 IEC 61779-6《可燃性气体的检测 测量的电气装置 第 6 部分:可燃气体检测和测量装置的选择、安装、使用和维护指南》的规定。

4) 氢气管路应装有限压装置,如安全泄放阀。

5) 若燃料电池控制系统逻辑发生故障或硬件受到损坏,保护装置应保持完整的有效性。

6) 关机命令发出后,任何操作都不能阻止关机。

7) 手动部件的关闭功能不受到妨碍,如紧急关机按钮。

8) 燃料电池系统不会发生意外重启。

5.1.2 辅助系统核心部件

燃料电池系统的辅助系统主要包括空气供应子系统、氢气供应子系统、热管理子系统和自动控制子系统。

空气供应子系统包括空压机、过滤器、加湿器、管路等,为燃料电池系统发电提供所需的氧气。空压机的作用是压缩空气,如图 5-2 所示,要求空压机能够提供满足燃料电池最高运行功率所需的空气,除此之外,还应具有无油、低噪声、动态响应快等特点;燃料电池中的质子交换膜需要在水润湿的状态下才能够传导质子,因此,空气可以通过加湿器将燃料电池反应所需的水带入燃料电池内部,常用的增湿器形式包括膜增湿器和焓轮增湿器。

氢气供应子系统包括高压储氢瓶、减压阀、管道、氢气循环泵或引射器等,为燃料电池系统发电提供所需的氢气。高压储氢瓶在燃料电池汽车上相当于传统汽车的油箱,如图 5-3 所示。目

图 5-2 燃料电池空压机示意图

前，国内外开发的燃料电池汽车大多采用 70MPa 高压气态储氢技术；氢气循环泵或引射器的作用是把燃料电池系统氢气回路中未反应氢气从燃料电池出口直接泵回燃料电池入口，并与入口反应气体汇合后进入燃料电池，这样可以提高氢气在燃料电池阳极流道内的流速，防止阳极水的累积，避免阳极水淹，同时也起到了提高氢气利用率的目的。

图 5-3 高压储氢瓶

热管理子系统包括散热器、风扇、水泵、阀门、传感器、冷凝器、节温器、PTC 加热器、冷却流体储存箱与补充箱等，以满足电堆的散热需求，如图 5-4 所示。水泵是热管理子系统的核心部件，其功能是在燃料电池系统不同运行工况下，提供一定流量和压力的循环冷却液。PTC 加热器的作用是在燃料电池系统低温启动时，通过加热循环冷却液快速将电堆温度升高实现冷启动。

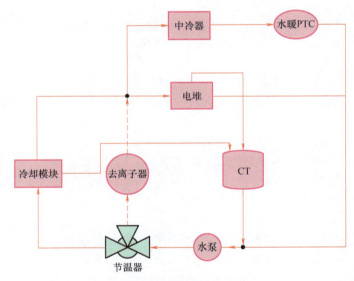

图 5-4 燃料电池冷却液循环回路

自动控制子系统包括传感器、线路、执行器件、控制器件、软件程序、DC/DC 变换器等，目的是调节和监控燃料电池系统正常运行状态，防止故障的发生。DC/DC 变换器可以实现对燃料电池堆输出电流和电压的调节，以满足实际输出功率需求。

为确保燃料电池系统的性能和安全，辅助系统零部件需满足以下要求：

1. 电气元件的一般要求

1）电气系统设计和电子设备应用，应满足相关电子产品应用标准，提供技术和应用范围，并告知燃料电池系统集成商电子元件合适的运行和储存的环境温度、湿度等，以保证安全。

2）燃料电池系统封装内的电子元件应符合 GB 3836.14—2014《爆炸性环境 第 14 部分：场所分类 爆炸性气体环境》规定的危险场所分类要求。

3）燃料电池系统封装内的电子元件应使用 GB 3836.8—2021《爆炸性环境 第 8 部分：由"n"型保护的设备》系列标准规定的保护技术。

2. 橡胶零部件的一般要求

1）在产品规定的使用寿命内，所有材料应能满足燃料电池运行的最高温度和最高压力的综合要求，并能正常使用、维护和检修可接触到的其他材料和化学品相容。

2）外壳体的聚合物零部件和橡胶零部件应防止被机械损伤。聚合物和橡胶管路可根据使用情况必要时加装防护套管或外罩。

3）氢气和空气排放管路应采用抗冷凝物腐蚀的材质制作，并鉴定其耐温、强度和抗冷凝物反应的性能。

4）输送氢气的聚合物或橡胶管件应预防可能的过热，在温度达到比管路材料最低变形温度值还低 10℃之前，控制系统应能切断氢气的供应。

5）运输气体的非金属管材会在其内外表面积累静电荷，并且部分电荷可转移至管材两端连接的金属配件上，管材外表面或配件的放电有可能点燃环境中的易燃气体。因此，用于危险区域内的聚合物或橡胶材料应具有防止静电电荷累积的有效措施。

6）硫化橡胶和热塑性橡胶部件应满足 GB/T 3512—2014《硫化橡胶或热塑性橡胶 热空气加速老化和耐热试验》的规定要求。

3. 主要零部件的安全要求

（1）空压机

目前，常用的燃料电池用空压机主要有离心式、罗茨式和螺杆式。空压机的安全设计需要从以下几个方面考虑：

1）具有高压互锁功能。

2）强弱电间距保证 5mm 以上，强电弱电区域分离。

3）防触指设计。

4）X 电容及 Y 电容均按照电气规范使用。

5）通信、控制及模拟部分全部进行光耦隔离或磁隔离设计。

6）直流母线设计放电电阻。

（2）PTC 加热器

PTC 加热器的工作原理是加热电阻通电后发热，产生热量温度升高，因此，PTC 加热器的供电电压应在允许范围内，具有高压短路和高压过载保护功能，高压接线端对外壳的绝缘电阻不小于 500MΩ（DC 1000V），使用时还需注意电压范围以及内腔耐压范围。

（3）水泵

水泵通过控制管路中冷却液的流速来调节散热强度，以保证燃料电池堆产生的热量能够快速有效地散发出去，因此，水泵需要具有大流量、高扬程、绝缘以及电磁兼容表现好的特点。水泵的安全防护主要包括：高压正负端输入不小于 DC 1000V、高压接插件与机座的绝缘不小于 50MΩ（冷态）、内部充满冷却液时液体与壳体绝缘不小于 50MΩ。

（4）DC/DC 变换器

DC/DC 变换器用于将燃料电池输出的低压直流电压升压为高压直流输出，为燃料电池汽车提供电能，同时为动力电池充电。DC/DC 变换器通过对燃料电池系统输出功率的精确控制板，实现整车动力系统间的功率分配以及优化控制。因此，DC/DC 变换器的安全防护要求主要包括：漏电电流不大于 2mA（DC 2500V）、绝缘电阻不小于 50MΩ（DC 1000V）。

（5）氢气循环泵

氢气循环泵是燃料电池辅助子系统中的关键部件，其主要技术参数包括最大压力、最大流量、额定功率、额定电压、平均噪声等。氢气循环泵在安装时要注意安装方式是否正确，在使用期间要保持输入电压的稳定，同时转速和压力不可以急停急起。另外，设计好氢气循环泵故障时的保护策略，可有效降低危险的发生。

5.1.3 外壳、管路及连接件

外壳是燃料电池系统安全防护的重要部件之一，如图 5-5 所示，主要安全防护设计如下。

1）具有保护操作人员不受带电部件、过热部件等危险性部件的伤害，且带电或过热部件应具有警示标识，警示标志的样式应符合 GB 2894—2008《安全标志及其使用导则》的规定。

2）燃料电池系统外壳的表面温度应不超过 60℃，若超过则应安装防护罩或其他防护装置，以确保表面温度符合规定。

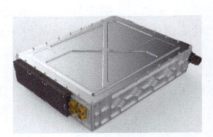

图 5-5　燃料电池系统外壳示意图

3）不得具有可能造成人身伤害的尖利边角或粗糙表面，金属外壳还应设计良好的接地点，避免尖锐带电体的尖端放电。

4）外壳应具有足够的强度、刚度、耐用性、耐腐蚀性等特性，避免在储存、运输、安装及使用过程中出现局部塌陷、间距缩小、结构松动、零部件移位等缺陷。

5）若燃料电池系统安装于车辆易涉水部分，则燃料电池系统外壳应符合 IP67 防护等级。

6）若由于故障等原因，燃料电池系统内部零部件松动或被甩出，外壳应足以容纳这些零部件并防止它们甩出。

7）外壳通风口设计应考虑到正常工作情况下不会被尘埃、雪花或植物堵塞。

8）如果外壳内部布置保温材料，则保温材料在正常情况下除导热率低外，还应具有吸水性低、阻燃性好、电绝缘性能好等特点。

9）外壳防护材料应符合有毒有害物质禁用（Restriction of Hazardous Substances，ROHS）要求，以及满足客户其他要求，如不含硫等有害化学成分。

燃料电池系统外壳安全防护设计时，还应考虑在外力挤压、跌落、振动、冲击等工况下外壳结构对燃料电池系统的防护性能，确保燃料电池系统可以正常工作。

燃料电池系统管路及连接件，按照管道的材料可以分为金属管路及其配件、非金属管道及其配件，如图 5-6 所示为金属管和橡胶管示意图。管道及连接件的一般要求如下：

1）易被腐蚀部件应采取有效防腐蚀保护措施，如涂耐腐蚀保护层。

2）管路应能承受制造商规定的最大允许工作压力的 1.5 倍，并通过气密性测试。

3）流体泄漏不致产生危险的部位可采用螺纹连接，如空气供应回路、冷却回路，其他接缝都应焊接，或按制造商要求与制定的密封部件装配连接。

4）为防止流体泄漏，流体管路中使用的接头应是磨口接头、法兰接头或压力接头。

5）彻底清理管路内表面颗粒物，及管路端口的障碍物和毛刺。

图 5-6　金属管和橡胶管示意图

6）除氢气外，若管路中气体压力可能超过 103.4kPa，液体压力可能超过 1103kPa，或温度可能超过 120℃，管路及其配件应符合 GB/T 20801—2020《压力管道规范 工业管道》（所有部分）的规定。

7）选用柔性管路及其配件输送气体时，柔性管路应符合气体运输要求。

8）应能承受最高运行温度和最高运行压力的共同作用，并能与使用、维修和保养时所可能接触的其他材料、化学品相容。

9）在燃料电池系统正常、紧急情况、故障运行和停车条件下，都应能在最大允许工作压力和最大允许工作温度下使用。

除此之外，针对金属管路和非金属管路还有具体的安全要求。

1. 金属管路及其配件

1）燃料电池系统金属管路及其配件应符合 GB/T 20972.1—2007《石油天然气工业 油气开采中用于含硫化氢环境的材料 第 1 部分：选择抗裂纹材料的一般原则》的规定。

2）与氢气相关的金属管路及其配件，抗氢脆性应符合 HB 5067—2005《镀覆工艺氢脆工艺试验（系列）》中的规定，防止当氢气前端减压阀发生故障时，管路因高压氢气而发生氢脆。

3）金属管路及其配件应具有足够的机械强度，满足耐振动性要求。

4）金属成形弯管在弯曲时不应产生影响使用的缺陷，不可因加工成形导致失效。

2. 非金属管路及其配件

非金属管路及其配件常使用聚合物或橡胶材料，在使用过程中还应满足以下要求。

1）应满足耐振动性要求。

2）应预防可能的过热，所用材料最低热变形温度应高于燃料电池系统允许的最高温度。

3）每米的电阻最大不能超过 1MΩ。

氢气是一种极易燃易爆的气体，为确保燃料电池系统的安全可靠运行，氢气管路及其配件，还需满足以下要求。

1）氢气管路应固定，并采用其他措施避免磨损，氢气管路及其配件的设计和结构应符合 GB/T 20801—2020《压力管道规范 工业管道》（所有部分）的规定。

2）氢气管路的排放口与带电部件之间应保持一定的间隙，一般情况下不小于 50mm；当氢气管路与带电部件被很好地固定而不会因发生移位导致间隙小于 12.7mm 时，间隙可小于 50mm；或者带电部件位于限流电路上而不会产生导致危险发生的电能时，间隙可小于 50mm。

3）氢气管路及其配件应能防止应力腐蚀开裂，高压下承载或输送流体的刚性与柔性管路和配件都应按照 ISO 16528：2007 中的要求进行设计、安装和试验。

4）氢气管路安装和检修完成后，应对氢气管路进行吹扫，避免有异物进入燃料电池系统。

5.1.4 导线及接地

燃料电池系统的线束具有大电流、大电压、大线径和导线数量多的特点。

1. 燃料电池系统导线的一般要求

1）接触紧密，接头电阻小，稳定性好。

2）接头的机械强度应不小于导线机械强度的 80%。

3）接头的绝缘层强度应与导线的绝缘强度一样。

4）导线应能承受燃料电池系统使用过程中最大电流的使用要求。

5）在规定温度下，导线的机械强度不会降低，不会因为热膨胀而超过材料允许承受的应力，不会损坏邻近的绝缘部件。

6）导线的连接装置应符合 GB 3836.4—2021《爆炸性环境 第 4 部分：由本质安全型"i"保护的设备》中 7.2 的规定，与金属部件接触的内部导线，应有机械保护或加以适当固定以防损坏。

2. 燃料电池系统导线的设计与选型

燃料电池系统导线的设计与选型关键因素如下：

（1）温度要求

燃料电池系统导线允许长期工作的温度不超过 125℃，如果导线周围环境温度超过了导线允许的最大工作温度，则可通过增大电缆截面积的方法来满足环境温度的要求。

（2）耐压要求

根据 GB/T 18384—2020《电动汽车安全要求》中的规定，彼此无电连接的电路之间介电强度应能耐受（$2U_{AC}+1000V$）的试验电压，而不发生闪烁击穿现象。

（3）线束拉脱力要求

导线压接至接插件后，拉脱力不应小于最小拉脱力规定，最小拉脱力规定值见表 5-1。

表 5-1 最小拉脱力数值表

电缆导体截面积/mm²	最小拉脱力/N
2.5	210
4	265
6	320
16	1400
25	1900
35	2300
50	2800
70	3500

因此，燃料电池一般采用耐高压、高温、壁厚的硅橡胶导线，耐热温度为150℃以上，壁厚达0.6~1.1mm。

3. 燃料电池系统导线的布线设计

在进行燃料电池导线布线设计时，设计准则如下：

1）静态负载情况下，最小转弯半径4倍于导线外径。
2）动态负载情况下，最小转弯半径8倍于导线外径。
3）高低压导线间距最小不低于100mm。
4）高压接插件出线端到第一个固定点的距离不大于100mm，相邻固定点之间的距离一般不超过150~200mm。
5）走线应避免形成大的电磁环。
6）高低压平行走线间隔距离需大于400mm，如果实际情况无法达到该要求，高低压需相互垂直走线。
7）导线具有良好的圆整度、尺寸稳定性能。

燃料电池系统带电部件的接地要求如下：

1）电池系统内部高压零部件（B级电压电路）一般做接地处理，一方面为改善电磁兼容性，另一方面为满足安全需要。
2）燃料电池系统内导体外壳应与电平台连接，以确保在氢气泄漏时，不会因静电而引燃氢气。
3）整个接地网的接地电阻不应大于4Ω。
4）接地网形式以闭合环路式为好，如接地电阻不能满足要求时，可以附加外引式接地体。
5）燃料电池系统的CAN总线应包含信号地和屏蔽地，两者不可混淆。信号地也称为隔离地，目的是使所有电子设备工作时有统一的参考电位，避免有害电磁场的干扰，确保设备稳定可靠工作。屏蔽地也可理解为CAN屏蔽层，如图5-7所示，一般为编织铜网，所有控制器节点的CAN屏蔽层引脚连接至屏蔽层后，屏蔽层需在抗干扰能力最差的地方单点接地，保证外来干扰信号可被该层导入接地。

图 5-7 导线结构组成示意图

5.2 氢燃料电池系统设计及安全因素

燃料电池系统一般可分为电堆、空气子系统、氢气子系统、热管理子系统和自动控制子系统。由于空气和氢气的温度、压力、湿度和流量等参数对燃料电池堆的性能影响较大，在自动控制子系统的控制下，空气、氢气和热管理子系统协同配合，保证了进入燃料电池堆的空气和氢气各项指标满足各工况点的要求，并确保了燃料电池系统的安全性。

5.2.1 热管理子系统及热安全设计

在燃料电池系统中，工作温度实时影响着燃料电池的气体传输、水平衡和电化学反应活性。工作温度越高，燃料电池化学反应速率越快，欧姆极化电压越低，电导率越高；但过高的反应温度则会增大水蒸气分压并且使质子交换膜水分流失加快，甚至会引起膜收缩破裂。

相反，如果电堆内部温度过低，反应产生的水不能以气态排出，电极容易被淹没。温度过低还会导致电池内传质受限，电化学反应速度降低，导致电池性能下降，因此，有效地利用热管理技术以维持燃料电池系统处于理想的工作温度是保证系统达到预期性能的关键，对于质子交换膜燃料电池来说，其工作温度一般限制在60~80℃。

除燃料电池堆对温度较为敏感外，燃料电池系统的关键部件，如空压机和DC/DC变换器，在其正常工作过程中也会产生大量的热，若不能及时将热量散发至外界，容易导致空压机或DC/DC变换器机体温度急剧升高，轻则影响部件的使用性能，重则损伤机体，缩短工作寿命，甚至引起功能失效，因此，需要考虑散热问题。

常见的燃料电池系统散热方式分为液体冷却散热和风冷散热。针对低功率燃料电池系统，一般采用风冷散热就能满足需求，风冷散热的关键之一是具有足够的散热面积，以保证燃料电池系统内部热源的散热需求；针对高功率燃料电池系统（5kW以上），一般采用液体冷却散热，冷却液流经燃料电池双极板上的冷却流道，通过对流传热将燃料电池堆产生的热量带至堆外。同时，空压机和DC/DC变换器等关键部件也经由冷却液将部件产生的热量散发至外界环境。

燃料电池热管理子系统如图5-8所示，主要包含散热水泵、散热器总成、节温器等主要部件，通过节温器，冷却液可分为大循环和小循环，大循环的主要作用是维持电池工作温度在合理区间范围内，小循环的作用是快速提升电堆温度至预期设定温度值。

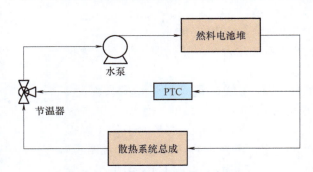

图5-8 燃料电池堆热管理子系统

燃料电池热管理子系统及热安全设计，一般遵循以下原则：

1）燃料电池系统应能有效对燃料电池堆进行升温和降温，以确保燃料电池堆工作温度始终在正常使用范围内，以免温度过高或过低影响燃料电池堆的使用寿命。

2）为保证燃料电池系统的低温启动性能，应设计有加热元器件，并具备相应的安全设计（如引入二次热熔保护机制），当加热部件温度过高时，能够切断加热元器件电源。

3）对于热管理子系统中的冷却流道，当存在可能发生泄漏的安全隐患时，系统设计应考虑具有相应的检测手段，并发出报警信号。

4）针对燃料电池系统可能存在的着火风险，系统零部件应尽量选用阻燃等级较高或者不燃烧的材料，保证在热失控的极端条件下，至少不会加剧燃烧反应。

5）燃料电池的最大耐受温度应考虑到燃料电池内部局部热点问题，防止燃料电池局部温度过高造成危险。当燃料电池的温度到达最大耐受温度时，需要限定燃料电池的输出功率，直至燃料电池温度达到安全温度后，方可放开限定功率。

6）燃料电池冷却液中可能包含一定浓度的乙二醇，其参数规定见表5-2。

表 5-2 燃料电池冷却液品质要求

参数	要求
乙二醇浓度	≤50%（体积分数）乙二醇水溶液
电导率	≤5μS/cm
颗粒物	<100μm

乙二醇是一种无色、有甜味的黏稠液体，人体直接摄入乙二醇或吸入其蒸气是有毒的，因此，所有涉及冷却液操作的人员，必须遵守使用特殊冷却剂的预防措施。这些预防措施包括但不限于佩戴安全眼镜和化学防护手套。对冷却液的处置也必须依照国家规定和地方性法规。

7）燃料电池运行一段时间后，冷却液电导率升高，电堆内部存在短路风险。热管理子系统需实时采集冷却液电导率，并提供电导率过高报警功能。若电导率超过一定值（5μS/cm）时需要更换离子过滤器，降低冷却液的电导率。

8）热管理子系统还需具有液位报警、流量报警和冷却液泄漏报警等功能，保证冷却液流量循环的稳定。

5.2.2 氢气子系统

燃料电池氢气供应子系统主要作用是把输入的燃料进行减压、增湿等处理，从而转变成适于在燃料电池堆内运行的富氢气体，保证燃料电池堆阳极侧温度、压力及流量（湿度），同时保证氢气的利用率。如图 5-9 所示为燃料电池氢气子系统示意图，典型的氢气子系统包括储氢瓶、减压阀、压力调节阀、循环装置（循环泵或引射器）、增湿器、传感器、电磁阀及管路等。

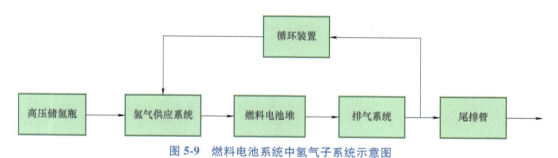

图 5-9 燃料电池系统中氢气子系统示意图

氢气供应子系统通过高压储氢瓶提供燃料电池堆所需的氢气，根据燃料电池堆的工况特性，依此通过减压阀、压力调节阀和增湿器，将氢气调控至燃料电池堆所需的流量、压力和湿度后，进入燃料电池堆，并通过循环装置对电堆出口氢气进行循环利用。燃料电池堆的尾排氢气一般汇入到空气排气系统，之后一起进入尾排管排放，这种做法可降低尾排气中的氢气浓度。

燃料电池氢气子系统安全设计及风险注意事项如下：
1）连接燃料电池堆和氢气贮存容器的连接装置应符合相应标准和使用要求。
2）补给氢气时，加氢口与加氢站的快速氢气接插件连接方法应符合相关压力、安全等标准和规定。

3）氢气贮存容器无论是固定的或可更换的，还是一次性的或可再充的，都应符合国家相关压力、安全使用标准和规定。

4）燃料电池氢气子系统在关闭时仍会有压力存在，因此，在切断氢气供应之前，要核查这条管线是否处于无压力状态。

5）若将电堆从燃料电池系统中移除，在移除之前需要将管路中的氢气安全释放，避免可能存在的残留氢气。

6）全新的储氢瓶在使用前一般预充氮气或者空气，经过3次以上置换，达到要求后方可使用。

7）燃料电池氢气子系统应布置温度传感器、压力传感器和溢流阀等在内的辅助安全装置。

8）氢气管道中所有的部件都必须适用于氢环境，能够承受的压力要有足够的余量。

9）高压氢气管道均采用无缝不锈钢管，在进行总体安装时要反复进行气密性测试。

10）燃料电池系统所使用的氢气应满足 GB/T 37244—2018《质子交换膜燃料电池汽车用燃料 氢气》中的品质要求，氢气纯度应大于 99.97%（摩尔分数），具体要求如表 5-3 所示。

表 5-3 进入燃料电池系统的氢气品质要求

杂质	含量	杂质	含量
H_2O	$\leq 5\times 10^{-6}$	总烃	$\leq 2\times 10^{-6}$
O_2	$\leq 5\times 10^{-6}$	He	$\leq 300\times 10^{-6}$
总 N_2 和 Ar	$\leq 100\times 10^{-6}$	CO_2	$\leq 2\times 10^{-6}$
CO	$\leq 0.2\times 10^{-6}$	总硫	$\leq 4\times 10^{-6}$
甲醛	$\leq 0.01\times 10^{-6}$	甲酸	$\leq 0.2\times 10^{-6}$
氨	$\leq 0.1\times 10^{-6}$	总卤化物	$\leq 0.05\times 10^{-6}$
最大颗粒物	$\leq 1\text{mg/kg}$		

5.2.3 空气子系统

燃料电池空气供应子系统主要作用是对进入燃料电池的空气进行过滤、增湿、压力调节等，保证燃料电池堆阴极侧温度、湿度、压力及流量在最佳范围内。典型的燃料电池空气子系统主要零部件包括空气滤清器、空气压缩机、中冷器、加湿器、进气总管、背压调节阀和消声器（可选）等。

燃料电池堆对空气质量有明确的要求，因此，需要配备空气过滤器对进入燃料电池系统的空气进行有效的物理和化学过滤，防止造成对电极材料的污染，选择空气过滤器时需考虑进气流阻对空压机的影响；根据能斯特方程，燃料电池的输出性能与进气压力、流量相关，空压机可增大空气进入电堆压力，并调节流量，提高燃料电池的输出电压，但空气经过压缩后温度较高，为防止高温空气进入损伤燃料电池堆，须经过中冷器冷却，以达到燃料电池空气入口温度要求；质子交换膜的电导率与膜的湿润状态密切相关，为保持质子交换膜的含水量，通过加湿器控制空气进气湿度；进气总管用于稳定空气进气压力和流量，防止进气压力和流量的波动；背压调节阀用于调节阴极出口压力，各个零部件的配合使用，保证了空气子系统功能的实现，如图 5-10 所示为燃料电池空气子系统的工作流程，燃料电池反应生成的尾排气最后通过排气管道排出。

图 5-10　燃料电池空气子系统工作流程简化示意图

燃料电池空气子系统在运行过程中，零部件存在的风险主要有以下几点：

1）空气过滤器长时间工作后失效，空气中杂质进入燃料电池堆。
2）空压机在运转过程中机体润滑油进入空气，使空气受到污染，进而影响燃料电池正常工作。
3）中冷器冷却能力不足，经过中冷器冷却后的空气温度过高，对燃料电池堆造成热冲击。
4）加湿器加湿能力不足，导致电堆内质子交换膜不够湿润，燃料电池内部阻抗增加，输出电压急剧下降。
5）背压调节阀失效，无法调节压力使燃料电池处于性能最佳工况点。

针对上述风险，进行燃料电池空气子系统设计时应遵循以下原则：

1）燃料电池空气子系统设计需根据设计指标确认各零部件技术参数，进而选定零部件型号。
2）燃料电池空气供应管路应布置温度和压力传感器，实际采集空气的温度和压力数据，并上传至燃料电池控制器中，以防止出现温度、压力高或过低故障。
3）燃料电池空气子系统需定期检查，排除安全隐患，防止出现零部件功能失效等故障。
4）明确空压机运行的工况和环境条件，防止润滑油等污染物进入燃料电池堆。
5）在燃料电池运行过程中，控制器应实时动态调节空压机、中冷器和加湿器等空气子系统零部件的运行工况，确保各部件运行在最佳状态。

5.2.4　废气和废水的排放

燃料电池系统发电过程中反应生成的水和未参与反应的气体将作为废水和废气排出，为便于废水和废气的排放，燃料电池汽车应设置有直通车外的废水、废气排放口。

燃料电池系统废水和废气排放应考虑以下事项：

1）排放管道从燃料电池系统至自然环境不应出现高度上升的布置。
2）废水和废气的排放不应引起危险。
3）排放管道应采用抗冷凝、耐腐蚀的材料制作，非金属材料应鉴定其耐温、强度和抗冷凝反应的性能，耐受温度应高于输送废气的最高温度。
4）在排放废气时，排出气体中氢气浓度 3s 平均值应不超过 4%（体积分数，后同），瞬时值应不超过 8%，测试方法详见 GB/T 24549—2020《燃料电池电动汽车安全要求》。
5）排放管道出口禁止堵塞，为此应配备排水装置或措施，以防水、冰、雪或其他杂物在排放管道内积聚，阻塞排放管道。当排放口因堵塞导致压力过高达到制造商设定值时，燃料电池系统应能自动关机并切断氢气供应。

6）排放管道出口及可能出现泄漏的地方应远离可能产生火花或过热的零部件，且与带电部件之间的距离应符合 GB/T 31037.1—2014《工业起升车辆用燃料电池发电系统 第1部分：安全》中 4.3.2.4 的规定。

7）排放管道出口及可能出现泄漏的地方应具有良好的通风环境。

8）排放管道应具有适当的支撑，并配备防雨盖或其他不限制或不阻碍气体垂直向上排放的部件。

9）除出口外的排放管道应密封，不得有泄漏。

5.3 氢燃料电池系统的测试技术

燃料电池系统的安全测试一般包括氢电安全测试、机械振动和冲击测试、高低温存储和冷冻/解冻循环测试、电磁兼容测试以及报警与关机测试。

1. 氢电安全测试

（1）气体泄漏测试

根据 GB/T 27748.1—2017《固定式燃料电池发电系统 第1部分：安全》和 GB/T 31037.1—2014《工业起升车辆用燃料电池发电系统 第1部分：安全》中的测试标准，对燃料电池系统进行气体泄漏试验。一般通则如下：

燃料电池系统在进行该项试验时泄漏量不得超过规定限值。当以代用气体或蒸气（如，少量标称气体、干净的干空气或者制造商定义的惰性气体）试验时，其组分应与预计的运行和关机时气体组分一致。

在进行该试验之前，应确定哪些进行该项试验的部件需要承受与燃料电池系统正常运转过程中相同的内部压力。此类部件将组成一个独立的试验段，燃料应分别加压，必要情况下应采用适当方法将此部件与燃料电池系统的其他部分隔开。

应在试验段的入口处连接一个能够为气体介质提供所需试验压力的、合适的加压系统或稳压系统以及一个能够精确测量泄漏率的流量测量装置，测量装置的精度应满足 GB/T 23645—2009《乘用车用燃料电池发电系统测试方法》中的相应规定（≤1%）。流量测量装置应位于加压系统和待加压试验段之间，应通过合适的方法对试验段的出口进行密封。使所有功能部件处于开启位置，以在试验段的所有部件上均保持所要求的试验压力。

气体介质应逐渐进入试验段以便试验段在大约 1min 内逐渐达到不低于表 5-4 中规定的压力值。该压力应保持至少 1min，或者适当更长时间，应记录在此时间段内流量测量装置显示的任何泄漏量。

表 5-4 气体泄漏量实验要求

危险类型	实验类型	系统设计条件	实验参数	通过判据
易燃	气压	所有压力	最大允许工作压力的（110%±5%）	使用行业认可的检漏液无气泡且系统外壳内氢气泄漏量总和不超过1%

（2）强度测试

根据 GB/T 27748.1—2017《固定式燃料电池发电系统 第一部分：安全》中 5.5 部分的

规定,强度测试可分为气动强度试验和液压强度试验,其中气动强度试验如下。

当采用与运行或停机中预期的气体组分相关的适当气体或蒸气(例如:标准运行气体、洁净干燥的空气或者制造商指定的惰性气体)进行试验时,进行该项试验的燃料电池系统的部件应不出现破裂、断裂、变形或者其他可见的物理破坏。

测试前,应确定燃料电池系统在正常运行条件下,哪些液体输送部件承受相同的内部压力。此类部件应构成一个独立的试验区,分别加压,必要情况下应可以通过便捷的方法将其与燃料电池系统的其他部分隔开。

应在试验段的入口处连接一个能够为气体介质提供试验压力的、合适的加压系统或稳压系统。使所有功能部件处于开启位置,以在试验段的所有部件上均保持所要求的测试压力。气体介质应被逐渐加注到测试段,在大约 1min 内达到不低于表 5-5 中规定的统一测试压力,该压力下至少保持 1min,或者更长时间,然后应将压力降低至设计压力。依据表 5-5 确定测试是否通过。

表 5-5 强度试验要求

危险类型	试验类型	系统设计条件	试验参数	通过/失败判据
氢气	气压	≥13kPa	1.3 倍设计压力	无破裂、断裂、变性或者其他物理损坏
		13kPa>P>3.5kPa(燃料电池堆为大于 5.5kPa 小于 13kPa)	17kPa	无破裂、断裂、变性或者其他物理损坏
		≤3.5kPa(燃料电池堆为 5.5kPa)	5 倍设计压力(燃料电池堆为 3 倍)	无破裂、断裂、变性或者其他物理损坏
空气	气压	≥100kPa	1.3 倍设计压力	无破裂、断裂、变性或者其他物理损坏
		<100kPa	无要求	无要求
冷却介质	气压	≥1.1MPa 或者≥120℃	1.3 倍设计压力	无破裂、断裂、变性或者其他物理损坏
		<1.1MPa 和 120℃	无要求	无要求
	液压	≥1.1MPa 或者≥120℃	1.5 倍设计压力	无破裂、断裂、变性或者其他物理损坏
		<1.1MPa 和 120℃	无要求	无要求

(3) 欠气测试

根据 GB/T 29838—2013《燃料电池 模块》中 5.15.2 和 5.15.3 部分的要求,进行欠气测试,测试包括燃料饥饿测试和氧化剂饥饿测试两部分。

燃料电池系统应在额定功率和正常运行参数下稳定运行后,将燃料/氧化剂减少到代表最坏情况的水平。电压监测系统或其他安全系统应提供一个信号,用于在燃料电池系统达到危险状态之前,将其转换到安全状态。

(4) 电气过载测试

根据 GB/T 27748.1—2017《固定式燃料电池发电系统 第 1 部分:安全》中的 5.7 部分的试验规定,燃料电池系统应能够承受电气过载。在制造商容许输出电流高于额定电流,且能工作一段时间的情况下,燃料电池系统应先在额定电流下达到热稳定,然后将输出电流增加到制造商允许的数值并在制造商规定时间内保持不变。该系统不允许有起火、振动、破裂、断裂、永久变形或者其他物理损伤的危险。

若制造商不准许较高的电流，则不应进行该测试。

(5) 冷却缺失/冷却损失试验

根据 GB/T 29838—2013《燃料电池 模块》中 5.15.5 部分的要求进行冷却缺失/冷却损失试验。在制造商规定的最大允许功率输出条件下进行，运行达到制造商规定的稳态，如果冷却剂和氧化剂是分开的，则立即停止冷却剂流动以模拟冷却系统故障，系统实现下列其中一种响应：

1) 冷却剂断开后，在制造商允许时间限度内维持运行。

2) 在达到结构材料的使用温度极限之前，燃料电池系统因性能下降而停止运行。

3) 在达到危险状态之前，燃料电池系统的安全装置提供信号将燃料电池模式切换到安全状态。

若在冷却缺失的条件下，燃料电池系统不能处于运行状态，则应被视为符合测试。

(6) 耐压测试

燃料电池系统内部的绝缘体应有足够的耐电压能力，在进行 GB 18384—2020《电动汽车安全要求》中规定的耐电压试验中，系统不应发生介质击穿或电弧现象。

(7) 触电防护

通常情况下，燃料电池系统上易触及的导电部件不应存在带电风险。为防止意外接触带电部件，燃料电池系统可根据 GB 18384—2020《电动汽车安全要求》设计相应结构和防护外壳，系统的接触防护和间接接触防护要求应能通过 GB 18384—2020 中 5.1 部分规定的触电防护试验要求。绝缘电阻的测量应在出现露点的阶段，以适当的频次进行测量，以便得到绝缘电阻的最小值。

(8) 绝缘要求

对于任何 B 级电压电路的带电部件应采取绝缘措施，提供危险接触的防护，绝缘措施包括但不限制于基本绝缘或遮挡/外壳或多种绝缘方式组合。

根据 GB/T 31037.1—2014《工业起升车辆用燃料电池发电系统 第 1 部分：安全》中 5.5 部分的规定，燃料电池系统 B 级电压电路按照 GB/T 16935.1—2008《低压系统内设备的绝缘配合 第 1 部分：原理、要求和试验》所给出的测试方法进行测试，电阻值检查结果如满足表 5-6，则认为符合规定。

表 5-6 绝缘电阻要求

设备类型	测量阶段最小瞬间绝缘电阻	测量阶段计算最小绝缘电阻
Ⅰ类设备	0.1kΩ/V	1kΩ/V
Ⅱ类设备	0.5kΩ/V	5kΩ/V

2. 机械振动和冲击测试

根据 GB/T 31037.1—2014《工业起升车辆用燃料电池发电系统 第 1 部分：安全》中 5.3 部分的规定，燃料电池系统应具有一定的抗冲击振动的能力，保证在正常使用、运输或储存过程中产生的冲击振动不会对系统各个部件产生损害。按照 GB/Z 18333.1—2015 中的规定进行试验后，若燃料电池系统能正常启动和运行，则可认为通过测试。

3. 高低温存储和冷冻/解冻循环测试

（1）高低温存储测试

根据 GB/T 33979—2017《质子交换膜燃料电池发电系统低温特性测试方法》中的规定，燃料电池系统高低温存储测试步骤如下。

1）高低温存储试验前应保证燃料电池系统没有泄漏、绝缘、耐高压问题。

2）试验前应在常温下进行气密性、极化曲线测试，确定系统性能。

3）试验前按照制造商规定的关机程序进行关机，然后将系统置于低温（高温）存储试验环境温度中，静置12h以上，直至系统内温度达到预定的储存温度。

4）试验环境温度升至室温，静置12h以上。

5）重复以上过程，共2次。

6）观察系统各部件壳体和封装安装固定部件是否出现裂缝、扭曲变形等缺陷。

7）常温下进行气密性、极化曲线测试，确定试验后系统性能。

在上述试验过程中，人员应尽量避免进入环境舱，以免造成人员伤害。

（2）低温气密性测试

根据 GB/T 33979—2017《质子交换膜燃料电池发电系统低温特性测试方法》中的规定，燃料电池系统低温气密性测试步骤如下。

1）低温气密性测试前应保证燃料电池系统没有气密性、绝缘、耐高压问题。

2）气密性测试管路连接好后，将系统置于低温环境温度中，将管路引出环境舱。

3）试验前按照制造商规定的关机程序进行关机。

4）常温下进行气密性试验，确定试验前系统气密性。

5）系统置于低温存储试验环境温度中，静置12h以上，直至系统内温度达到预定的储存温度。

6）低温下进行气密性试验，确定试验后系统气密性。

在上述试验过程中，人员应尽量避免进入环境舱，以免造成人员伤害。

（3）低温启动测试

根据 GB/T 33979—2017《质子交换膜燃料电池发电系统低温特性测试方法》中的规定，燃料电池系统低温启动测试步骤如下。

1）低温启动前应保证燃料电池系统没有泄漏、绝缘、耐高压问题。

2）低温启动前应保证系统已通过低温气密性试验。

3）系统正常稳定运行情况下，按照制造商规定的关机程序进行关机。

4）将系统置于低温存储试验箱中，按试验要求设置环境舱温度，静置12h以上。

5）在低温试验环境中，将系统按照制造商规定的低温启动程序启动，记录达到额定功率输出的时间、气体消耗及相关的电流、电压。

6）维持系统在额定功率稳定运行10min（功率加载误差小于等于2%）。

7）重复上述步骤，达到连续成功启动2次。

8）常温下进行气密性、极化曲线测试，确定试验后系统性能。

在上述试验过程中，人员应尽量避免进入环境舱，以免造成人员伤害。

（4）冷冻/解冻测试

冷冻/解冻测试仅适用于存储温度或工作温度低于0℃的质子交换膜燃料电池系统，测试流程如下。

1) 系统正常稳定运行情况下，按照制造商规定的关机程序进行关机。
2) 将燃料电池系统冷冻在制造商指定的最低环境温度条件下。
3) 冷冻后，根据制造商的规定升温速率将其融化，直至系统内最低温度达到10℃。

冷冻/解冻温度也可参照 GB/T 33978—2017《道路车辆用质子交换膜燃料电池模块》中 6.13 部分的推荐值。该冷冻/解冻测试循环重复十次之后，应重复进行泄漏测试。

4. 电磁兼容测试

根据 GB/T 27748.1—2017《固定式燃料电池发电系统 第1部分：安全》中 4.8 部分的规定，燃料电池系统不得在其预期使用处，产生超过规定水平的电磁干扰，并且系统中的电气设备应对电磁干扰具有足够的抵抗能力。

燃料电池系统必须满足电磁发射和抗扰度试验要求，具体的要求见表 5-7。

表 5-7 燃料电池系统 EMC 测试标准与要求

试验类别	端口	试验项目	参考标准及技术要求
发射类	ETU	辐射发射	满足 GB/T 18655—2018 中的表 7
	信号线	传导发射-电流法	满足 GB/T 18655—2018 中的表 6
	电源线	传导发射-电压法（LV 和 HV）	低压端满足 GB/T 18655—2018 中的表 5；高压端满足 GB/T 18655—2018 中附录 I 的表 I.1
		瞬态传导发射（LV）	满足 GB/T 21437.2—2021 附录 C 等级 3
抗扰类	EUT	辐射抗干扰（ALSE 和 BCI）	根据 GB/T 33014.2—2016 和 GB/T 33014.4—2016，进行测试，频率：20MHz-2GHz，等级：60mA 和 100V/m，功能特性状态等级为 A
		静电放电抗扰度	采用表 GB/T 19951—2019 中的 C.1、C.2、C.3 中类别 2 试验严酷等级 L3 进行试验；样品不通电时、样品通电时、间接放电时的功能特性状态等级分别为 C、A、A
		磁场抗扰度	按照 ISO 11452-8：2015 附录 A.1 的等级Ⅲ进行测试，产品功能特性状态等级达到 A
		便携式发射机抗扰度	按照 ISO 11452-9：2012 中的表 A.1 施加骚扰；产品功能特性状态等级为 A
	电源线	沿电源线的电瞬态传导抗扰度（LV）	按照 GB/T 21437.2—2021 中的表 A.1 和表 A.2 中等级Ⅳ施加骚扰，在波形 1、2a、2b、3a、3b、4、5a、5b 骚扰下，对应的功能特性状态等级分别为：C、A、C、A、A、C、C
	信号线	沿信号线的电瞬态传导抗扰度	采用 GB/T 21437.3—2021 中的表 B.1 和表 B.2 中 CCC 模式以及等级Ⅳ的骚扰，产品功能特性状态等级达到 A

5. 报警与关机测试

根据 GB/T 31037.1—2014《工业升起车辆用燃料电池发电系统 第1部分：安全》中 5.8 部分的规定，燃料电池系统在进行下列报警与关机测试过程中，系统应能实现相应的响应：显示器、声音和灯光警告以及自动关机、安全联锁等。

(1) 氢气泄漏或氢气积聚情况下的燃料电池系统报警与关机试验

本试验对象适用于安装在燃料电池系统内的每个氢气浓度传感器。首先，按照制造商规定的程序启动燃料电池系统，然后使燃料电池系统处于正常工作状态。氢气探测器的测试条件为1%和2%（均为体积分数）。

当氢气浓度达到1%（体积分数，后同）时，燃料电池系统应可以正常工作，但是控制系统应在10s内通过显示屏、声音或灯光的方式警告操作者。维持该测试条件10min，警告信号应持续工作。当氢气浓度达到2%时，燃料电池系统的控制器应在10s内自动切断氢气供应源并自动关机。自动关机后，将氢气浓度降到0.8%以下，在没有人工复位的情况下，燃料电池系统不能正常启动。

(2) 紧急关机与启动试验

按照制造商的规定程序启动燃料电池系统，使燃料电池系统处于正常工作状态。若触发系统上的紧急关机按钮，燃料电池系统的响应满足如下规定：

1) 应能触发系统的安全联锁装置，自动切断氢气的供应和电能输出。
2) 不会造成燃料电池系统的额外故障。
3) 应优先于燃料电池系统所有模式下除安全保护以外的功能和操作。
4) 不会在燃料电池系统重新初始化过程中被自行复位。
5) 若系统配有重启锁定装置，则仅当重启锁定装置被有意复位后，一个新的启动命令方可起作用。

完成紧急关机后，在没有人工复位的情况下，系统应不能正常启动。只有在燃料电池系统故障排除且所有安全装置均已被复位并开始工作的前提下，燃料电池系统方可重新启动运行。

(3) 燃料废气排放口堵塞自动关机试验

按照制造商规定程序启动燃料电池系统，使燃料电池系统处于正常工作状态。堵塞燃料电池系统的燃料废气排放口，当排放口因堵塞导致压力过高，达到制造商设定值时，燃料电池系统应能自动监测到系统的非正常运行状态，报警并自动关机，切断氢气的供应源。故障排除后，燃料电池系统应能正常启动。

(4) 电路过流报警与关机试验

提供超过额定输出电流100%的过流信号至燃料电池系统，电路短路保护装置应启动，控制系统应立即通过显示屏、声音或灯光等方式警告操作者，并应能自动切断发电总输出或自动关机。

本章小结

氢燃料电池系统是氢燃料电池汽车安全设计的核心部件，本章系统地介绍了氢燃料电池系统的安全设计和测评技术。首先，介绍了控制系统及保护部件、辅助系统核心部件、外壳管路及连接件、导线等氢燃料电池系统关键零部件的组成及通用安全要求。其次，依据氢燃料电池系统各子系统功能的划分，阐述了热管理子系统、氢气子系统、空气子系统、废气和废水排放具体的安全设计要求，并结合国家相关标准从氢电安全测试、机械振动和冲击测试、高低温存储和冷冻/解冻循环测试、电磁兼容测试、报警与关机测评等方面介绍了氢燃料电池系统的测试技术，以期为读者提供关于氢燃料电池系统安全设计全面和详细的了解。

思考题

1. 燃料电池系统的辅助系统可划分为几类，具体的功能是什么，其中涉及安全警告信息有哪些？
2. 燃料电池氢气子系统的安全设计及注意事项有哪些？
3. 燃料电池系统低温存储试验依据的国标是什么？请简述试验步骤。

第 6 章　氢燃料电池汽车燃料电池堆安全设计

燃料电池堆是将外部供应的燃料（氢气）和空气中的氧化剂（氧气），在催化剂的作用下通过电化学反应直接转化为电能、热能和其他反应产物的发电装置。车用燃料电池堆一般由上百片燃料电池单体串联组成，在电堆中集中了氢、热、电、高压等多种危险因素，因此，燃料电池堆的安全性是燃料电池汽车重点关注对象。

6.1　燃料电池堆关键材料和部件

燃料电池的组成主要包括质子交换膜，膜两侧的多孔电极催化剂层和气体扩散层，以及外侧构成气体传输通道和电子导体的极板。燃料电池堆由多个燃料电池单体串联而成，电堆两侧由端板为电池提供堆叠压力，其结构示意如图 6-1 所示。

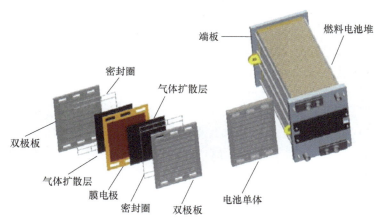

图 6-1　燃料电池堆结构示意图

在燃料电池堆工作过程中，内部组件要面对复杂的电化学环境，因此要具有一定的环境耐受性。此外，车载环境下，燃料电池堆还将面对振动、冲击、灰尘、雨淋、环境温度大幅度变化等不利条件，这都可能对燃料电池堆安全造成不利影响，设计中必须充分考虑这些不利因素，使用中必须对燃料电池堆进行适当保护。

6.1.1 质子交换膜

质子交换膜（Proton Exchange Membrane，PEM）是燃料电池的核心组成之一，由可以传导质子的固态聚合物制成，其主要作用如下：

1）分隔阴极和阳极，阻止燃料（氢气）和氧化剂（氧气）直接混合发生化学反应。

2）传导质子，可用质子导电率来评价，质子导电率越高，膜的内阻越小，燃料电池的转化效率越高。

3）电子绝缘体，阻止电子在膜内传导，从而使燃料氧化后释放出的电子只能由阳极通过外电路向阴极流动，产生外部电流供人们使用。

根据氟含量不同，可以将质子交换膜分为全氟质子交换膜、部分氟化聚合物质子交换膜、非氟聚合物质子交换膜、复合质子交换膜。其中，全氟磺酸型质子交换膜是目前质子交换膜燃料电池研制与开发中应用最多的质子交换膜，如图6-2所示，其优点是机械强度高、化学稳定性好，并且在大湿度条件下电导率高。但它也存在一些缺点，如：温度升高会引起质子导电率变差，高温时膜易发生化学降解，单体合成困难，成本高等。

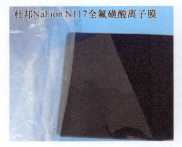
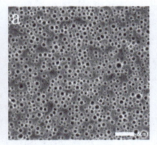

图6-2 全氟磺酸型质子交换膜示意图

质子交换膜的评价指标包括质子传导率、拉伸强度、透气率、吸水率、溶胀率等材料属性，以及厚度和均匀性等成品参数，其详细测试方法见GB/T 20042.3—2022《质子交换膜燃料电池 第3部分：质子交换膜测试方法》。这些参数对质子交换膜的性能及安全性有重要影响，下面以厚度和透气率为例进行详细说明。

质子交换膜的厚度不应过大，厚度大则传导阻力大，影响燃料电池输出性能降低，同时，质子交换膜中水传输方式之一是由阴阳极两侧的含水量梯度驱动结合水从阴极侧扩散层阳极侧，厚度小则含水量梯度大，反向扩散强，从而允许更多的结合水电迁移，提高质子交换膜活性面积内的电流密度。但厚度过小则容易被压伤刺穿，导致质子交换膜功能的失效，由此可见，质子交换膜厚度的确定是燃料电池输出性能和安全性能综合考虑的结果，目前，质子交换膜的厚度一般为 $10\mu m$ 左右。

由于氢气分子极小，渗透能力强，质子交换膜实际上并不能把氢气和氧气完全分割，另外，在质子交换膜制备过程中，无法完全避免气泡、粉尘等异物。因此，质子交换膜上必然存在微小的穿孔，氢气可以直接渗透穿过，氢气渗透量的大小可以用透气率衡量。若透气率过大，氢气从阳极侧经微孔大量窜漏至阴极，在催化剂的作用下处于同一侧电极的氢气和氧气发生反应，其化学能只能以热量形式释出，大量热量的累积导致燃料电池温度急剧升高，当局部温度超过质子交换膜耐受极限时，就会发生局部破洞烧穿，进一步导致更多的氢气混合，从而发生严重的热失控，损伤燃料电池。因此，严格限制质子交换膜透气率上限，避免微小穿孔窜漏过大，是避免热失控危险的重要保障。对于车用质子交换膜燃料电池堆所采用的质子交换膜，其透气率上限建议为 $0.14\text{mL}/(\min \cdot \text{cm}^2)$（气体体积标准状态为0℃，100kPa）。

质子交换膜失效的主要原因有：机械损伤、热降解、化学降解等。具体地讲，质子交换膜的体积与膜含水量密切相关，处于干燥或水饱和状态下形态会发生变化，存在应力循环；若发生氢气窜漏，氢气和氧气在同一侧电极发生反应，将导致局部温度升高，易发生上述热失控风险，同时，氢气和氧气的氧化还原反应，容易生成过氧类自由基，使质子交换膜发生降解，这就要求其材料要具有足够的电化学稳定性、热稳定性和一定的机械稳定性，保证燃料电池在工作过程中能够耐受气流冲击、电流冲击和自由基攻击而不发生降解，保证燃料电池内部不会发生气体窜漏、短路等危险。

6.1.2 膜电极

膜电极（Membrane Electrode Assembly，MEA）是燃料电池重要组成之一，是能量转换的多相物质传输和电化学反应场所，直接决定了燃料电池的性能、寿命和成本。膜电极具有类似三明治一样的夹芯结构，主要由质子交换膜（Proton Exchange Membrane，PEM）、气体扩散层（Gas Diffusion Layer，GDL）和催化层（Catalyst Layer，CL）三部分组成。其中，气体扩散层又通常包括碳质/碳布和覆盖于其上的微孔层（Microporous layer，MPL）组成。为了便于质子交换膜燃料电池堆的高效批量化堆叠装配和运输，膜电极组件的四周还加有密封边框。边框需具有一定的厚度和强度，以便与极板之间通过密封垫圈等形式实现密封，将燃料电池内燃料、氧化剂和冷却剂与外界环境隔离。密封垫圈可布置在膜电极组件边框上，也可布置在极板上。在氧化还原反应过程中，质子的传输由位于膜电极中间的质子交换膜实现，电子的传导则经由催化层、气体扩散层、极板和外电路，最终形成电流。

膜电极组件的评价指标包括 Pt 担载量、透氢电流密度、膜电极中电催化剂的电化学活性面积、欧姆极化过电位、反应电阻等，其详细测试方法见 GB/T 20042.5—2009《质子交换膜燃料电池 第5部分：膜电极测试方法》。其中，透氢电流密度作为膜电极组件重要衡量指标之一，GB/Z 27753—2011《质子交换膜燃料电池膜电极工况适应性测试方法》中规定，当渗氢电流密度不小于 $20\text{mA}/\text{cm}^2$ 时，应停止膜电极组合循环工况试验。

膜电极组件的失效形式包括电极短路、氢气窜漏和气体泄漏等。其中，电极短路是指碳纤维或导电碳粉颗粒等电子导体穿透了质子交换膜，直接连通了阴阳极电子通道，易导致燃料电池堆发生热失控。氢气窜漏是质子交换膜受到气体或相邻电池的挤压，微小穿孔扩大，氢气透过微孔大量窜入阴极，或者膜电极组件中的质子交换膜和催化剂随着使用时间的增加发生老化，同时，催化剂流失进入质子交换膜内加剧了膜的降解，这些也都会导致氢气窜漏。气体泄漏是指电极组件因外围边框的不合理设计、密封垫圈密封不严或老化等原因，导致燃料电池内气体泄漏至外界环境，轻则导致燃料电池性能发生下降，重则导致氢气泄漏，有发生爆炸的可能。

除此之外，水淹也有可能损伤膜电极组件。由质子交换膜燃料电池电化学反应原理可知，在阴极催化层中经常积聚大量的水，其中一部分水由于膜两侧浓度差反向传输至阳极，另一部分水蒸发形成水蒸气，其余的水则以液态水的形式进行传输。当液态水的生成速率大于其通过扩散、蒸发等方式的排出速率时,多余的液态水就会滞留在电池内部,进而形成"水淹"现象。水淹是与材料退化降解并行的最为复杂的问题之一。一方面,膜电极组件中的电解质必须含有足够的水分,才能保证质子能够快速有效地传递至阴极进行还原反应,因此催化层和质子交换膜均需要在各种运行工况下保持合适的润湿状态,当环境中的水含量不足甚至缺水时,会阻碍质子的传导,导致质子交换膜电阻增加甚至使膜发生破裂而失去传导能力;另一方面,过多的水会淹没催化剂的活性点与气体扩散的孔道,直接影响反应气体的均匀分布并阻碍反应气体扩散到催化层,进而引起电池内部的水淹现象,降低电池性能。可通过改进膜电极的制造工艺、材料和结构,以及优化操作条件来降低发生水淹的概率。

6.1.3 气体扩散层

气体扩散层是燃料电池膜电极的重要组成部分,它位于极板和催化剂层之间,是支撑催化剂层和收集电流的重要结构,同时为电极反应提供气体、质子、电子和水等多种物质的通道。

气体扩散层通常基底层和微孔层组成,其结构如图 6-3 所示。基底层通常使用多孔的碳纸、碳布,其厚度约为 100-400μm,它主要起支撑微孔层和催化剂层的作用。微孔层通常是为了改善基底层的孔隙结构而在其表面制作的一层碳粉层,厚度约为 10-100μm,其主要作用是降低催化层和基底层之间的接触电阻,使气体和水发生再分配,防止催化层发生"水淹",同时防止催化层在制备过程中渗漏到基底层。

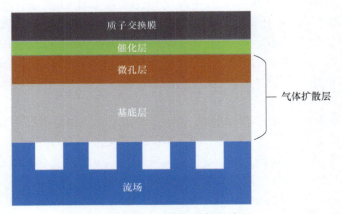

图 6-3 气体扩散层结构示意图

气体扩散通道是由经过憎水处理的憎水性的孔道充当,聚四氟乙烯是常用的憎水剂,而未经憎水处理的亲水性的孔道充当产物水的传递通道。由于作为扩散层基底的碳纸或碳布以及微孔层的碳粉都具有良好的导电性,从而可以完成电子传导的任务。厚度是影响扩散层性能的一个重要参数,扩散层太厚,气体传递路径长,增加了传质阻力,传质极化严重;如果扩散层太薄,会发生催化剂渗漏到催化层的情况,缩小了三相反应区,影响电极性能。另外从机械强度的角度看,太薄的扩散层在电池组装力的作用下容易发生孔结构的破坏。理想的气体扩散层应满足 3 个条件:良好的排水性、良好的透气性和良好的导电性。

气体扩散层的评价指标包括垂直方面电阻率、平面方面电阻率、透气率、孔隙率、拉伸强度、抗弯强度、表面粗糙度、厚度和均匀性等。这些评价指标的具体定义以及测试方法,可以详见 GB/T 20042.7—2014《质子交换膜燃料电池 第 7 部分：炭纸特性测试方法》。

目前燃料电池气体扩散层常用材料为碳材料，它具有较高的导电性、较强的抗电腐蚀性能，且成本较低，但也存在不利于加工成型，微观结构控制难等问题。纤维穿刺是气体扩散层影响质子交换膜安全性能的主要形式，碳纸或碳布表面突出的碳纤维很可能穿过催化剂层刺穿质子交换膜，进而导致短路和氢气窜漏风险，因此，表面粗糙度、厚度及其均匀性是气体扩散层影响质子交换膜安全性能的主要参数。

气体扩散层的表面应该光滑而完整，若存在肉眼可见的裂纹或裂缝，必须避免使用。燃料电池制造商也应避免采用表面存在纤维断口或较长毛刺的气体扩散层，以免在与质子交换膜热压时刺破质子交换膜，导致气体窜漏引发危险。此外，气体扩散层在靠近催化剂层一侧，再喷涂一层以导电碳粉和聚四氟乙烯为主要成分的微孔层，因其孔隙与碳粉颗粒尺寸介于碳纸/碳布和催化剂层之间，也可以大大减少气体扩散层的表面粗糙度，降低碳纤维刺穿质子交换膜的风险，同时，还提升了气体传输和电荷传导的效果，增强了质子交换膜的性能。

6.1.4 极板

燃料电池极板是燃料电池重要部件之一，如图 6-4 所示。它主要具有以下作用：

1）支撑膜电极组件。
2）分隔阴极、阳极反应气体，防止其相互混合。
3）分隔燃料电池堆内各个单体电池。
4）提供电气连接。
5）输送反应气体并使之均匀分配。
6）传导反应热量。
7）去除水副产物。
8）承受电堆组装预紧力。

燃料电池极板根据材料的不同可以分为石墨极板、金属极板和复合极板。石墨由于导电率高、化学稳定性和热稳定性强、制造工艺成熟和耐腐蚀性好等特点，是

图 6-4 燃料电池极板

目前国内极板应用的主流，一般以机械铣削、注塑或模压的方式加工气体流道和冷却液流道，但是其也存在孔隙率高、力学性能差、质量和体积大、可加工性差等缺点，且石墨极板很难减薄，导致燃料电池堆体积功率密度难以提升。对于石墨极板，透气率和抗弯强度是重点关注参数。

金属极板与石墨极板相比，因其具有良好的导电性、导热性、机械加工性、制作工序较少，可制作超薄极板，并且量产工艺成熟后，可以大幅降低量产成本而备受关注，但在使用过程中存在易于腐蚀的缺点，需要表面改性涂层保护。目前，金属极板的涂层材料主要分为碳基涂层和金属基涂层，从涂层的工艺路线来看，主要有 4 类不同的工艺路线：电镀、化学镀、化学气相沉积（Chemical Vapor Deposition，CVD）、物理气相沉积（Physical Vapor Deposition，PVD），采用 PVD 工艺的涂层纯度高、致密性好，涂层与基体结合牢固，涂层不受基体材料的影响，是比较理想的金属极板表面改性技术。对于金属极板，没有氢气渗透和不耐振动冲击等问题，腐蚀电流密度和接触电阻是重点关注参数。

复合极板按照结构可分为结构复合极板和材料复合极板。结构复合双极板是以薄金属或

其他高强度、高致密性的导电板作为分隔板，以有孔薄碳板、金属网等作为流场板，以导电胶黏合。这种复合结构双极板结合了金属板与石墨板的优点，由于金属板的引入，使石墨只起导电与形成流道的作用，而不需要致密与增强作用，同时由于石墨板的间隔，金属板不需要直接接触腐蚀介质，减轻了金属双极板的腐蚀，这样使得双极板具有耐腐蚀、良导电、体积小、质量轻、强度高的优势，但缺点是制作过程较为烦琐，密封性相对较差。材料复合双极板主要是通过热塑或热固性树脂料混合石墨粉/增强纤维形成预制料，并固化/石墨化后成型，其质量更轻，力学性能更好，更易加工，但聚合物的加入牺牲了部分导电性。

极板的评价指标主要有腐蚀电流密度、接触电阻、体电阻、透气率、抗弯强度、平面度以及厚度均匀性等，GB/T 20042.6—2011《质子交换膜燃料电池 第6部分：双极板特性测试方法》提供了上述参数详细的测试标准。极板必须保证在燃料电池全生命周期内高电导率、高导热率和高强度，因此，极板表面的金属粉尘、油含量、达因值等指标也要有效控制。

由于质子交换膜燃料电池堆是由膜电极组件和极板交替堆叠，两侧由端板压紧组装而成，膜电极组件和极板所受压力是相同的，而质子交换膜的材料强度低于极板，因此，部件平面度和厚度均匀性也是极板必须考虑的关键参数。若极板的平面度和厚度均匀性较差，则极板翘曲厉害或厚度较大的位置，其压紧区域上压力就有可能超出质子交换膜的可承受范围，导致质子交换膜损伤；极板翘曲较小或者厚度较小的位置，其压紧区域上就可能因压力降低而使极板和气体扩散层间接触电阻上升，降低该处的化学反应速率。为了保证质子交换膜的输出性能和安全性能，车用电堆堆极板的平面度不大于 $10\mu m$，相对厚度不大于 $0.1\mu m$。

6.1.5 端板

端板作为连接电堆和外部流体管路的中间体，是燃料电池堆的重要组成部分，如图6-5所示。它的主要功能如下：

1）提供法向组装力以降低接触电阻，承受法向载荷以保护大加速度载荷下堆叠体的运动。

2）与集流板和密封圈形成密封总成以密封高压反应气和冷却剂。

3）承接和集成系统零部件以节省空间，氢气循环泵、氢喷射器和各类阀直接集成在进气端板上。

4）为氢气、空气和冷却剂进出提供内部复杂流路，并连接外部管路。

5）电隔离高压堆叠体。

图6-5 Mirai电堆模块前端板

端板一般使用金属、环氧树脂、玻璃纤维板或聚酯纤维板，并通过铝材的注塑成型而成。端板上有集流板、弹簧和弹簧盖板，并为了进一步提高系统的紧凑性，还可以把循环泵、喷射器等零部件集成在内。其中，集流板可以将燃料电池堆两侧的电流引出，两端集流板之间的电压即为燃料电池堆的输出电压，由于端板的材料一般为导电体，为避免端板引发燃料电池堆两侧集流板短路以及带电体裸露，在集流板和端板之间设置有绝缘结构。

对于燃料电池堆通常使用螺栓或钢带等进行封装，封装力通过端板传递到燃料电池内部，使内部各组件受力紧密贴合，贴合的表面产生摩擦从而限制燃料电池组件的相对运行，同时降低各组件间的接触电阻。但在封装力作用下组件间的接触压力分布不均匀是难以避免的，区域接触压力过低会导致接触电阻上升，燃料电池堆发电效率下降，甚至存在气体泄漏的风险；接触压力过大也会造成接触电阻增大、物质传输受阻和局部温度升高等不利后果，甚至可能导致燃料电池组件发生局部结构损害，因此，燃料电池端板一般使用铝合金、不锈钢、钛合金等高强度金属或工程塑料等材料，同时，在端板外侧还安装有弹簧以及起到固定作用的弹簧盖板，以控制封装力的波动范围，并使之分配均匀。

车用质子交换膜燃料电池堆具有体积大、装配压力大和空间布局紧凑等特点，因此，端板需要具有较高的机械强度，且车用环境复杂还要求其具有较高的振动冲击耐受能力。为确保在使用寿命内燃料电池堆的安全性，制造商必须对端板设计进行机械强度、冷热循环、振动冲击、疲劳寿命等分析校核。

6.2 燃料电池堆安全设计

燃料电池堆内存在易燃易爆的氢气和经过压缩的氧气，在正常工作状态下其输出功率可达几十至上百千瓦，且包含零部件众多，一旦发生危险后果不堪设想。因此，燃料电池堆的安全性能从设计之初就必须给予充分考虑。

GB/T 20042.2—2008《质子交换膜燃料电池 电池堆通用技术条件》对质子交换膜燃料电池堆提出了通用性的安全要求，燃料电池制造商也可按照 IEC 60812—2018 和 SAE J 1739—2009 所述失效模式影响分析或 IEC 61025—2006 所述故障树分析，对燃料电池堆进行详细的风险分析。

在燃料电池堆预期寿命内合理可预见的危险情况包括机械危险、电气危险、高温危险、错误人为干预造成的危险等，针对这些危险必须要评估其发生的可能性和可预见的影响后果。下面将从散热、绝缘、密封等角度详细分析燃料电池堆的安全设计措施。

6.2.1 散热设计

燃料电池堆在工作过程中热量的来源主要有：电阻产热、反应产生的水蒸气冷凝放热、不可逆的反应热量和电化学反应的熵变。热量中的 80%～90% 产生于阴极催化剂层，只有约 5% 的废热能被空气尾气带出燃料电池堆，燃料电池堆运行过程中不同组件的温度分布和产热，如图 6-6 所示，剩余热量积聚在燃料电池堆内部将导致温度升高，极易引起安全问题。因此，需提供有效的散热设计，并实时监控燃料电池堆的温度，以确保其热安全。温度的监控位置由燃料电池堆制造商规定并向燃料电池系统制造商加以说明，或提供其他等效的温度监控手段。

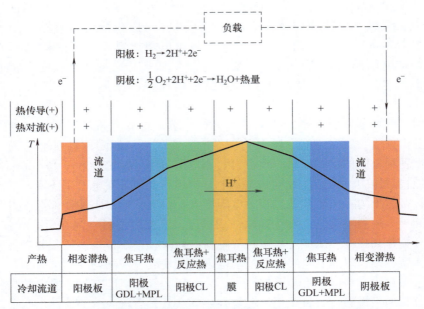

图 6-6 燃料电池堆运行过程中不同组件的温度分布和产热示意图

燃料电池堆在初始结构设计时就要考虑散热设计，通过仿真分析燃料电池内部发热量、热扩散路径和传导速度，以验证散热优化的效果，保证燃料电池堆在工作时产生的热量能够及时高效地排除，将最高温度和最大温差控制在合理范围内。若散热设计不佳导致燃料电池堆内部温度分布不均，局部高温会降低燃料电池堆的使用寿命和安全性，因此，避免局部尤其是燃料电池活性区域的边沿和角度出现局部热点，避免电池内部温度差异过大，是燃料电池堆散热设计不可忽略的关键指标。

质子交换膜燃料电池一般工作温度为80℃左右，与环境的温差比较小，同时，电池本身的辐射以及自由对流换热量很小，所以，燃料电池堆中产生的热主要通过冷却介质带走。常用的冷却方式有空气冷却、散热器冷却、液体冷却和相变冷却，可以根据电池功率等技术和经济指标来选择合适的冷却方式，如图6-7所示。

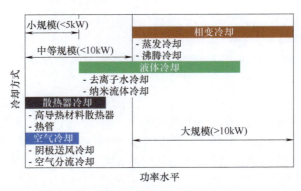

图 6-7 PEMFC 的冷却方式与功率水平关系

对于小功率（<100W）的燃料电池堆，可通过增加阴极送风来实现冷却。这种冷却方

法的优点之一是结构简单,缺点是与阳极侧相比,燃料电池堆的阴极侧需要相对较大的流场尺寸,因此增加了燃料电池堆的体积。这种冷却方法没有足够的温度控制能力,冷却在很大程度上取决于环境空气的温度和湿度。除此之外,还可采用空气分流冷却。空气分流冷却需设置单独的冷却流道,由于空气的散热能力较差,使其冷却功率受到了限制,一般要求燃料电池堆的功率不超过5kW。在这种冷却方式中,必须使用风机进行空气循环,但这种冷却方式容易造成堆内电池之间的温度不均匀,从而导致电池之间电压的差别很大,降低了整个燃料电池堆的总功率。

散热器冷却又称被动冷却或边缘冷却,利用散热器(高导热材料或热管)通过热传导的方式将热量从中心区域移至燃料电池的边缘,然后排放到大气中。与液体冷却相比,散热器冷却可降低冷却系统的复杂性,提高系统的可靠性,但散热量较小,要求散热器具有很高的导热系数。

相变冷却是利用材料发生相变时的潜热带走热源热量,相变材料在燃料电池方面的应用研究极少,在其他领域的应用大多数也处于初期阶段。相变材料运用在热管理领域具有温度分布均匀、节能、结构简单和维护成本低等优点。

液体冷却是在燃料电池阴、阳极板之间设计独立的冷却液流道,依靠冷却液强制对流换热,将燃料电池工作过程产生的热量带走。采用该冷却方式的燃料电池动力系统,零部件多、结构复杂,散热所用的附件功耗大,一般占有效输出功率的10%左右。并且冷却流道中液体的流动方式会影响燃料电池堆的温度分布,冷却液的分布越均匀,温度分布就越均匀,所以,液体冷却的核心在于流场的优化,如图6-8所示为2种典型的冷却流道。

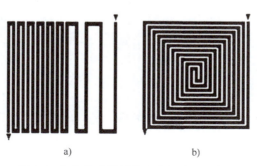

图6-8 2种典型燃料电池冷却流场示意图
a) 典型蛇形流道 b) 常规螺旋形流道

冷却液的热物理特性对燃料电池液体冷却方式的效率也有显著影响,一般使用去离子水或乙二醇作为冷却介质,同时要求极板是热的良导体,以确保燃料电池堆运行时热量及时排除并温度分布均匀。由于冷却液与燃料电池极板大面积接触,因此,这些冷却介质不仅要有高热导率,还需具有足够的绝缘能力,以减少冷却液的漏点损耗,以及燃料电池堆正极侧极板表面的电化学腐蚀。堆叠组装结构的质子交换膜燃料电池堆,一般采用一层冷却流场承担一到两片燃料电池的配置,既有布置在由两片极板组成的双极板中间,也有布置在两个电池单元之间,如图6-9所示。

液体冷却可能存在的问题之一是冷却液中夹杂较多气泡,这些气泡进入燃料电池内部流场后,由于密度或张力差异被困于燃料电池活性面积对应的冷却区域而无法排出。由于气泡的比热容远小于冷却液,且无法移动带走热量,长期存在将导致局部热点损伤质子交换膜。

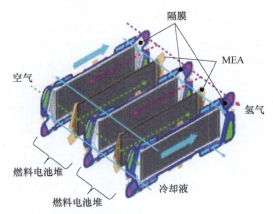

图 6-9　质子交换膜燃料电池堆散热结构设计示意图

因此，冷却液流场的设计应避免困住气泡使其无法移动，并促进冷却液流场排出气泡。除此之外，燃料电池制造商也应考虑冷却液的加注、循环和排出方式，设计合理的冷却液排除方式与结构，减少燃料电池堆内部冷却液流场的气泡残留。

6.2.2　绝缘设计

车用燃料电池堆在正常工作时输出电压可达上百伏，一旦有导电体接触极板，将导致高电压的泄漏，轻则引起电堆短路，重则可能导致燃料电池堆起火爆炸。为确保可靠性和安全性，需要对燃料电池堆进行绝缘设计。主要防护措施包括基本防护和单点失效防护，基本防护主要是零部件的防护设计，通过绝缘、遮拦或外壳设计，防止人员与带电部分直接接触。单点失效防护主要是电位均衡和绝缘电阻防护。

燃料电池堆高压电泄漏的主要途径有三种，具体内容及其预防措施如下所述。

（1）固体结构连接

1）集流板与端板间的绝缘结构绝缘性不足，导致电压经过端板传递到燃料电池堆外部，这需要从绝缘结构的材质、界面、尺寸、间距等方面改进绝缘性。

2）端板表面绝缘层由于机械损伤或电化学腐蚀破损，这需要避免端板的保护性表面与腐蚀性物质、不相容材料、水汽、污水等接触，与端板连接的燃料电池堆外壳应作为最低电位，并对其进行合适的电化学保护。

3）金属螺栓、金属拉杆或者金属外壳等部件与金属端板直接机械连接，受端板影响而漏电，这需要增加绝缘套、绝缘垫片等防漏电措施。

4）金属螺栓、金属拉杆或者金属外壳等部件与燃料电池堆间距离太近，有可能在振动冲击或热变形等影响下与电堆接触短路，这需要在电堆和金属螺栓等部件之间保持足够的电气间距。

（2）含水流体连接

1）阴阳极排气含水或者进气加湿，在燃料电池堆和端板进排气口之间积聚，由于水内含杂质而带有较高导电性，导致端板带电，这需要对燃料电池堆或端板的进排气口内壁做包胶、包塑、镀绝缘膜等绝缘处理，在端板的气体进出口内侧设计绝缘防水密封结构，避免端板金属材料与阴阳极的进排气接触，或通过其他方式减少公共管道内的积水。

2）燃料电池堆冷却液冷绝缘性能降低，电导率提升，电堆电压有可能通过冷却液传递到端板，导致端板带电，建议在冷却液进出口内侧设计绝缘防水密封结构，定期检测冷却液的电导率等。

（3）其他影响因素

1）燃料电池堆外壳内部空腔残余水汽导致绝缘性能降低，建议通过内腔通风干燥来解决。

2）灰尘、积水、污渍等沉积在电堆表面，形成导通路径而导致局部短路，建议加强燃料电池堆外壳防护，或者极板边沿进行包胶、包塑、镀绝缘膜等绝缘处理。

燃料电池堆绝缘设计的关键之一是增大绝缘电阻，图 6-10 所示为电池堆绝缘电阻模型。在绝缘设计中要考虑燃料电池与框架之间的绝缘防护、高压连接部分的绝缘防护。另外，冷却回路的设计对系统的绝缘电阻值影响很大，要单独对冷却回路进行防护设计，以提高系统的绝缘电阻值。燃料电池用固定支架安装在铝合金框架内，燃料电池单体是可导电的，为了提高绝缘等级，应在燃料电池上增加绝缘防护层。绝缘层在可导电部分与金属框架之间增加防护，可以起到密封的作用，防止氢气泄漏到框架中。燃料电池底部与框架间隙最小的地方，爬电距离大于 40mm。燃料电池单体电压采集需要安装电压采样线，为避免可导电部分外露，在电压采样点外部设计了护板，护板采用 PA66 材料，通过隔离的方式增加绝缘电阻值，防止高压部分与框架直接接触。燃料电池的正负极端子为镀金材料的导电柱，导电柱选用塑料外壳的高压连接器来进行防护，通过高压线束将燃料电池的正负极输出到框架本体的连接器上。连接器防护等级为 IP67，高压导线耐压等级为 AC2 500V。框架本体连接器正负极之间距离为 60mm，同时在连接器的连接处增加塑料材料的防护套，保证连接器与框架支架的绝缘防护效果。

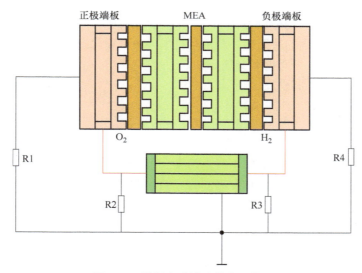

图 6-10　燃料电池堆绝缘电阻模型

6.2.3　密封设计

密封的主要作用是保障燃料电池堆在运行过程中，在操作压力下的各腔室气体的隔绝及外部密封。若氢气发生泄漏，轻则燃料电池堆损伤，重则有发生爆炸的风险；冷却液泄漏将降低燃料电池堆的散热能力，导致燃料电池在过高温度下运行寿命缩短。因此，良好的密封性是燃料电池堆安全运行的重要保障，尤其是车用领域。总的来看，燃料电池的密封通常要满足以下要求：

1) 反应气、冷却液不外漏，燃料、氧化剂和冷却液不互窜。
2) 密封组件安全可靠，寿命长。
3) 密封组件结构紧凑，制造维修方便。

通常，一台燃料电池堆有几十个甚至数百个密封面或密封部位，密封面又分为一次性密封面和活动性密封面。一次性密封主要采用树脂胶黏剂，活动性密封主要采用橡胶弹性体。现阶段，基于燃料电池堆的结构，极板和膜电极之间相对固定，其密封形式为低压静密封。低压静密封主要分为直接接触密封、垫密封和胶密封三类。若使用直接接触密封，考虑到氢气分子极小，表面粗糙度较大的金属极板和石墨极板无法避免氢气泄漏，因此，燃料电池堆一般采用垫密封或胶密封。此外，金属极板可以通过连续缝焊实现类似于胶密封的效果，常用于冷却液流场边沿密封，避免冷却液向外泄漏；胶密封无法拆解，一般用于燃料电池堆内无需拆解的零件，例如单独封装的燃料电池单元或双极板；垫密封便于拆解，一般用于有拆装检修需求的结构，例如堆叠结构燃料电池堆的非胶粘组装。

燃料电池堆对密封要求高，为达到好的密封效果，燃料电池制造商应从材料选型、结构设计、制造工艺等方面保证密封设计能够承受电池堆预期使用寿命中的温度、压力、湿度、腐蚀、积垢、老化、蠕变、启停、运行、工况变化、振动、冲击等作用。应考察密封垫、密封胶、底涂料等材料与极板材料、质子交换膜组件材料及冷却液的相容性。分析计算密封结构在工况循环、冷热循环、振动冲击下的密封性能变化，保证预期使用寿命内的密封可靠性和电池堆安全性。

密封材料应该满足密封功能的要求，由于被密封的介质不同，以及设备的工作条件不同，要求密封材料具有不同的适用性。对密封材料一般的要求是：

1) 材料的致密性好，不易泄漏介质。
2) 有适当的机械强度和硬度。
3) 压缩性和回弹性好，永久变形小。
4) 高温下不软化、不分解，低温下不硬化、不脆裂。
5) 耐腐蚀性能好，在酸、碱、油等介质中能长期工作，其体积和硬度变化小，且不黏附在密封面上，对燃料电池其他部件不产生污染。
6) 摩擦系数小，耐磨性好；具有与密封面结合的柔软性；耐老化性能好，经久耐用。
7) 加工制造方便，价格便宜，取材容易。

虽然几乎没有材料可以完全满足上述要求，但是不少具有优异密封性能的材料能够满足上述大部分要求。

燃料电池常采用的密封材料为橡胶类高分子材料，其制品种类繁多，包括硅橡胶（Silicone Rubber，SR）、氟橡胶、丁腈橡胶（Nitrile or Buna N Rubber，NBR）、氯丁橡胶（Chloroprene Rubber，CR）、三元乙丙橡胶（Ethylene Propylene Diene Monomer，EPDM）等。其中，硅橡胶气密性好，具有良好的耐寒性，使用温度范围大，但是可能引起气流变形和阻塞；丁腈橡胶耐化学稳定性好，物理机械性能优异，加工性能较好，长期使用温度较高，耐低温性能较好，但在酸性和高温下的长期稳定性不如氟类橡胶。对橡胶密封件而言，回弹性越好、内部应力保存时间越长,密封效果越好。橡胶密封件的密封效果,除取决于密封件的结构设计之外,还主要取决于橡胶材料的力学性能,最主要的是取决于橡胶材料保持内部应力、形变复原时间的长短,即应力松弛时间。时间越长,橡胶密封件密封效果就好;反之,橡胶密封件内应力不易保持,密封效果就不好。

密封结构的基本要求是密封性能好、安全可靠、寿命长,并且要力求紧凑、系统简单、制造维修方便、成本低廉。由于大多数密封件是易损件,还应该保证互换性,实现标准化、系列化。当前,密封结构的按照形成方式可分为:MEA集成式密封、双极板集成式密封和独立式密封件。

MEA集成式密封是指将密封集成在MEA边框或扩散层边缘,与MEA形成整体结构。常采用注塑成型法形成密封结构。由于MEA与密封是整体结构,一旦密封失效就需要更换整个MEA。因此,首先要把预先压制好的MEA固定在模具中,然后利用螺杆泵将液体硅橡胶注入模具,使之充分包覆在MEA之上,最后加热使硅橡胶硫化。

双极板集成式密封是指将密封组件与双极板集成在一起,形成带有密封功能的双极板,一种典型的密封结构如图6-11所示。该制备工艺通常是将特定的密封材料,通过一定成型工艺在双极板的密封沟槽内原位成型得到,根据成型方式不同又可分为点胶、注射成型;根据密封材料固化方式可分为热压固化、冷压固化和紫外光固化等。双极板集成式密封易于组装,适合大批量生产。独立式密封是指密封组件独立于MEA与双极板之外,通常先将密封材料通过模压等方法制成一个与MEA、双极板结构及尺寸匹配的密封组件,在组装时把密封原件固定在双极板上。此类密封原件一般用平板胶皮冲剪或密封材料注射(或模压)成型。在组装电池过程中,利用黏接剂将该独立式密封组件粘结在双极板的沟槽内。这种密封结构的特点是密封组件加工成型相对容易,当密封组件失效后可单独替换,维护成本低;但缺点是电堆装配过程烦琐。

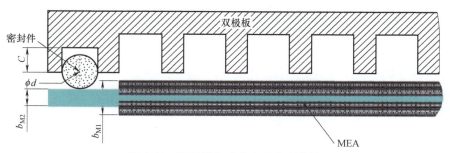

图6-11 双极板集成式密封典型结构

C—双极板密封槽深度 d—密封件直径 b_{M1}—MEA与双极板接触挤压后形成的厚度
b_{M2}—MEA与密封件接触挤压后形成的厚度

燃料电池堆的密封主要是极板与膜电极之间的活性区域,一般采用高弹体材料,除此以外还有MEA各层间的密封、接头密封、封装外壳的防水防尘等。活化区域密封件主要功能是防止气体、冷却液从极板和膜电极的边缘泄漏出去,造成易燃气体泄漏,因此,需要在极板和膜电极上设计密封结构,同时需要设计密封胶线。由于密封胶线在电堆组装应力及较高温度下变形较大,压缩永久形变会变差,在燃料电池运行环境下会缓慢降解,为了在燃料电池堆全生命周期内保证密封的可靠性,需要考虑密封圈的耐温、耐压、耐自由基和F-攻击等特性。

6.2.4　其他零部件设计

除上述燃料电池堆安全设计要求，堆内所有零部件还需满足以下要求：

1）适合于预期使用时的温度、压力、流速、电压及电流范围。

2）在预期使用中能耐受燃料电池堆所处环境的各种作用、各种运行过程和其他条件的不良影响。

3）处于爆炸性环境中的零部件应满足 GB/T 5169.5—2020《电工电子产品着火危险试验 第5部分：试验火焰 针焰试验方法装置、确认试验方法和导则》规定的 FV0，FV1 或 FV2 的阻燃材料制造。

4）燃料电池模块采用材料的质量和厚度、配件、终端及各部件集成方法，其结构和运行特性在合理寿命时间内不应发生明显的改变。

5）燃料电池模块所有零部件应能够适应终端用户在产品正常使用过程中可能的力学、化学和热学等条件变化。

6.3　燃料电池堆的测试技术

燃料电池堆的安全测试一般包括性能测试、氢电安全测试、机械振动和冲击测试、高低温存储和低温启动测试、IP 测试以及盐雾腐蚀测试。

1. 燃料电池堆性能测试

根据 GB/T 20042.2—2008《质子交换膜燃料电池 电池堆通用技术条件》中 5.3 部分的规定，燃料电池堆在确保运行安全的前提下可进行性能测试，主要包括燃料电池堆正常运行测试、持续和短时电功率试验测试。

在试验开始前需将燃料电池堆放置在燃料电池性能评价测试台上，在电堆安装过程中，应清洗管路，以免将污染物带入燃料电池堆内部堵塞流道、损伤 MEA。应保证紧固件有效，避免接头处泄漏。保证流体进出管路通畅，以免因堵塞造成压差过高损伤燃料电池堆。连接负载线路、巡检线路，应保证接触良好，避免因接触电阻过大导致局部过热造成伤害。

正常运行就是燃料电池堆在制造商说明书规定的正常条件下运行，具体为：

1）电功率输出为额定值。
2）热能输出（如果有的话）为额定值（对于冷却剂温度和流量）。
3）燃料电池堆温度在正常范围内。
4）燃料成分在正常范围内。
5）燃料和氧化剂的流量在正常范围内。
6）燃料和氧化剂的压力在正常范围内。
7）冷却剂（如果有的话）的温度、压力和流量在正常范围内。
8）输出功率变化率在正常范围内。

为了进行正常运行的运行试验，燃料电池堆应在上述规定的正常条件下运行，直至达到热稳定，应测量以下参数，确认测试结果是否符合燃料电池堆相应规定值：

1）满载电流条件下燃料电池堆的终端电压。
2）燃料电池堆的运行温度、最高表面温度及环境温度。
3）氢气压力，其测得值应不超出规定值的 95%~105% 或相应规定值±1kPa（两者中取较高值)。

4) 氢气耗用速率,其测得值应不超出规定值的 95%~105%。

5) 氧气消耗速率,其测得值应不超出规定值的 95%~105%。

6) 空气压力,其测得值应不超出规定值的 95%~105% 或相应规定值 ±1kPa(两者中取较高值)。

7) 冷却剂的入口和出口温度、压力、流量。

同时,按照 GB/T 29838—2013《燃料电池 模块》中 5.7 部分的规定,进行燃料电池堆持续和短时电功率试验,燃料电池堆应在额定电流下稳定运行后,将电流加载到规定的短时电功率输出并维持规定的时间。试验后系统不得有破裂、裂缝、永久变形或其他物理损坏。所有测试结果均应符合制造商的规定。

2. 氢电安全测试

(1) 气体泄漏测试

为了确保燃料电池堆的气密性,按照 GB/T 20042.2—2008《质子交换膜燃料电池 电池堆通用技术条件》中 5.2 部分的规定进行气体泄漏试验。将电池堆的氢气、空气和冷却水端口与泄漏测试机的三个端口相连接,打开测漏机开始进行泄漏测试,测试电池堆的外部泄漏量(总外漏、空气腔外漏、燃料腔外漏、冷却腔外漏),试验结果应不超过给用户提供的技术文件中对于气体泄露速率的规定。

其中,氢气泄漏测试具体步骤如下:

1) 燃料电池堆应先在满载电流下运行,直至最高温度下达到热稳定。

2) 停止运行,吹扫燃料电池堆并关闭气体出口。

3) 燃料电池堆的温度降至规定的最低运行温度甚至更低。

4) 逐渐充入阳极气体,也可以是充入氦气或氮气,直至压力达到最高工作压力,并稳定 1min。

在泄漏试验过程中入口压力应稳定不变,用位于燃料电池堆进气口、泄压装置上游、精度不低于 2% 的流量计测量漏气速率。如果用氦气或氮气作为试验气体,漏气速率应该进行校正,校正公式如下:

$$R = q_{\text{fuel}} / q_{\text{test}} \quad (6\text{-}1)$$

式中 q_{fuel}——氢气气体泄漏速率(标准状态)(mL/s 或 mL/min);

q_{test}——试验气体泄漏速率(标准状态)(mL/s 或 mL/min);

R——修正系数,见式(6-2)或式(6-3)。

$$R = (d_{\text{test}} / d_{\text{fuel}})^{1/2} \quad (6\text{-}2)$$

式中 d_{test}——试验气体的相对密度;

d_{fuel}——氢气气体的相对密度。

或者

$$R = \mu_{\text{test}} / \mu_{\text{fuel}} \quad (6\text{-}3)$$

式中 μ_{test}——试验气体的运动黏度(m^2/s);

μ_{fuel}——氢气气体的运动黏度(m^2/s)。

应采用式(6-2)和式(6-3)计算修正系数 R,取较高值,并写入试验报告。

除此之外,试验报告还应记录气体通过泄压阀的流速在内的气体泄漏速率,如果因为压力滞后现象或压力设定而在试验中没有采用泄压装置,总泄漏值应该是此时测得值与泄压装置在最大氢气供应压力下的单独测得的泄漏值之和。

最后，考虑参考条件和气体种类对计算结果进行修正，若用氢气或氦气作为试验气体，则将测得的气体泄漏率乘以 1.5；若用氮气作为试验气体，则将测得的气体泄漏率乘以 2。这一最终计算的结果，应不超过给用户提供的技术文件中的气体泄漏速率的规定，并应向燃料电池系统集成制造商说明，要求将此信息提供给产品最终使用者，以便计算必要通风量。

（2）窜气测试

按照 GB/T 20042.2—2008《质子交换膜燃料电池 电池堆通用技术条件》中 5.6 部分的规定进行窜气试验，试验包括燃料腔向氧化剂腔窜气速度的测定，以及燃料腔和氧化剂腔向冷却剂腔的窜气速度的测定。所测得的窜气泄漏速度应不大于制造商所提供的最大窜气速率（包括燃料腔对氧化剂腔和燃料腔对冷却剂腔）的规定值。

在燃料腔向氧化剂腔窜气速度的测定试验中，除燃料腔和氧化剂腔各一个进气接口外，其余进出接口全部封住。将精度不低于 2% 的流量计（如皂泡流量计）接于氧化剂腔的进气接口，由燃料腔的进气接口通入氮气，调整压力至允许最大工作压力差，稳定 1min 后，读出在时间 t_1 内流量计读数 Q_1。相应窜气速度 X_1 按下式求得：

$$X_1 = 2RQ_1/t_1 \tag{6-4}$$

式中　X_1——燃料腔向氧化剂腔的窜气速度（标准状态），（mL/min）；
　　　R——按式（6-2）和式（6-3）计算得出的修正系数中的较大者；
　　　Q_1——在时间 t_1 内测得的燃料腔向氧化剂腔的气体窜漏量（标准状态），（mL）；
　　　t_1——测量时间（min）。

在燃料腔和氧化剂腔向冷却剂腔窜气速度的测定试验中，除燃料腔、氧化剂腔和冷却剂腔各一个进气接口外，其余进出接口全部封住。将精度不低于 2% 的流量计（如皂泡流量计）接于冷却剂腔进口，由燃料腔和氧化剂腔的进气接口同时通入氮气，调整气压至燃料腔的最大运行压力，并稳定压力 1min，读出在 t_2 内流量计读数 Q_2。相应窜气速度 X_2 按下式求得：

$$X_2 = 2RQ_2/t_2 \tag{6-5}$$

式中　X_2——燃料腔和氧化剂腔向冷却剂腔的窜气速度（标准状态），（mL/min）；
　　　R——按式（6-2）和式（6-3）计算得出的修正系数中的较大者；
　　　Q_2——在时间 t_2 内测得的燃料腔向氧化剂腔的气体窜漏量（标准状态），（mL）；
　　　t_2——测量时间（min）。

（3）易燃气体浓度测试

易燃气体浓度测试仅适用于带有集中安全通风系统和吹扫程序的封闭系统，其运行温度低于易燃气体的自燃温度。按照 GB/T 20042.2—2008《质子交换膜燃料电池 电池堆通用技术条件》中 5.13 部分的规定，燃料电池需进行该试验，以测定正常运行时燃料电池堆外壳内易燃气体的最高浓度。

试验应在安全正常条件下进行，试验区域内应没有可感知的气流。燃料电池堆在正常温度范围内运行，直至达到热稳定。然后在距吹扫口和气体排放出口一定距离的位置上测量，以保证测得的易燃气体浓度是外壳内的浓度。试验应连续进行多次，两次测量读数间的时间间隔应不少于 30min，直到连续两个测得值的增量不超过连续四个测得值平均值的 5%。按要求测得的易燃气体浓度应低于可燃极限下限的 25%。

(4) 允许工作压力测试

按照 GB/T 20042.2—2008《质子交换膜燃料电池 电池堆通用技术条件》中 5.4 部分的规定，对燃料电池堆进行允许工作压力试验。

燃料电池堆的允许工作压力试验应在最高或最低运行温度下进行（取两者中较为严格的条件），试验介质为氮气或压缩空气。如果在正常运行时燃料电池堆的燃料侧和氧化剂侧的内部压力相同或接近，试验时可将其相互连通。如果燃料电池堆有冷却通道而且工作压力与燃料腔和氧化剂腔相同或接近，则该通道也可同时按相同方法进行允许工作压力试验。在试验过程中，应对燃料电池堆（阳极和阴极通道、冷却剂通道）逐步加压，直到压力达到它们的允许工作压力（按较高压力的）1.3 倍，至少保持压力稳定 1min。试验中，燃料电池堆不应出现开裂、破碎、永久变形或其他物理损伤。

(5) 压力差测试

按照 GB/T 20042.2—2008《质子交换膜燃料电池 电池堆通用技术条件》中 5.10 部分的规定，对燃料电池堆进行压力差试验。

试验在燃料电池堆最高允许工作温度或最低允许工作温度（取两者中更为严格者）下进行。向阳极和阴极通道通入适当的气体，并逐渐加压，直至达到最大允许工作压差的 1.3 倍，保持压力稳定不少于 1min，测量泄漏速率。压力差试验中，燃料电池堆不应出现开裂、破碎、永久变形或其他物理损伤。在试验温度下，不应因为本项试验导致阴极和阳极之间的泄漏率增大。增压后的测得值与最初试验结果的偏差，不应超过仪器的精度要求。

(6) 绝缘检测

按照 GB/T 36288—2018《燃料电池电动汽车 燃料电池堆安全要求》的规定，采用 GB 18384—2020《电动汽车安全要求》中 5.1 部分规定的测量方法，测量燃料电池堆的绝缘电阻值。要求燃料电池堆在加注冷却液而且冷却液处于冷冻循环状态下，正负极的对地绝缘性要求分别不应低于 $100\Omega/V$。

(7) 介电强度测试

按照 GB/T 20042.2—2008《质子交换膜燃料电池 电池堆通用技术条件》中 5.9 部分的规定，对燃料电池堆进行介电强度试验。

介电强度试验应在正常通入冷却介质且允许温度下进行。如果燃料电池堆不能保持允许温度不变，介电强度试验应该在最高允许温度下进行。对进行介电强度试验的燃料电池堆，应切断氢气供应，并用吹扫气体进行吹扫。在带电部分和不带电金属构件之间施加试验电压，采用直流电或 $50Hz\pm2Hz$ 的正弦交流电，试验电压应在不少于 10s 的时间内稳定增加到规定值，然后至少维持 1min。如果没有出现绝缘击穿，且泄漏电流不超过 1mA 乘以试验电压与开路电压之比，则认为符合要求。

(8) 耐高压测试

燃料电池堆内部的绝缘体应有足够的耐电压能力，按照 GB 18384—2020《电动汽车 安全要求》中 5.1 的试验方法，对燃料电池堆进行耐电压试验，试验中不应发生介质击穿或电弧现象。

(9) 接地保护测试

按照 GB/T 36288—2018《燃料电池电动汽车 燃料电池堆安全要求》的规定，当燃料电池堆输出电压高于 60V 时，燃料电池堆需要有接地点，接地点与所有裸露的金属间电阻小于 0.1Ω。

（10）电气过载测试

按照 GB/T 20042.2—2008《质子交换膜燃料电池 电池堆通用技术条件》中 5.8 部分的规定，对燃料电池堆进行电气过载试验。

燃料电池堆应在额定电流下稳定运行，然后将电流逐渐增加到规定值并在规定时间内保持不变。过载试验后，燃料电池堆不应出现开裂、破碎、永久变形或其他物理损伤。

3. 机械振动和冲击测评

（1）机械振动测试

燃料电池汽车长时间在复杂路况行驶（如搓板路、颠簸路、起伏路等），燃料电池堆内部不能出现错位，以免发生短路或气体泄漏等安全问题。可按照 GB/T 20042.2—2008《质子交换膜燃料电池 电池堆通用技术条件》中 5.7 部分的要求，对燃料电池堆进行耐振动试验，试验方法按照 GB/T 2423.10 的规定进行。

燃料电池堆的振动测试包含 X、Y 和 Z 三个方向，轴向的选择应选最可能暴露故障的方向。振动测试要求每个方向振动 21h，在试验结束后燃料电池堆中的零部件无明显位移、扭转和弯曲；零部件的谐振频率与初始值的偏差应小于 10%；各个紧固螺丝的剩余紧固力不低于初始值的 60%；各个电连接点的电阻与初始值的偏差应小于 5%；最小监控单元电压无锐变，电压差的绝对值不大于 0.15V；无泄漏、外壳破裂、爆炸或着火等现象，且能满足燃料电池堆相关安全测试要求。

（2）机械冲击测试

按照 GB/T 36288—2018《燃料电池电动汽车 燃料电池堆安全要求》中 6.1 部分的规定，对燃料电池堆进行机械冲击试验。

在机械冲击试验中，燃料电池堆 X、Y 和 Z 向分别施加 5.0g 的冲击加速度，冲击脉冲采用半正弦波形，持续时间 15ms，每个方向各进行一次。在试验结束后，电堆机械结构应不发生损坏，气密性和绝缘性满足检测要求。

4. 高低温存储和低温启动测评

（1）高温存储试验

按照 GB/T 33978—2017《道路车辆用质子交换膜燃料电池模块》中 6.13.2 部分的规定，对燃料电池堆进行高温存储测试，具体步骤如下：

1）将燃料电池堆置于高温存储环境舱。

2）静置 12h 以上，直至燃料电池堆内温度达到预定的储存温度（如 60℃）。

3）再将试验环境温度降至室温，静置 12h 以上。

4）重复以上步骤共 3 次。

高温存储试验后，燃料电池堆不应出现裂缝、扭曲变形等缺陷。

（2）低温存储试验

按照 GB/T 31035—2014《质子交换膜燃料电池电堆低温特性试验方法》中 8.4.2 部分的规定，对燃料电池堆进行低温存储试验，具体步骤如下：

1）燃料电池堆正常稳定运行，且内部温度达到正常工作温度。

2）按照制造商规定的关机程序进行燃料电池堆关机，并记录关机所用的时间、消耗的能量与物质的量。

3）将燃料电池堆置于低温存储环境舱中，按试验要求设置试验环境温度，静置 12h 以上。

4）将燃料电池堆试验环境温度升至室温，静置12h以上。
5）按照制造商规定的启动程序对燃料电池堆进行启动。
6）重复上述步骤，达到连续成功启动2次。

低温存储试验后，燃料电池堆封装壳体和安装固定件不应出现裂缝、扭曲变形等缺陷。

（3）低温启动试验

按照GB/T 31035—2014《质子交换膜燃料电池电堆低温特性试验方法》中8.4.3部分的规定，对燃料电池堆进行低温启动试验，具体步骤如下：

1）确保燃料电池堆可正常稳定运行情况下，按照制造商规定的关机程序进行燃料电池堆关机。
2）将燃料电池堆置于低温存储环境舱中，按照试验要求设置试验环境温度，静置12h以上。
3）燃料电池堆在低温试验环境中按照制造商制定的启动程序启动，记录达到额定功率输出的时间、气体消耗及相关的电流、电压。
4）维持燃料电池堆在额定功率下稳定运行10min（功率加载误差小于等于2%）。
5）重复上述过程，达到连续成功启动2次。

低温启动试验后，燃料电池堆应能满足窜气试验、压力差试验、允许工作压力试验等相关安全测试要求。

5. IP测评

燃料电池堆应具备防水防尘能力，保护内部零部件与材料不受水、灰尘等影响。

（1）防水试验

按GB/T 4208—2017《外壳防护等级（IP代码）》中的规定，对燃料电池堆进行防水试验。防水试验包括滴水箱试验、摆管或淋水喷头试验、喷嘴试验、浸水试验和喷水试验，不同外壳防护等级、防水试验和试验方法如表6-1所示。

表6-1 不同外壳防护等级、防水试验和试验方法

防护等级	防水试验	试验方法
IPX1	滴水箱试验	使用滴水箱，外壳置于转台上
IPX2		使用滴水箱，外壳在四个固定的位置上倾斜15°
IPX3	摆管或淋水喷头试验	使用摆管，在与垂直方向±60°的范围内淋水，最大距离200mm或使用淋水喷嘴
IPX4		使用摆管，在与垂直方向±180°的范围内淋水，最大距离200mm或使用淋水喷嘴
IPX5	喷嘴试验	使用喷嘴，喷嘴直径6.3mm，距离2.5m~3m
IPX6		使用喷嘴，喷嘴直径12.5mm，距离2.5m~3m
IPX7	浸水试验	使用潜水箱，水面在外壳顶部以上至少0.15m，外壳底面在水下至少1m
IPX8		使用潜水箱，水面高度由用户和制造厂协商
IPX9	喷水试验	使用扇形喷嘴在转台上对小型外壳进行试验，转速（5±1）r/min，在0°、30°、60°、90°方向喷射或者按预期使用对大型外壳进行试验从距离（175±25）mm的位置喷射

依据 GB/T 33978—2017《道路车辆用质子交换膜燃料电池模块》，若燃料电池整车对燃料电池堆防水有要求，则按照整车的要求，若无特殊要求，应满足 IPX5 等级要求。

（2）防尘试验

按 GB/T 4208—2017《外壳防护等级（IP 代码）》中 13.4 部分的规定，对燃料电池堆进行防尘测试。

防尘试验应在防尘箱中进行，密封试验箱内的粉末循环泵可以用能使滑石粉悬浮的其他方法替代。滑石粉应用金属方孔筛滤过，金属丝直径 $50\mu m$，筛孔尺寸为 $75\mu m$。滑石粉用量为每立方米试验箱容积 2kg，使用次数不得超过 20 次。

外壳类型须为下列两者之一：

第一种类型：设备正常工作周期内，外壳内的气压低于周围大气压力。

第二种类型：外壳内气压与周期大气压力相同。

对于第一种类型的外壳，被试外壳放在试验箱内，壳内压力用真空泵保持低于大气压。抽气孔应连到专为试验设置的孔上。如果专门的产品标准没有规定，这个孔应设在紧靠易损部件的位置。

对于第二种类型的外壳，被试外壳按正常工作位置放入试验箱内，可不与真空泵连接。在正常情况下开启的泄水孔，试验期间应保持开启。防尘试验持续 8h。

对于上述两种类型的外壳，如不能将整台设备置于试验箱内做试验，可选用下列方法之一进行：

1）用外壳的各个封闭部分做试验。

2）用外壳有代表性的部件（包括组件）试验，试验时这些部件应安装就位。

3）用具有相同结构、按比例缩小的设备进行试验。

对于后两种情况，试验时抽出设备的空气体积，应与整台设备时规定相同。

依据 GB/T 33978—2017《道路车辆用质子交换膜燃料电池模块》，若燃料电池整车对燃料电池堆防尘有要求，则按照整车的要求，若无特殊要求，应满足 IPX5 等级要求。该等级要求试验后，观察滑石粉沉积量及沉积地点，如果同其他粉尘一样，不足以影响燃料电池堆的正常操作或安全，即认为试验合格。除非有关产品标准明确规定了特例，在可能沿爬电距离导致电痕化处不允许有灰尘沉积。

6. 盐雾腐蚀测评

燃料电池堆应对腐蚀环境具有耐受性，满足腐蚀工作环境的安全要求。

按照 GB/T 28046.4—2019《道路车辆 电气及电子设备的环境条件和试验 第 4 部分：气候负荷》中 5.5.2 部分的测试方法和 GB/T 2423.17—2008《电工电子产品环境试验 第 2 部分 试验方法 试验 Ka：盐雾》，进行燃料电池堆的盐雾腐蚀测试。

盐雾腐蚀测试具体要求如下：

1）盐雾腐蚀试验应在试验箱中进行，试样应按正常使用状态进行试验，试样之间不应有接触，也不能与其他金属部件接触。

2）试验箱的温度应维持在（35±2）℃，所有的暴露区域都应维持盐雾条件。

3）至少用两个面积为 $80cm^2$、放置在不受试样遮挡、不同位置处的器皿在暴露区域的任何一点连续收集至少 16h 的雾化沉积溶液，平均每小时收集量应在 1.0mL-2.0mL 之间。

4）器皿内的溶液用于测试 pH 值和浓度，在（35±2）℃测量时，溶液浓度应满足（5±1）%（质量比）要求，pH 值应在 6.5~7.2 的范围内。

5）试验结束后，小试样应在不超过 35℃自来水下重洗 5min，然后用不超过 35℃的蒸馏水或者去离子水重洗，最后晃动或者用气流去掉水滴，在标准恢复条件下放置 1-2h。

盐雾腐蚀试验后，可通过目视判断燃料电池堆盐雾腐蚀情况，电堆应能满足窜气试验、绝缘试验、压力差试验、电气过载试验、允许工作压力试验等相关安全测试要求。

本章小结

本章聚焦氢燃料电池系统的核心部件燃料电池堆，详细介绍了燃料电池堆的安全设计和测试技术。燃料电池堆是一般由膜电极、极板和端板等部件组成，因此，首先从燃料电池堆关键材料和部件角度出发，介绍了质子交换膜、膜电极、气体扩散层、极板和端板的作用及其安全影响因素，其次，为确保燃料电池堆的安全稳定运行，从散热设计、绝缘设计、密封设计等方面阐述了燃料电池堆的安全设计要求，最后，给出了燃料电池堆必须满足的安全测试要求及相应测试技术，包括燃料电池堆性能测评、氢电安全测评、机械振动和冲击测评、高低温存储和低温启动测评、IP 测评、盐雾腐蚀测评。以期读者对燃料电池堆的安全设计有全面的了解。

思考题

1. 燃料电池为何要用多孔电极，它的理论基础是什么？
2. 燃料电池堆的冷却方式有哪些，现在车用燃料电池堆多采用哪种方式，有何特点？
3. 燃料电池堆的安全测试包括哪几方面，与燃料电池系统的安全测试相比有什么不同。

第 7 章　氢燃料电池汽车高压电安全设计

燃料电池汽车基于纯电动平台，整车系统更加复杂，高电压与氢气共同存在，整车的安全设计显得尤为重要，其中高压电安全设计是重点和难点，燃料电池通过氢氧化学反应提供电能，影响高压电安全性能的因素较为复杂；因此，全面系统分析燃料电池汽车高压电安全设计要求非常关键。

本章将重点分析燃料电池汽车高压电安全设计要素，给出可以采取的安全措施，从而对燃料电池汽车高压电安全问题形成更为深入的了解和认识。

7.1　氢燃料电池汽车高压电安全设计要素分析

燃料电池汽车的高压电安全设计需从人员防护及系统保护的角度出发，结合标准中的要求，分析高压电安全设计要素，针对燃料电池系统的特殊性，如氢电共存、电堆的绝缘电阻设计等，进行详细分析及说明。

7.1.1　人员防护总则

对燃料电池汽车而言，触电防护直接关系到人身安全，所以在高压电安全设计中，触电防护是重点。在 GB 18384—2020《电动汽车安全要求》中针对触电防护做了详细的规定。触电防护的措施主要包括基本防护要求和单点失效防护要求。基本防护要求主要是零部件的防护设计，通过绝缘、遮拦或者外壳的设计，防止人员与带电部分直接接触；单点失效防护的主要措施是电位均衡和绝缘电阻保护。具体触电防护要求见表 7-1。

表 7-1　触电防护要求

触电防护	基本防护要求	防止人员与带电部分直接接触	带电部分基本绝缘设计
			遮拦或外壳，防止接近带电部分
	单点失效防护	电位均衡保护	外露可导电部分与底盘保持点位均衡
		绝缘电阻保护	持续或间隙检测绝缘电阻
			用双重绝缘或加强绝缘代替基本绝缘
			在基本防护之上增加一层或多层绝缘、遮拦、外壳
			足够机械强度和耐久性的刚性遮拦或外壳

在国家标准 GB 18384—2020《电动汽车安全要求》对于人员触电防护的描述中，还定义了触电防护的替代方法。如表 7-2 所示，针对单点失效防护，对绝缘保护材料的要求进行了定义，针对高压设备的遮拦和外壳要求进行了定义。除此之外，为了防止人员对 B 级电压（直流电压 60~1500V，交流电压 30~1000V，定义为 B 级电压）部件误操作导致的电伤害，还要求在醒目的位置上设计警告标记，如动力电池或燃料电池系统外壳上，当移开高压部件的遮拦或外壳，可以露出 B 级电压带电部分时，遮拦和外壳上也应有同样的符号清晰可见。在评估是否需要警告标记时，应当考虑遮拦或外壳可进入和可移开的情况，同时还要求 B 级电压电缆线皮应统一由橙色或橙色套管构成。

表 7-2 触电防护代替方法

触电防护替代方法	绝缘要求	绝缘材料防护	带电部分应全部用绝缘体包裹，且除非破坏否则无法去掉
			能承受高压系统的温度等级和最大工作电压
			绝缘体应有足够的耐电压能力
	遮拦/外壳要求	通则要求	带电部分布置在外壳里或遮拦后，防止接近带电部分
			遮拦/外壳应可以提供足够的机械阻力
			如遮拦/外壳允许直接进入，只能通过工具打开或去掉
			打开外壳或遮拦时断电，如互锁
		遮拦/外壳的防护等级	满足 IPXXB
			客舱或行李舱的遮拦/外壳满足 IPXXD6
		连接部分防护等级	手动断开后带电的未连接部分满足 IPXXB

1. 耐压要求

针对遮拦或外壳以及绝缘材料，国家标准 GB 18384—2015《电动汽车安全要求》中明确提出了耐压的要求。耐压试验的主要目的是考核 B 级电压回路的绝缘防护设计是否能满足要求，试验中将测试电压施加在 B 级电压电路彼此连接的带电部分与可导电外壳之间。对于非传导到电网的组件所施加的试验电压应大于组件中实际可能出现的最大电压，应考虑到可预期的瞬态过电压，具体标准参考 GB/T 16935.1—2008《低压系统内设备的绝缘配合 第 1 部分：原理、要求和试验》中的规定。对于传导连接到电网的组件，其标准试验电压为 50~60Hz 的交流电压，历时 1min。耐压测试具体电压要求见表 7-3，试验中不应发生介质击穿或电弧现象。

表 7-3 耐压要求

试验电压		
I 类设备 V（AC）	II 类设备 V（AC）	
	附加绝缘	双重或加强绝缘
$2U+1000$	$2U+2250$	$2U+3250$
U 为设备的最大工作电压		

2. 高压互锁

在触电防护替代方法中提到，如果遮栏、外壳允许直接进入或去掉，则只能通过工具或维修钥匙打开或去掉，或者通过其他方法使B级电压带电部分断电，其中定义了高压互锁的保护设计。高压互锁设计可以有效避免人员被电击伤害，图7-1是高压互锁的基本原理，在车辆运行过程中，由控制器输出一个电压信号，通过线束将高压连接器的互锁线、保护开关、负载1、负载2的互锁线串联在一起，最后回到控制器中。当高压连接器连接良好时，控制器通过返回的信号确认高压电气回路的连续性、完整性，一旦出现电气回路的不连续，如由于某个连接器断开，控制器检测到高压互锁线断开，会控制系统切断高压电源。保护开关还可以避免操作人员在维修车辆时带电操作，可以有效保护人员安全。在车辆运行过程中，如果出现高压连接器脱落等故障，高压互锁也可以发挥一定的作用，因为高压回路断路故障发生时，可能会引起高压电暴露，从而引起高压连接器烧坏等严重后果。

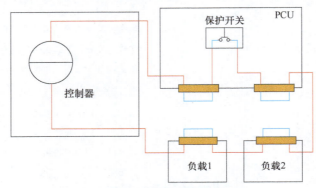

图7-1 高压互锁原理图

3. 绝缘电阻分析

单点失效防护的重点是绝缘电阻防护，标准规定在高压系统最大工作电压下，直流电路绝缘电阻最小值至少大于$100\Omega/V$，交流电路应至少大于$500\Omega/V$。整个系统为满足以上的要求，依据高压电路的结构和组件数量，每个组件应有更高的绝缘电阻。对于燃料电池汽车，标准规定组合电路绝缘电阻至少满足$500\Omega/V$，如果交流电路中应用了附加防护方法来避免单点失效后的触电事故，则绝缘电阻值可以降低至$100\Omega/V$。绝缘电阻可以有效避免人员触电，在图7-2中，U表示动力系统母线高压、R_1表示高压负载、R_p表示高压正极对地绝缘电阻、R_n表示高压负极对地绝缘电阻，R_2表示人员的等效电阻。当人员一手接触高压母线正极，一手接触设备外壳，此时R_2与R_p并联，此时电流从高压正极流出，经电阻$R_2//R_n$⊖回到高压负极，可以算出流过人体的电流$I=U/(R_2+R_n)$，当$R_n=100\Omega/V$时，流过人体的电流值小于10mA。同理，假设操作人员一手接触高压母线负极，一手接触外壳，也可以验证R_p的限值。

将燃料电池汽车的高压系统等效为图7-3的电路模型，其中R_{p1}、R_{n1}分别为动力电池正负极对地绝缘电阻，R_{p2}、R_{n2}分别为燃料电池正负极对地绝缘电阻，R_{p3}、R_{n3}为高压负载正负极对地绝缘电阻。高压母线正极对地绝缘电阻等效值为R_p，则$R_p=R_{p1}//R_{p2}//R_{p3}$，同理高压母线负极对地等效绝缘电阻$R_n=R_{n1}//R_{n2}//R_{n3}$。

⊖ 本书中用"//"表示并联或求并联电阻值。

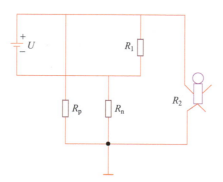

图 7-2 人员触电防护原理

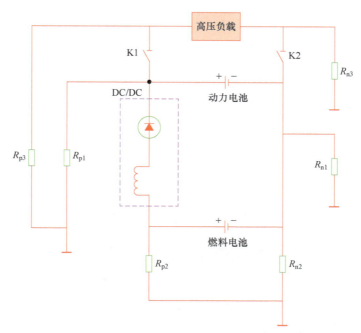

图 7-3 燃料电池绝缘电阻模型

电堆正负极的绝缘电阻是高压系统的薄弱环节，应作为绝缘设计的重点。图 7-4 是电堆的内部示意图，其中 R_1 表示正极端板对地的绝缘电阻，R_2 与 R_3 表示冷却液对地的绝缘电阻，R_4 表示负极端板对地的绝缘电阻。R_1 和 R_4 由高压母排与框体的爬电距离和绝缘材料决定。R_2 和 R_3 是绝缘电阻的关键因素，从图 7-4 中可以看出，导电的双极板与冷却液直接导通，冷却液又经过管路、散热器直接与车身相连，所以冷却液的电导率决定了燃料电池 R_{p2} 的大小，$R_{p2}=R_1//R_2$，$R_{n2}=R_3//R_4$。在燃料电池的冷却系统设计时，要考虑将冷却系统的零部件与车身进行隔离，并尽量使用非金属材料，采用去离子水，增加去离子树脂材料来降低冷却液的电导率，从而提供绝缘电阻。考虑到双极板直接与冷却液导通，冷却液经过硅胶管路进入水泵及散热器，铝制散热器安装在车身上，所以燃料电池的绝缘电阻大幅降低，水的电导率就直接决定了燃料电池的绝缘电阻值。一般要求冷却液的电导率小于 $5\mu S/cm$，才能确保绝缘电阻值满足标准要求。

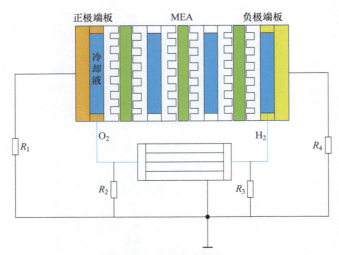

图 7-4　电堆绝缘电阻模型

设计电堆分配头时，可以选择非金属加铝合金的方案。与电堆连接的端板采用铝合金材料，可以保证足够的支撑强度，在铝合金材料中间内嵌的三腔流道，分别对应空气、冷却液、氢气的进出口，图 7-5 为电堆端板设计结构图。冷却液与塑料分配头接触，提高了冷却回路的绝缘电阻值。在空气和氢气路，高湿的气体也会对绝缘电阻产生影响，塑料材质的分配头会提高电堆的绝缘电阻值。

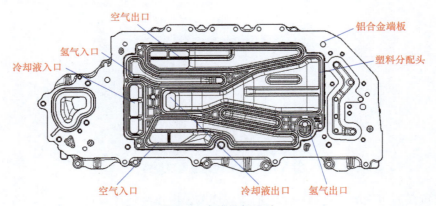

图 7-5　电堆端板设计

除了材料，温度对绝缘电阻值也有影响。随着温度的升高，绝缘体中的原子、分子活动增加，原来的分子结构变得相对松散，离子不断增加。带电的离子在电场的作用下产生移动而传递电子，绝缘材料的性能下降，绝缘电阻降低。图 7-6 是电堆在不同温度下的绝缘电阻测试值，在温度 40℃ 时，系统绝缘电阻大约 600kΩ，当温度升高到 70℃，电阻值下降至 450kΩ。

4. 在线绝缘电阻监控

国家标准 GB 18384—2020《电动汽车安全要求》中要求，如果绝缘电阻无法在所有的运行条件和全生命周期中都满足要求，则必须设计在线绝缘电阻监控，同时规定了绝缘电阻

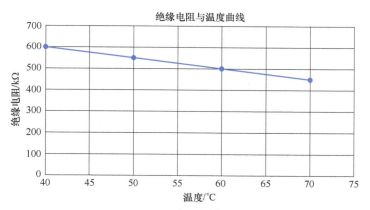

图 7-6 温度与绝缘电阻对应关系

失效时的应对措施。当绝缘电阻低于标准值时,应通过一个明显的信号装置提醒驾驶员,在车辆行驶时可能发生故障,手动或自动进入驱动系统电源切断模式时,应能将电路断开。在故障未排除前,如果系统允许驾驶员强制通电,那么在强制操作时应给驾驶员一个明显的警告。

在线绝缘测量方法为三电压检测法。在图 7-7 中,高压母线正极绝缘电阻 R_p,负极绝缘电阻值为 R_n,整车绝缘电阻取两者之间的较小值。设高压母线电压为 U,正极与地之间的电压为 U_1,负极与地之间的电压为 U_2,根据基尔霍夫定律可得:

$$U_1 + U_2 = U \tag{7-1}$$

$$\frac{U_1}{R_p} = \frac{U_2}{R_n} \tag{7-2}$$

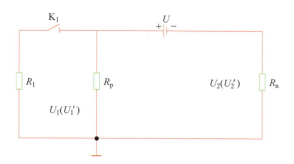

图 7-7 三电压绝缘检测模型

在高压母线的正极和车身地之间插入一个已知电阻值的参考电阻 R_1(R_1 的取值至少为 500Ω/V),并入 R_1 之后,设已知电阻值的电阻 R_1 两端的电压为 U_1',此时 R_n 两端的电压为 U_2',则有:

$$U_1' + U_2' = U \tag{7-3}$$

$$\frac{U_1'}{\dfrac{R_1 * R_p}{R_1 + R_p}} = \frac{U_2'}{R_n} \tag{7-4}$$

当 $U_1 > U_2$ 时,绝缘电阻值为正极对地绝缘电阻 R_p,根据式(7-1)、式(7-2)、式(7-3)、式（7-4）可以算出正端绝缘电阻：

$$R_\text{p} = R_1 \left(1+\frac{U_2}{U_1}\right)\left(\frac{U_1-U_1'}{U_1'}\right) \quad (7\text{-}5)$$

当 $U_1<U_2$ 时，绝缘电阻为 R_n，同理可得负端绝缘电阻：

$$R_\text{n} = R_1 \left(1+\frac{U_1}{U_2}\right)\left(\frac{U_2-U_2'}{U_2'}\right) \quad (7\text{-}6)$$

在线绝缘监控除了可以有效监控高压系统的绝缘情况外，还可以提供防水监控。在绝缘失效的案例中，由于进水导致的绝缘失效最为常见。高压部件的防水设计自身要考虑壳体的 IP 防护等级，通过遮蔽防止 B 级电压电路暴露在水中。一般，高压系统中的零部件应按照 IP67 的防护等级来设计。在车辆运行时，如果高压部件外壳防护失效，导致高压部件进水，则可以通过绝缘检测发现故障。在国家标准 GB 18384—2020 中，在模拟洗车、模拟暴雨以及涉水情况下，测试高压部件的防水性能，主要就是通过绝缘电阻的监测来评估。

5. 电均衡保护

单点失效故障防护除了绝缘电阻，还有一个重要的措施就是电位均衡。通常情况，B 级电压电气设备的外露可导电部分，包括外露可导电的遮拦与外壳，应连接到车身上以保持电位均衡，因此电位均衡保护也称等电位连接。图 7-8 为电位均衡保护下触电的分析。采用等电位连接后，该设备外壳和车身地为相同电位，当该设备正极发生对外壳漏电故障时，即使人员接触到该设备带电的外壳，由于人体被等电位连接线（PE 线）短路，故不会有危险的电流流过，从而避免了电击。电位均衡电流通路的组件（导体、连接部分）应能承受单点失效情况下的最大电流，电位均衡通路中任意两个可以被人同时触碰到的外露可导电部分之间的电阻应不超过 0.1Ω。

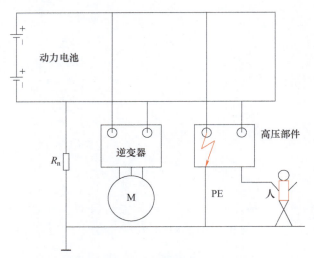

图 7-8　电位均衡保护下触电情况分析

7.1.2　过电流及短路保护设计

1. 过电流保护

燃料电池汽车在运行过程中，工况比较复杂。过电流的情况分为两种情况，一种是电源过电流,包括动力电池过电流和电堆过电流;另一种情况是负载过电流,主要是驱动电机及升压DC/DC过电流。过电流故障会导致高压部件发热,严重时会出现热失控。

(1) 动力电池过电流

电流过大,会对动力电池造成不可逆转的损害。实验表明,放电倍率增加到3C,循环寿命降低到1/3。整车在急加速工况时,动力电池会大倍率放电,从而导致过电流发生。此外,在制动能量回馈时,大电流对动力电池进行充电,容易发生过充。当混动模式下,当整车功率需求下降时,燃料电池降载时也会对动力电池进行充电,如动力电池充电能力不足,会出现过电流故障。整车控制器需要实时检测电池的可充电流及可放电流值,通过控制策略避免动力电池工作在限值以外。

(2) 电堆过电流

电堆在衰减后,相同的电流密度下,电压会下降10%~20%,此时如果输出功率不变,就会造成电堆的输出电流增大,发生过电流故障。当电堆性能下降后,要通过对电堆的功率进行限制,防止过电流发生。

(3) 电机过电流

当动力电池电压较低,电机大功率输出时会出现电机过电流故障,同时IGBT、转子故障等也会造成电机过电流。

(4) 升压DC/DC过电流

当动力电池电压较低时,燃料电池持续大功率输出时,电流持续增大会导致DC/DC过电流。另外一种情况是,在电机快速加载时,如果动力电池的放电速度无法满足电机加载的速度,升压DC/DC后端的电容会快速放电,造成过电流故障。

过电流的情况比较复杂,除了零部件要进行保护,整车控制、燃料电池控制策略上要充分考虑动力电池的充放电能力,提前做好保护,避免出现此类故障的发生。

2. 短路保护

过电流故障如果没有得到有效的保护,就会导致更严重的短路故障发生。一旦发生短路,瞬间短路电流会比原先成倍增长,短路电流会引发高压器件爆炸或引发火灾。短路保护最有效、最直接的方法是在高压回路中配置合适的熔断器。熔断选型分为三个主要步骤,分别是确定熔丝类型、确定 L/R 时间常数、确定额定电流值。

1) 确定熔丝类型,直流短路的特点是电流幅值持续上升有增无减,交流短路的波形特点是振荡过零,电流幅值有增有减,以上的特点就决定了在熔丝选择过程中的不同点。直流短路在开断故障电流时,只能依靠电弧在石英砂填料强迫冷却的作用下,自行迅速熄灭,比开断交流电弧要困难许多。熔片的合理设计与焊接方式,石英砂的纯度与粒度配比、熔点高低、固化方式等因素,都决定着直流电弧强迫熄灭的效能和作用。在相同的额定电压下,直流电弧产生的燃弧能量一般是交流的两倍以上,为了避免熔断器炸裂的事故,直流熔断器的管体一般要比交流熔断器要长,一般来说,直流电压每增加150V,熔断器的管体长度应增加10mm,图7-9为直流熔丝结构示意图。

2) 确定 L/R 时间常数。直流电路系统发生短路故障电流的过程,始终存在着一个交流系统没有的时间常数问题,直流电路系统的时间常数 L/R 值,其中 L 表示系统的等效感抗,R 表示系统的等效阻抗,L/R 对短路电流的大小和发生过程的时间长短具有重要的影响作用,同时还决定了短路电流燃弧过程产生的焦耳积分能量值的大小。不同车型和不同功率的高压系统必然有不同的 L/R 值存在,直流熔断器必须安全可靠地断开在各种 L/R 下发生的

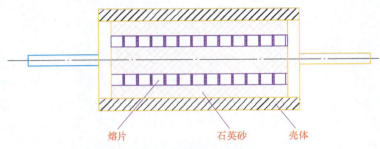

图 7-9　直流熔丝结构图

短路故障电流。一般要求直流熔断器的熔断时间要小于 10ms，可以对高压系统中的 IGBT 起到有效的保护作用，避免 IGBT 在短路发生时发生爆炸等严重事故。

3）确定熔丝额定工作电流，根据负载的额定工作电流值，选取安全系数为 0.7，即可确定熔断器的额定电流，最后再根据熔断曲线来确认熔断时间与电流值的对应关系是否满足要求。

3. 燃料电池短路特性及保护

在高压系统回路里，都要根据负载的特性设计相应的熔断器。考虑到燃料电池堆不是储能装置，短路时的故障表现与动力电池等储能装置不同，实验室常通过短路测试来分析短路电流对燃料电池堆的影响。为了避免持续的短路电流造成不可预测的热失控，导致严重的后果，实验中将燃料电池堆短路的时间选择 10s。图 7-10 为燃料电池堆短路测试示意图，将燃料电池堆与断路器、熔丝、电流表串联，在燃料电池堆发生短路故障时，能够快速地切断氢气供应，分析燃料电池堆的短路电流、电压以及单池电压的变化情况。

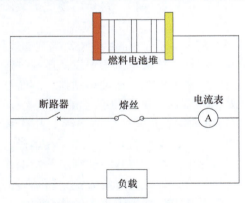

图 7-10　电池堆短路测试示意图

图 7-11 是短路电流的波形图，可以看出从 0~0.5s，短路电流快速上升达到了 1100A，燃料电池堆的电流密度相当于 $5A/cm^2$，是正常电流的十倍。切断氢气供应后，氢氧反应无法继续，短路电流降低。因燃料电池堆中还存有氢气，短路电流值稳定在额定值的两倍，断路器断开后电流将为 0A。

图 7-12 所示为短路故障发生时，燃料电池堆总电压变化的情况，可以看出在短路故障发生时，燃料电池堆的总体电压立刻下降到 0V。燃料电池堆在短路情况下，不再输出能量，从电源变成了消耗能量的负载，因内阻较小，端电压接近 0V。

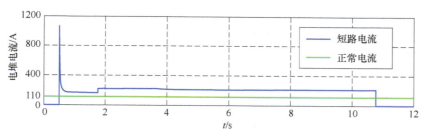

图 7-11 燃料电池堆短路电流

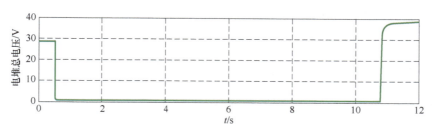

图 7-12 燃料电池堆短路电压

图 7-13 所示为短路故障发生时，单体电池电压的变化情况，可以看出部分单体电池电压下降为 0V，甚至有些单体电池表现出来反极（电压为负值）。燃料电池堆的氢氧反应无法进行，短路电流流过单池时，单体电池作为负载消耗能量，此时单池会快速升温，很快就会烧坏膜电极。

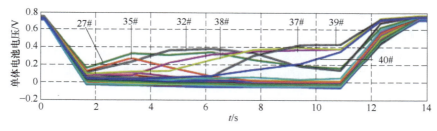

图 7-13 单体电池电压

总体来看，燃料电池堆短路时在 0.5s 内电流会快速上升，切断氢气后电流会下降。如果持续给燃料电池供应氢气，燃料电池堆长时间短路情况下，燃料电池堆单体无法发生化学反应，当电流持续流过膜电极时，会导致膜电极发热烧坏。膜电极一旦破损，会发生氢空窜漏的严重故障。在短路情况下，燃料电池堆回路上设计熔断器可以快速切断电流，有效地保护燃料电池堆不发生严重的热失控。

7.1.3 过电压及欠电压防护

过电压或欠电压故障是燃料电池汽车高压系统中的常见故障，针对该故障，对动力电池及燃料电池的电压监控显得尤为重要。通过实时监控动力电池的电压及单体电压来对高压系统进行保护。在混动模式下，燃料电池系统中的电堆也会出现单低或总压过低的情况，具体分析如下。

（1）动力电池单体过电压或欠电压

当某只单体的电压超过了规定允许使用的电压即单体过电压时，为达到保护的目的，动力电池只允许放电不允许充电。如果单体过电压的情况持续恶化，发生严重故障，则需要断开电池输出的高压接触器，切断动力电池高压连接。与此类似，单体欠电压故障的处理策略则是需要限制电池放电，电机要限功率或者直接切断动力输出，严重故障时断开动力电池高压接触器。

（2）动力电池总压过电压

整车在运行过程中，如 SOC 较高，可充电电流限值很小，这时如果电机制动时，继续大电流给动力电池充电，则容易出现过电压。相同的情况，在混动模式下也会发生。燃料电池持续给电池充电，也会造成电池过电压，这类故障可以通过控制策略来避免。

（3）动力电池总压欠电压

在低温环境下，电池内阻较大，可放电电流限值较小，如果电机大功率拉载，电池电压会快速下降，触发欠电压报警。在 SOC 较低时，大电流放电也会导致电池欠电压。整车控制器在设定电机转矩时，需实时监控动力电池的放电能力，限值电机功率来保护电池出现欠电压。

（4）燃料电池堆欠电压

燃料电池堆发生氢压化学反应，控制系统实时监控单池电压，预防发生单体故障。燃料电池堆发生欠电压时，极有可能是发生反极现象，阳极水堵、欠气时，单池不参与化学反应，变成负载发热，单体电压甚至会出现负值，如果不进行关机处理，质子交换膜很快就会烧坏。在燃料电池控制策略中，一旦出现欠电压，要立刻关闭燃料电池，防止更严重的故障发生。

（5）升压 DC/DC 过电压

在混动模式下，当燃料电池正常工作时，如果高压系统发生故障，如动力电池继电器异常断开，燃料电池无法快速降载，燃料电池堆中的电能会导致 DC/DC 后端电压快速升高，严重时会导致 DC/DC 电容爆炸，所以针对 DC/DC 输出端的过电压故障要有针对性的保护措施。

7.1.4 预充电保护

高压回路存在有容性负载，根据容性负载在电路中的瞬态特性，在接通高压回路的瞬间，容性负载导致高压回路瞬时短路，这时系统大电流会对整个高压系统产生电流瞬态冲击。为了避免接通高压回路瞬间对高压系统用电器造成损害，需要对高压电系统进行上电防电流瞬态冲击设计，即为预充电过程，一般通过引入预充电继电器来控制预充电阻接入的方法来实现预充电过程控制。图 7-14 所示为高压系统预充的示意图，图中 R_1 为预充电阻，K_1 为预充继电器，K_2 为主继电器，C_1 为高压母线等效电容，R_2 为等效负载，U_b 表示动力电池电压。高压上电时，首先闭合 K_1，通过 R_1 给 C_1 充电，当母线电压大于 U_b 电压 90% 时，闭合 K_2，断开 K_1，预充上电完成。通过预充电电阻的设计可以有效避免高压系统上电瞬态冲击导致的严重失效故障。

图 7-14 中 U_b 为动力蓄电池的电压值，U_s 为预充电阻两端电压值，U_c 为高压回路等效电容两端电压值，I_p 为回路电流。根据基尔霍夫电压定律，再根据电压电流关系可得：

$$U_b = U_s + U_c \tag{7-7}$$

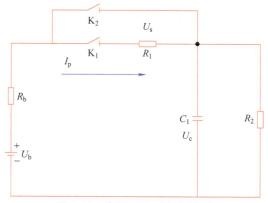

图 7-14 高压系统预充电模型

$$U_s = RI_p \tag{7-8}$$

$$I_p = \frac{C\mathrm{d}U_c}{\mathrm{d}t} \tag{7-9}$$

根据式（7-7）、式（7-8）、式（7-9）可得：

$$\frac{RC\mathrm{d}U_c}{\mathrm{d}t} + U_c = U_b \tag{7-10}$$

当预充电开始时，$t=0$，$U_c=0$，则有：

$$U_c = U_b(1 - \mathrm{e}^{-\frac{t}{RC}}) \tag{7-11}$$

对式（7-11）进行变换，可以得到充电时间 t 与等效电容 C 的关系，如式（7-12）所示：

$$C = -\frac{t}{R\ln\left(1 - \dfrac{U_c}{U_b}\right)} \tag{7-12}$$

式中　t——充电时间（s）；
　　　R——电阻（Ω）；
U_c、U_b——电压（V）；
　　　C——等效电容（F）。

7.1.5　下电残余电量释放

在燃料电池汽车中，残余电量释放包括两方面的来源。第一是燃料电池堆中残余的电量释放。氢氧反应产生电能，在燃料电池关机时，燃料电池堆中有氢氧存在，燃料电池堆会一直处于缓慢发电状态，直到氢气消耗完，此时燃料电池堆中的电能就会一直存在，无法消耗。残余电量释放的方法是在关闭氧气的情况下，通过升压 DC/DC 拉载，快速将电量降低到安全电压以下。第二是高压电容电量释放。高压电容释放分为主动放电与被动放电。主动放电时通过电机将高压电容中的电消耗掉，被动放电则是通过电阻来进行消耗。图 7-15 中，C_1 表示 DC/DC 高压侧电容，C_2 表示电机控制器电容，在混动下电后，根据下电指令，断开动力电池继电器 K_2，但是 C_1、C_2 中仍有高压电存在，所以需要将电容中的电量释放掉。电阻 R_1 为被动放电电阻，当电机出现故障，无法放电时，通过 R_1 将电容中的电消耗掉。

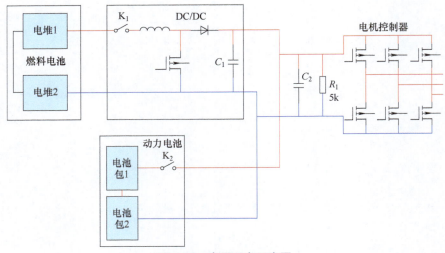

图 7-15　高压下电示意图

图 7-16 所示为被动放电简化原理图，图中 R 表示放电电阻，C_1 表示高压系统等效电容值（为图 7-15 中 C_1 和 C_2 的并联），U_c 为下电时电容两端的电压值，I_c 为放电电流。U_e 表示放电终止时的电压值，一般设定为 60V。

$$t = RC \times \ln \frac{U_c}{U_e} \tag{7-13}$$

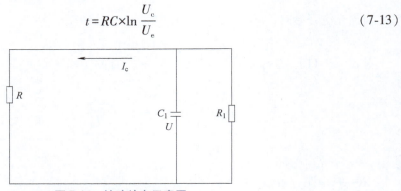

图 7-16　被动放电示意图

7.2　燃料电池堆高压安全设计

确定了整车高压电安全设计要素，在具体的工程实现中，要结合整车开发流程，在设计初期明确高压电安全的设计目标，如绝缘等级、耐压等级、防护等级等，然后在系统及零部件设计阶段，将高压电安全功能及设计目标分解到各个子系统和零部件的设计要求中去。

7.2.1　高压电安全设计的一般指标

基于高压电安全设计要素中的要求，结合标准中的定义，制定整车高压电安全设计指标。设计指标中包含了高压系统设计参数以及功能安全定义，同时零部件的设计指标要与整车高压电安全设计指标相对应。高压电安全的功能定义实现，除了高压系统中涉及的零部件，还需要和整车控制器配合，从而实现高压电安全防护功能，表 7-4 为高压电安全设计指标定义。

表 7-4 高压电安全设计指标

项目	参数	执行标准
整车绝缘等级	500Ω/V	GB 18384—2020
整车耐压等级	2U+1000V	GB 18384—2020
高压部件防护等级	IP67/IPXXB	GB 18384—2020
功能安全	在线绝缘监测	GB 18384—2020
功能安全	电位均衡保护	GB 18384—2020
功能安全	高压互锁/功能互锁	GB 18384—2020 GB 18487—2017
功能安全	过流及短路保护	GB 18384—2020 GB 38031—2020
功能安全	过压及欠压保护	GB 18488—2015
功能安全	预充保护	GB 18487—2015
功能安全	主动/被动放电	GB 18487—2015
功能安全	碰撞检测	GB/T 31498—2021

7.2.2 整车高压系统架构及安全指标分解

图 7-17 是燃料电池汽车动力系统框图，从图中可以看出，整车的高压部件包括燃料电池系统、空压机、升压 DC/DC、电机控制器及驱动电机、12VDC/DC、空调压缩机、高压风扇控制器、水暖加热器、动力电池及车载充电机。其中动力控制单元（Power Control Unit，PCU）将高压配电功能与升压 DC/DC 集成在一起，高压电安全模块与动力电池管理系统集成在电池箱中。

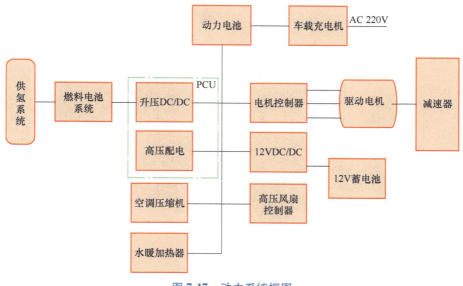

图 7-17 动力系统框图

表 7-5 是动力系统零部件的主要参数，高压系统额定电压 355V，燃料电池 36kW，电压范围 120~240V，驱动电机峰值功率 45kW，峰值功率 115kW。

表 7-5 高压系统参数表

零部件	项目	参数
动力电池	额定电压/V（DC）	355.2
	电压范围/V（DC）	288~400
	容量 Ah	32
	能量 kW·h	11.37
电堆	额定电压/V（DC）	160
	电压范围/V（DC）	120-240
	额定功率 kW	36
升压 DC/DC	输入电压/V（DC）	120~220
	输出电压/V（DC）	250~450
	额定功率 kW	45
	升压比	≤5
驱动电机	额定电压/V（DC）	350
	电压范围/V（DC）	280~450
	额定/峰值功率 kW	45/115

图 7-18 是整车布置示意图，其中燃料电池系统、升压 DC/DC、空压机、电机控制器、驱动电机及减速器、12V DC/DC、空调压缩机位于前舱，动力电池、水暖加热器安装在地板下，车载充电机安装在后行李舱，基于零部件的布置位置来确定零部件的防护等级。

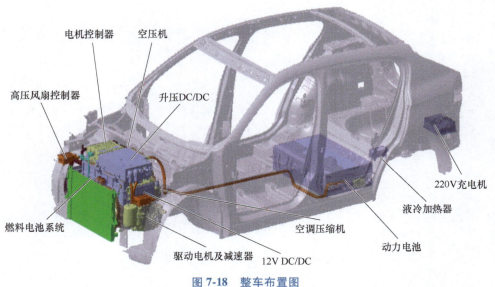

图 7-18 整车布置图

根据高压电安全设计指标，定义零部件的耐压、防护及静态绝缘电阻值。耐压等级按照要求取 $2U+1000V$。根据零部件的布置位置，位于地板下的零件定义成 IP67，前舱上部的定义成 IP65，行李舱干区的定义成 IP55，绝缘电阻整车要求 $500\Omega/V$，零部件的高压安全设计指标要求见表 7-6。

表 7-6 零部件高压安全设计指标

零部件	耐压等级/V（AC）	防护等级	静态绝缘电阻/MΩ
燃料电池系统	2000	IP65	2
空压机及控制器	2000	IP65	20
升压 DC/DC	2000	IP65	20
动力电池	2000	IP67	10
电机控制器	2000	IP65	20
驱动电机	2000	IP67	20
12V DC/DC	2000	IP65	10
空调压缩机	2000	IP65	10
高压风扇控制器	2000	IP65	10
高压风扇电机	2000	IP67	10
水暖 PTC	2000	IP67	10
车载充电机	2000	IP55	10

7.2.3 燃料电池绝缘电阻及防护

燃料电池系统绝缘电阻取决于零部件的绝缘电阻并联后的值，其中关键的因素是电堆。在绝缘设计中要考虑电堆与框架之间的绝缘防护、高压连接部分的绝缘防护。另外冷却回路的设计对系统的绝缘电阻值影响很大，要单独对冷却回路进行防护设计以提高系统的绝缘电阻值。

1. 电堆与框架绝缘

电堆用固定支架安装在铝合金框架内，电堆是可导电的，为了提高电堆的绝缘等级，在电堆上增加了绝缘防护层。绝缘层在可导电部分与金属框架之间增加了防护，同时又可以起到密封的作用，防止氢气泄漏到框架中。电堆底部与框架间隙最小的地方，爬电距离大于 40mm，图 7-19 为电堆与框架布置示意图。

电堆单片电压采集需要安装电压采样线，为避免可导电部分外露，在电压采样点外部设计了图 7-20 所示的护板，护板采用 PA66 材料，通过隔离的方式增加绝缘电阻值，防止高压部分与框架直接接触或者安全距离不够。

2. 高压连接部分绝缘设计

电堆的正负极端子为镀金材料的导电柱，导电柱选用塑料外壳的高压连接器来进行防

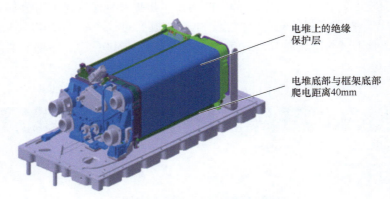

图 7-19　电堆与框架布置示意图

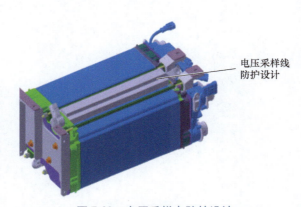

图 7-20　电压采样点防护设计

护，通过高压线束将电堆的正负极输出到框架本体上的连接器上。连接器防护等级为 IP67，高压导线耐压等级 2500V（DC）。框架本体连接器正负极之间距离 60mm，同时在连接器的连接处增加塑料材料的防护套，保证连接器与框架支架的绝缘防护，具体设计见图 7-21 所示。

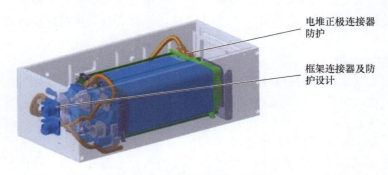

图 7-21　电堆高压连接防护设计

3. 冷却回路与绝缘电阻设计

燃料电池系统的绝缘电阻取决于冷却回路的设计。电堆散热时，冷却液流经双极板、分配头、散热器、水泵等部件。当冷却液的电导率较高时,会通过可导电的零部件直接与车身相连,导致燃料电池的绝缘电阻降低。在设计中,应将冷却回路与车身进行隔离设计,同时通过去离子装置降低冷却液的电导率,从而提供燃料电池的绝缘等级。图7-22所示为燃料电池冷却系统回路原理图,电堆、节温器、水泵组成冷却系统的小循环,中冷器与去离子器串联后与电堆并联。当温度升高后大循环打开,小循环关闭,冷却液经过散热器、电堆后回到水泵。将冷却系统看成一个完整的总成,则需要将冷却回路与车身隔离开,通过在散热器、中冷器、水泵等可导电部件的安装点上增加绝缘垫隔离,同时去离子器、分配头等零部件应尽可能设计成非金属件。

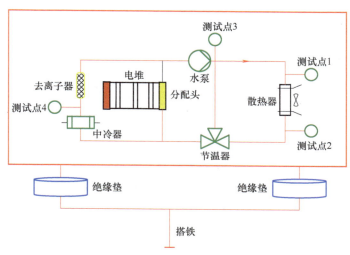

图7-22 冷却系统回路原理图

散热器、中冷器、水泵都是可导电的零部件,为了验证其离子释放情况,分别测试散热器入水口(测试点1)、散热器出水口(测试点2)、水泵出水口(测试点3)、中冷器出水口(测试点4)四个位置的离子释放情况。测试方法为在没有去离子器的情况下,注入电导率为0的去离子水,每12h记录一次测试结果。测试结果见表7-7,测试点2、测试点4的电导率值较高,说明散热器和中冷器是最大的离子释放源。去离子装置通过树脂来净化水中的金属离子,降低冷却水的电导率,从而提高系统整体的绝缘等级。

表7-7 电导率测试结果

时间	电导率			
	测试点1/(μS/cm)	测试点2/(μS/cm)	测试点3/(μS/cm)	测试点4/(μS/cm)
12h	13	38	2.2	7.8
24h	39	53	6	50.8
36h	39	73	6.2	75.3
48h	42	77	6.67	98
60h	44	82	8.8	201

图 7-23 为燃料电池的绝缘电阻值与电导率的关系，可以看出当冷却液电导率在 1μS/cm 时，系统绝缘电阻值在 600kΩ，当冷却液电导率大于 5μS/cm 时，绝缘电阻值下降至 100kΩ，当冷却液电导率接近 20μS/cm 时，绝缘电阻值只有 20kΩ，可见要确保燃料电池的绝缘电阻满足要求，必须严格控制水路的离子释放率。

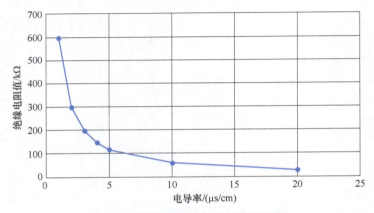

图 7-23　绝缘电阻值与电导率关系图

在冷却回路的隔离处理上，三腔分配头是重点。图 7-24 所示为电堆三腔分配头设计方案，在图中可以看出，电堆端板外侧的分配头主要上集成了空、氢、水三腔的进出口，分配头的材料选用吸水率较低的 PA9T 塑料。当冷却液流过分配头时，相当于在可导电的端板与车身之间增加了一层绝缘层防护，从而避免了冷却液与车身直接相连导致的绝缘程度降低问题。

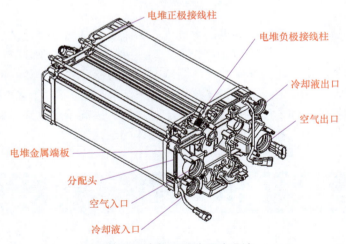

图 7-24　电堆三腔分配头设计

4. 电堆防护设计

图 7-25 是电堆封装的设计图，从图中可以看出，电堆被集成在一个铝合金的集成框架中。集成框架除了给电堆提供安装支撑之外，作为电堆的遮拦或者外壳，还起到触电防护的作用。集成框架的防护等级为 IP65，可以有效地防水，从而避免进水导致的绝缘失效。集

成框架的上盖与本体之间设计 O 形圈起到密封的作用，密封圈的材料选择耐低温性能较好的氟硅胶。在电堆工作的过程中，框架内会存在少量的氢气，同时又存在高压电。为了减少安全风险，在框架上集成了氢气浓度传感器，可以实时地检测框架内的氢气浓度，当氢气浓度超标时，通过通风装置将框架内的氢气排出，除了排出氢气，还可以将框架内的水汽排出，湿度增大会导致高压连接器部分的绝缘下降。为防止通风装置进水，保证系统框架满足 IP65 防护等级，框架上设计的通风口要通过管路连接至燃料电池系统排气管中，框架内的氢气和水汽通过排气管排出系统。

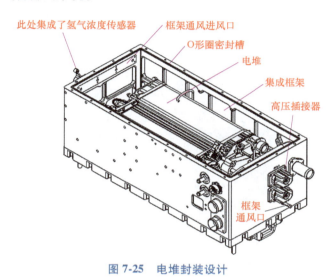

图 7-25　电堆封装设计

7.2.4　动力电池绝缘设计及防护

动力电池是高压电能量储存系统，其高压电的安全设计不可忽视。绝缘设计是电池系统的基本要求，利用不导电的物质将电池系统高压带电体（电芯、铜排、熔丝等）进行隔离、包裹起来，以对触电起保护作用的一种安全措施，绝缘设计是防止人员与带电体直接接触的基本手段。

1. 电芯绝缘防护

电芯是动力电池最基本的能量存储单元，其绝缘设计主要有以下几点。正极与负极集流体间的绝缘，主要依靠电芯隔膜实现绝缘设计，利用隔膜较好的力学性能和绝缘特性保证正负极之间的绝缘。电芯与电池外壳间的绝缘，主要是通过隔膜来实现，在正负极集流体叠片或卷绕完成后，通常再卷绕 2~3 层隔膜以保证电池芯与外壳间的绝缘。电芯正负极极耳与外壳之间的绝缘，通常在极耳与外壳之间增加一层绝缘材料，如软包电芯在极耳和外壳之间增加一层耐高温且具有一定机械强度的绝缘薄膜。钢壳或铝壳电芯在极柱与外壳间增加一个绝缘垫片保证绝缘性能。电芯制造过程中的工艺质量控制对电芯的绝缘性能非常重要，包括设备的操作可靠性和准确度、关键参数的制定和环境的洁净度等。例如，在进行电芯外壳绝缘膜包覆时，需确保外壳表面无较大颗粒附着，若外壳附着颗粒，在后续模组组装装配压紧或模组使用过程中，杂质颗粒可能刺破绝缘膜导致电芯外壳绝缘失效。

2. 电池模块的绝缘防护

电池模组的绝缘设计包括电芯与电芯、电芯与模组机械外壳间的绝缘防护。为了保证电池模组内部电芯间的绝缘性能，在电芯的壳体包上一层绝缘膜，也可在绝缘膜与电芯之间增加一层附加绝缘材料。在装配过程中，一些焊渣进入到电芯与电芯之间，附加的绝缘材料可以避免绝缘膜被穿刺而导致的绝缘故障。在电芯与模组外壳的绝缘设计上，通常在电芯与底板、端板、侧板之间增加一层绝缘膜，确保电芯壳体与模组金属外壳间的绝缘强度。采用液冷方式的模组，电芯产生的热量先传递到与电芯接触的导热板，再传递到与导热板接触的冷却板上，之后通过冷却板内部的循环冷却液带出电池系统外，电芯与冷却板接触的面上涂覆一层导热绝缘材料来提高模块的绝缘性能，如图7-26所示。

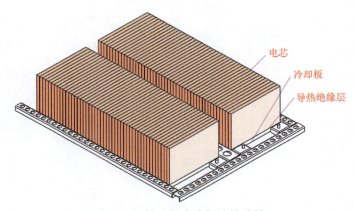

图7-26 模组与水冷板绝缘防护

3. 电池系统总成绝缘防护

电池系统的最高电压一般不超过1000V（DC），电池系统总成级的绝缘设计主要包含模组与模组之间的连接线束、电池箱输出正负极、手动维修开关、继电器、熔丝等部件，所有绝缘设计的部件可以看成对地并联的电阻，部件越多电阻值越低。因此所有需绝缘设计的部件均需满足部件级的绝缘等级要求，以确保系统总成的绝缘性能满足产品的要求。一般电池系统级在全生命周期内的绝缘电阻值需大于$2.5M\Omega$。在图7-27中，电池模组与箱体周围增加绝缘材料隔板防护；继电器，预充电阻等部件安装在绝缘底座上，高压母排上采用绝缘材料包裹，通过以上的隔离措施可以提高电池系统的绝缘电阻等级。

4. 箱体防护设计

在高压带电部件设计中，如果由遮拦或外壳提供防护，带电部件应放在外壳内或遮拦后。正常工作状态下，这些防护应牢固可靠，并耐机械冲击。电池箱体的防护电池系统总成级的绝缘设计非常重用的内容就系统的密封性能，主要是因为水或者水蒸气进入电池包内会引起电池内部的绝缘失效，通常电池包的密封主要考虑接插件的密封性能、贯穿壳体的固定螺栓密封设计以及上下盖之间的密封设计。一般的设计在上盖翻边，且在上下盖之间开槽加O形圈，或者在上下盖之间增加密封胶垫来保证系统的密封性能，同时还要考虑箱体的透气设计。

7.2.5 其他高压安全设计及防护措施

除上述高压安全设计外，燃料电池汽车高压安全设计还需考虑过电流保护、短路保护、

第7章 氢燃料电池汽车高压电安全设计

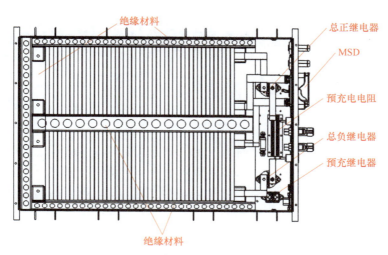

图 7-27 电池系统总成绝缘防护

高压互锁等。

1. 过电流保护设计

动力系统中的核心部件，如动力电池、燃料电池升压 DC/DC，驱动系统中的电机及控制器，自身都考虑了过电流保护设计。电流的测量可以通过分流器或者霍尔传感器来实现。分流器实际上一个阻值很小的电阻，直流电流流过电阻会产生一个电压降，这个电压降就是电流大小的信号，读取这个电压信号就可以测量出电流值，系统也可以选择霍尔传感器来检测电流。关键零部件中都设计了电流采样功能，动力电池严重故障时请求 VCU 下高压，非严重故障采取限功率处理。燃料电池严重过电流时紧急关机处理，非严重故障限功率处理。驱动电机严重故障时切断动力，限制电机输出转矩，非严重故障时限功率。具体过电流保护设计见表 7-8。

表 7-8 过电流保护设计方案

零部件	故障等级	保护限值	处理方式
动力电池过电流故障	1 级	≥230A	请求 VCU 下高压
	2 级	≥220A	限功率 50%
	3 级	≥210A	限功率 70%
动力电池充电过电流故障	1 级	≥190A	请求 VCU 下高压
	2 级	≥180A	取消能量回馈、限功率 50%
	3 级	≥170A	取消能量回馈、限功率 70%
升压 DC/DC 低压端过电流	1 级	≥280A	燃料电池急停
	2 级	≥270A	燃料电池急停
	3 级	≥260A	燃料电池限功率
升压 DC/DC 高压端过电流	1 级	≥140A	燃料电池急停
	2 级	≥130A	燃料电池急停
	3 级	≥120A	燃料电池限功率

(续)

零部件	故障等级	保护限值	处理方式
电机控制器	1 级	≥420A	切断动力
	2 级	≥410A	切断动力
	3 级	≥400A	限电机功率

2. 短路保护设计

图 7-28 是高压系统详细设计的原理图,在图中可以看出,在燃料电池以及动力电池的熔断器集成在手动维修开关(Manual Service Disconnect,MSD)中。高压负载的熔断器集成在 PCU(升压 DC/DC 及 PDU)中。动力电池的 MSD 除了可以保护电池包短路,其他高压系统的负载单独设计熔断器。

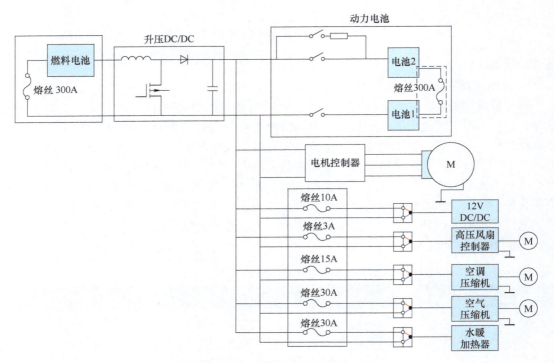

图 7-28　熔断器保护原理图

表 7-9 为高压部件的额定功率、电流值以及熔断器规格参数,根据布置位置的不同,熔断器集成在不同的零部件中。

表 7-9　零部件高压参数及熔断器选型

高压部件	额定功率/kW	电流值/A	熔断器/A	安装位置
动力电池	42（70@10s）	120（200@10s）	300	MSD
燃料电池	36	200	300	MSD

（续）

高压部件	额定功率/kW	电流值/A	熔断器/A	安装位置
高压风扇控制器	0.8	2.25	3	PCU 内
空调压缩机	3	10	15	PCU 内
空气压缩机	5.7	20	30	PCU 内
12V DC/DC	1.8	6.25	10	PCU 内
水暖加热器	5.5	19	30	PCU 内

图 7-29 中为高压负载的熔断器的安装示意图，熔断器安装在绝缘的底座上，通过高压导线与母排连接，再通过连接器输出至高压负载，起到短路保护的作用。

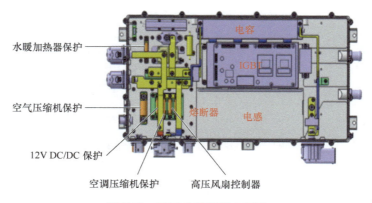

图 7-29　PCU 内熔断器布置图

3. 高压互锁设计

高压互锁功能实现由高压电安全模块实现。在车辆上电控制过程中，当高压电安全模块接收到整车控制器的上电指令后，检测到 HVIL 无故障，开始进入预充电过程，否则禁止接通动力系统回路并上报故障。在车辆运行过程中，为了确保动力系统回路用电安全，避免对乘客或车辆造成损害，系统进入实时故障诊断状态，根据发生故障的严重程度进行故障处理。在图 7-30 中，可以看出动力电池连接器、MSD、燃料电池连接器、电机控制器、空调压缩机、高压风扇等输出连接器都设计了高压互锁功能。在 PCU 的盖板上还设计了接触开关，操作人员在高压状态下打开盖板，整车会立即切断高压，防止人员受到电击伤害。

高压互锁端子与连接器一体式设计，高压连接器自身具备二次锁功能，即在安装或拆除连接器时，至少要通过两套锁止机构来确保连接可靠，同时还应具备可靠的防振动及冲击。高压互锁端子的设计也需要考虑可靠性，防止出现误报警。

4. 预充设计方案

预充保护功能由高压电安全模块实现，图 7-31 为预充保护上电控制流程图，整车上电时，先闭合负极继电器，再闭合预充继电器，当母线电压大于电池电压 90% 时，闭合总正继电器，预充完成。

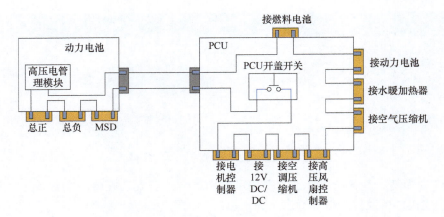

图 7-30　高压互锁设计图

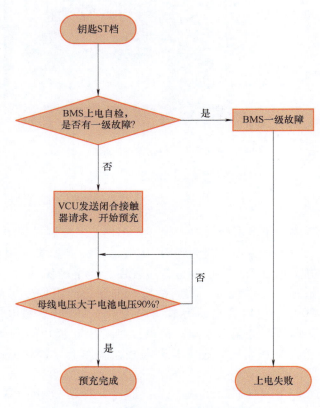

图 7-31　预充保护上电控制流程图

表 7-10 为高压系统母线电容统计值。根据第 6 章的计算公式，计算充电电流值、预充时间，以及电阻的放热量。分别设定预充电阻值为 60Ω、75Ω、150Ω，综合考虑预充时间与发热量，选择电阻 150Ω，功率要求大于 150W，预充时间 2.5s。

表 7-10　高压系统母线电容统计表

零部件	电容值/μF
电机控制器	1000
升压 DC/DC	660
高压风扇控制器	0.47
空调压缩机	220
空压机控制器	3920
合计	5800.94

预充电阻的大小会决定预充完成的时间以及电阻的发热量，表 7-11 为不同电阻下的预充电时间和电阻发热量，选择 150Ω 的电阻，发热量大约 162W。

表 7-11　预充电阻选型表

电阻值/Ω	预充时间/s	发热量/W	最大电流/A
60	1	405	6.3
75	1.25	324	5.0
150	2.5	162	2.5

5. 过电压及欠电压保护

过电压及欠电压保护功能都是依靠电压检测来进行判断，在动力电池、升压 DC/DC、电机控制器等关键零部件中都集成了电压测量电路。过电压和欠电压的处理方式应根据电源或负载的特性来进行，表 7-12 中详细给出了以上零部件的保护策略，零部件的保护与整车控制策略结合，确保高压系统安全可靠地工作。

表 7-12　过电压及欠电压保护策略

零部件	故障等级	保护限值	处理方式
动力电池单体过电压故障	1 级	≥4.25V	请求 VCU 下高压
	2 级	≥4.23V	充电功率降为 0
	3 级	≥4.2V	充电功率降为 0
动力电池单体欠电压故障	1 级	≤2.5V	请求 VCU 下高压
	2 级	≤2.8V	放电电流降为 0，停机充电
	3 级	≤3V	功率限制 50%
动力电池总压过电压故障	1 级	≥406V	请求 VCU 下高压
	2 级	≥404V	充电功率降为 0
	3 级	≥401V	充电功率降为 0

(续)

零部件	故障等级	保护限值	处理方式
动力电池总压欠电压故障	1级	≤259V	请求VCU下高压
	2级	≤278V	放电电流降为0,停机充电
	3级	≤298V	功率限制50%
升压DC/DC 低压端欠电压故障/电堆总电压偏低故障	1级	≤120V	燃料电池急停
	2级	≤132V	燃料电池急停
	3级	≤144V	燃料电池限功率
升压DC/DC 高压端过电压	1级	≥420V	燃料电池急停
	2级	≥410V	燃料电池急停
	3级	≥400V	燃料电池限功率
升压DC/DC 高压端欠电压	1级	≤220V	燃料电池急停
	2级	≤240V	燃料电池急停
	3级	≤260V	燃料电池限功率
电机控制器过电压故障	1级	≥420V	切断动力
	2级	≥410V	切断动力
	3级	≥400V	限电机功率50%
电机控制器欠电压故障	1级	≤260V	切断动力
	2级	≤270V	切断动力
	3级	≤280V	限电机功率50%

6. 残余电量释放

（1）电堆剩余电量释放

燃料电池关机后，要通过控制策略将电堆中残留的能量消耗掉，防止人员在维修时误操作，导致触电事故。燃料电池系统接收到整车的关机指令后，首先进入吹扫过程，吹扫的目的是将阴极侧的液态水排出电堆。吹扫结束后，空压机停止工作，不再提供空气，电堆的电压不会立刻下降，需要通过负载来消耗。保持升压DC/DC处于工作状态，设定较小的拉载电流，将电压降到安全电压以下（一般定在60V），升压DC/DC电流变为0。电堆电压60V降到10V的过程，需要继续给电堆供应氢气，电堆内部的剩余氢氧继续自反应消耗，直到阴极的氧气耗完大约需要60s的时间。通过这个过程，来保证电堆中不残留能量。当燃料电池系统发生急停故障时，如升压DC/DC严重故障，无法消耗电流，电堆中的高压电则无法释放，针对此类特殊情况，要在电堆外壳上要加上标识说明，防止人员误操作，图7-32为燃料电池系统关机的流程图。

（2）电容剩余电量释放

燃料电池关机完成后，进入纯电动关机流程。整车控制器发出切断高压指令，高压控制模块断开主继电器，此时高压母线上的电容里还存储着电能。整车控制给电机发送主动放电指令或电机放电模式请求，直到母线电压小于60V时，关闭电机使能，图7-33为主动放电流程图。

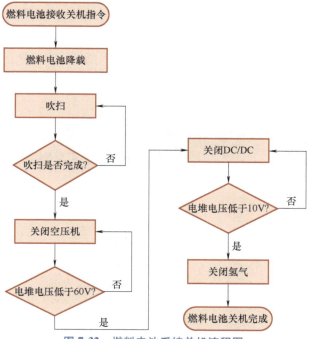

图 7-32 燃料电池系统关机流程图

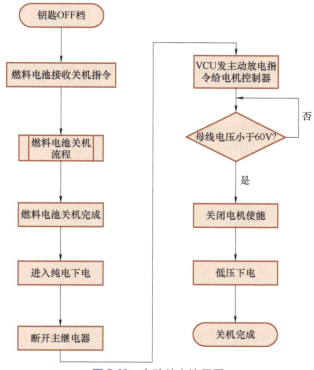

图 7-33 主动放电流程图

7. 碰撞安全设计

碰撞安全设计主要是考虑碰撞开关的选型以及整车控制策略，其中碰撞开关的选择是重点。为保证各种工况下的整车碰撞都能否被探测到，设置两个惯性开关，避免了因某个惯性开关发生故障而导致未检测到碰撞信号的情况。惯性开关1设置在乘客舱右侧A柱下方，惯性开关2设置在后排座椅左侧。分别利用高速碰撞和低速碰撞工况检验高压安全的设计，碰撞的工况包括100%前碰、40%偏置碰撞、侧碰和后碰。表7-13为碰撞开关选型及测试结果。

表7-13 碰撞开关选型及测试结果

序号	工况	模拟结果					
		6g	8g	10g	11g	14g	16g
惯性开关1	26km/h 100%前碰	激活	激活	激活	激活	激活	激活
	26km/h 40%偏置前碰	未激活	未激活	未激活	未激活	未激活	未激活
	26km/h 后碰	激活	激活	激活	激活	不激活	不激活
	26km/h 侧碰	未激活	未激活	未激活	未激活	未激活	未激活
惯性开关2	26km/h 100%前碰	激活	激活	激活	激活	激活	激活
	26km/h 40%偏置前碰	激活	激活	激活	激活	激活	激活
	26km/h 后碰	激活	激活	激活	激活	不激活	不激活
	26km/h 侧碰	激活	激活	激活	激活	激活	激活

从表7-13可以看出，惯性开关1在40%偏置碰撞和侧碰工况下不能被激活，惯性开关2基本能在所有低速工况下被激活，在 $14\sim16g$ 的减速度下，惯性开关出现了无法激活的情况，所以选择 $6\sim11g$ 的惯性开关。整车控制器、高压电安全模块、氢管理控制器接收碰撞开关的硬线信号，当碰撞开关闭合时，输出高电平。控制器一旦检测到低电平，则认为发生了严重的碰撞事故，会切断高压电及氢气供应，从而实现断氢断高压。

8. 高压线束设计

高压线束的设计与所有的高压器件相连，涉及的内容较多，所以高压线束的设计显得特别重要。高压线束设计时，需结合各高压部件的负载特性、额定电流及峰值电流，作为线缆选型的考虑因素，表7-14为各高压部件连接器的输入特性。

表7-14 高压部件电流值

电路类型	部件	额定电流/A	峰值电流/A
DC	动力电池系统	150	270
	燃料电池系统	250	300
	PCU 水泵	1	1.56
	燃料电池水泵	1.2	1.4
	高压风扇	2.5	3.3
	电动空调压缩机	9.4	12.5
	PTC 加热器	17.2	20.6
	燃料电池空气压缩机	17.8	21
AC	驱动电机	170	360

高压连接器种类多,结构复杂,在高压电安全设计中作用很大,一般选型除了考虑连接器的载流能力,还需要满足表 7-15 中的各项要求,主要考虑接插件的防护等级、是否有高压互锁、屏蔽方式,以及是否具备 IPXXB 防护等功能。

表 7-15 高压连接器选型要求

项目	要求
防护等级	IP67
防错等级	安装防错
高压互锁	系统安全保护控制
人员防护	IPXXB
屏蔽	360°屏蔽
出线角度	90°或 180°
插拔力	满足 SAE J 1742 中的要求
插拔次数	50 次
接触电阻	满足 SAE J 1742 中的要求

高压线缆设计要求,高压电缆需考虑耐压等级,耐压等级由导线的绝缘材料所决定,一般耐压等级要求越高,对绝缘材料的要求就越高,除此之外,还要充分考虑导线的屏蔽方式,在复杂的高压电环境中,电磁干扰会非常的严重,良好的屏蔽作用可以降低电磁干扰,提供高压系统的可靠性。另外,导线的温度、转弯半径、颜色等都是选型的要求,如表 7-16 所示。

表 7-16 高压线缆选型要求

项目	要求
绝缘耐压	2000V(AC)
转弯半径	>5D
屏蔽	屏蔽遮盖率>95%
颜色	橙色
温度	105℃

高压线束布置方面,一般要求在底盘下的线束要设计导线槽,避免高压线束在车底布置中低于车身结构件,高压线束保护罩起到固定作用,并更有效的防止沙石、水对线束的损伤;合理设计线束走向并安排固定点,减少长度,避开热源,避免振动磨损;需控制线束与相对运动部件的距离,最后还要考虑维修拆装工艺设计。

本 章 小 结

本章从氢燃料电池汽车高压电安全设计要素和燃料电池堆的安全设计角度介绍了氢燃料

电池汽车高压电安全设计要求。在高压电安全设计要素分析中，从基本防护要求和单点失效防护两个方面介绍了人员防护总则，并针对高压系统及关键部件的故障防护，分别提出了过电流及短路保护设计、过电压及欠电压防护、预充电保护和下电残余电量释放设计；在燃料电池堆的安全设计中，首先对定义和分解高压电安全设计的一般指标，其次，针对燃料电池系统、动力蓄电池、PCU等关键零部件的绝缘电阻设计及防护进行了详细阐述，并对过电流、短路、高压互锁、预充、过电压、欠电压、过电流、残余电量释放、碰撞安全等设计方法进行了详细说明。

思考题

1. 氢燃料电池汽车高压触电防护的措施是什么？具体要求有哪些？
2. 氢燃料电池汽车高压电安全设计的一般指标包括哪些？
3. 氢燃料电池汽车的残余电量来源于哪里？如何释放？

第 8 章 氢燃料电池汽车行驶系统安全设计

汽车行驶系统包括驱动系统、传动系统以及转向系统，燃料电池汽车由于其动力源的特殊性，导致其驱动系统与燃油车型之间有较为明显的差异。燃料电池汽车的传动系统、转向系统与电动汽车的传动架构基本相同。针对燃料电池系统的特点，本章着重介绍氢燃料电池汽车行驶系统的设计。

8.1 驱动系统设计

燃料电池的最佳运行区在中负荷区；当负荷较小（轻载区）时，由于空气压缩机等附件的寄生功率较大，所以系统总体效率较低；当负荷较大（重载区）时，虽然净功率密度较大，但所需燃料及空气量较大，其系统效率下降较快，又由于存在浓度损失，所以电压下降较快。同时，燃料电池在重载区工作对其使用寿命影响较大。因此，为了延长燃料电池的使用寿命，需要将燃料电池尽量控制在中负荷区工作，如图 8-1 所示。

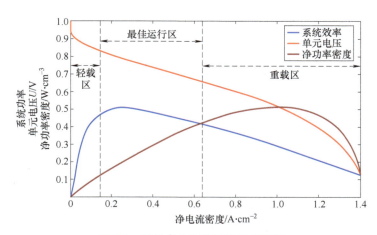

图 8-1 燃料电池系统适应工作区间

目前，燃料电池汽车主要有纯燃料电池或者燃料电池混合其他辅助能量装置两种动力系统结构。以目前燃料电池技术的发展水平，纯燃料电池构型用于中重型商用车，存在着动态响应特性无法满足功率跟随车辆需求、冷启动特性无法覆盖整车行驶工况、无法实现能量回馈功能等问题。现在主流的模式是将燃料电池与辅助电池相结合，该结构动力源的输出以燃料电池为主，以辅助电池为辅。燃料电池与辅助电池结构，通过燃料电池系统和辅助蓄电池系统联合为汽车提供所需要的动力，辅助蓄电池加上 DC/DC，DC/DC 的主要作用是对整流器的输出电压进行平滑滤波，并可吸收高幅值脉动电流，燃料电池系统与辅助蓄电池系统电源协调作用，驱动电机转动将动力传递给传动系驱动车辆前进。

8.1.1 整车高压平台的确定

为减少电功率传输过程中能量损耗、减小高压线束载流量、降低高压配电成本，原则上基于产业化资源，在新能源高压零部件许用电压范围内尽量选用较高的整车高压平台。根据目前市场上的新能源"三电"系统零部件规格，确定整车系统高压平台。

8.1.2 氢燃料电池参数设计

在燃料电池电-电混合电动汽车中，燃料电池要满足：

1）燃料电池堆的能量密度不低于 150~200W·h/kg，功率密度不低于 300~400W/kg，冷启动时间短。
2）附属装置较小，较轻，强度大和可靠性强，在多变的运行情况下正常发挥作用。
3）常温下工作可靠、安全和密封性强。
4）方便补充燃料和维修保养。

根据车辆动力系统结构和控制策略，氢燃料电池系统的输出特性需要满足整车工况运行平均功率和持续高速行驶时的功率需求。

按照持续高速行驶要求确定的功率需求为：

$$P_e = \frac{1}{3600\eta_T}\left(mgf + \frac{C_D A u_{max}^2}{21.15}\right)u_{max} \tag{8-1}$$

式中　P_e——燃料电池输出功率（kW）；
　　　m——整车试验质量（kg）；
　　　C_D——风阻系数；
　　　A——整车迎风面积（m²）；
　　　u_{max}——最高持续车速（km/h）；
　　　f——滚动阻力系数；
　　　η_T——传动效率。

8.1.3 辅助能源参数设计

辅助电池是作为氢燃料电池汽车的燃料电池之外的辅助动力，辅助电池可达到增加车辆续驶里程，提升整车动力性能等目的，亦可在车辆制动时回收制动能量避免能源流失。氢燃料电池汽车的辅助电池需要考虑诸多性能方面的因素，来满足整车的驾驶性能：

1）由于燃料电池系统动态响应较慢，所以辅助电池应该有较高的比功率，来弥补燃料电池的缺点，这样氢燃料电池汽车在起步、爬坡时可以拥有足够的动力。
2）辅助电池应该具有较高的比能量，这样可以保证氢燃料电池汽车的续驶里程更长，也保证了制动能量回收空间的充足。

3）辅助电池应该具有较长的使用寿命和较高的可靠性。

4）辅助电池的制造成本不宜过高。

5）辅助电池应具备安全、环保的特性，要求辅助蓄电池应具有足够的安全性，封装技术过关，不泄漏，发生事故时可以自动切断电源，电池的生产材料尽量环保，减少对水资源、土壤和生态环境的影响。

表8-1列举出了五种辅助电池的基本特点和工作特性，它们分别是铅酸电池、镍镉电池、镍氢电池、锌镍电池和锂离子电池。

表8-1 辅助电池性能情况表

性能	铅酸电池	镍镉电池	镍氢电池	锌镍电池	锂离子电池
比功率/(W/kg)	200~400	250~480	180~200	60~80	400~800
比能量/(W·h/kg)	35~40	60~80	50~60	170~180	100~130
循环次数	350~600	1000~1500	500~1000	200~300	500~1000
制造成本	低	中	高	较高	高
优点	安全、制造成本低	比能量高、内阻小	充放电能力强	工作条件稳定	比能量高
缺点	比能量低、寿命短	污染严重	比能量低	循环寿命低	成本高、高低温性能差

通过表8-1对辅助电池各项性能指标以及工作特点的比较，现在的构型一般是选择锂离子电池作为氢燃料电池汽车的辅助电源，锂离子电池的各项特性均能满足氢燃料电池汽车辅助电池的需求，并且当下锂离子电池的技术相对成熟，目前在新能源汽车方面应用广泛。

动力电池功率根据电机峰值功率和燃料电池功率的差值确定：

$$P_{bat} = i(P_{max} - P_{fc}) \tag{8-2}$$

式中 i——余量系数。

动力电池最小容量由坡路起步工况和百公里加速所需能量确定，考虑到增大电池容量可减小燃料电池在重载区工作的比率，因此在总布置空间允许的前提下，要尽可能地增大动力电池容量。

8.1.4 储氢系统参数

就氢燃料电池汽车而言，如何将燃料供给车载燃料电池是其主要难题。至今，有多种车载储氢方法：在环境温度下，高压储存压缩氢；低温液氢储存；金属氢化物储存法。本章选择适于车用的高压储氢方法作为例子，储氢罐体积可由式（8-3）求得：

$$V = \frac{R \times T \times E_H}{P \times W_H \times H_V} \tag{8-3}$$

式中 V——储氢容器容积（m³）；

P——储氢压力（Pa）；

E_H——所需能量（J）；

R——气体常数[J/(kg·K)]；

T——绝对温度（K）；
W_H——氢的分子量；
H_V——氢的热值（J/kg）。

8.2 传动系统设计

8.2.1 驱动电机参数设计

氢燃料电池汽车只有一个驱动源，因此，其动力系统参数的匹配主要是确定驱动电机的参数，以便选择合适的电机。相关参数包括峰值功率、额定功率、峰值转矩、额定转矩、最高转速等，确定方法具体如下。

1. 电机峰值功率

电机峰值功率由最高车速、最大爬坡度、百公里加速时间确定。

$$P_{\max 1} = \frac{1}{\eta}\left(Mgfu_{\max} + \frac{1}{2}PC_D A\rho_a u_r^3\right) \tag{8-4}$$

$$P_{\max 2} = \frac{1}{\eta}\left(Mgfu_a\cos\alpha + Mgfu_a\sin\alpha + \frac{1}{2}PC_D A\rho_a u_a^3\right) \tag{8-5}$$

$$P_{\max 3} = \frac{1}{\eta}\left(\frac{\delta M}{2t_a}(V_f^2 + V_b^2) + \frac{2}{3}MgfV_f + \frac{1}{5}C_D\rho_a V_f^3\right) \tag{8-6}$$

$$P_{\max} \geq \max(P_{\max 1}, P_{\max 2}, P_{\max 3}) \tag{8-7}$$

式中　$P_{\max 1}$——根据最高车速确定的电机峰值功率（W）；
　　　$P_{\max 2}$——根据最大爬坡度确定的电机峰值功率（W）；
　　　$P_{\max 3}$——根据百公里加速时间确定的电机峰值功率（W）；
　　　$u_{\max}$——最高车速（m/s）；
　　　η——整车传动系传动效率；
　　　M——整车质量（kg）；
　　　g——重力加速度（9.8m/s²）；
　　　f——路面滚动阻力系数；
　　　C_D——空气阻力系数；
　　　A——整车迎风面积（m²）；
　　　ρ_a——空气密度，1.2258kg/m³；
　　　u_r——汽车与空气的相对速度（m/s）；
　　　α——坡度（°）；
　　　u_a——爬坡车速（m/s）；
　　　δ——旋转质量换算系数；
　　　t_a——百公里加速时间（s）；
　　　V_b——电机基速对应的车速（m/s）；
　　　V_f——加速终止的车速（m/s）。

2. 电机额定功率

电机额定功率由最高车速确定：

$$P_e = \frac{1}{\eta}\left(Mgfu_{a\max} + \frac{1}{2}PC_DA\rho_a u_{\max}^3\right) \tag{8-8}$$

式中　P_e——电机额定功率（W）。

3. 电机最高转速

电机最高转速确定公式：

$$n_{\max} = \frac{1}{0.377}\frac{u_{\max}i_g i_0}{r} \tag{8-9}$$

式中　$n_{\max}$——电机最高转速（r/min）；
　　　i_g——变速器速比；
　　　i_0——主减速器减速比；
　　　r——轮胎滚动半径（m）。

4. 电机峰值转矩

$$T_{\max} = \frac{Mgf\cos\alpha + Mg\sin\alpha + \frac{1}{2}C_DA\rho_a u_a^2}{\eta i_g i_0} \tag{8-10}$$

式中　$T_{\max}$——电机峰值转矩（N·m）。

5. 电机的额定转速和转矩

电机额定转速和转矩确定公式：

$$n_e = \frac{9549 P_{\max}}{T_{\max}} \tag{8-11}$$

$$T_e = \frac{9549 P_e}{n_e} \tag{8-12}$$

式中　n_e——电机的额定转速（r/min）；
　　　T_e——电机的额定转矩（N·m）；
　　　P_e——额定功率（kW）。

8.2.2　变速器和主减速器参数设计

1. 传动系最大和最小传动比的确定

确定传动系最大传动比时，需考虑最大爬坡度、附着力、最低稳定车速等因素。以最大爬坡度确定的传动系最大传动比需求为：

$$\frac{T_{\max}i_{\max}\eta_T}{r} = mg\sin\alpha_{\max} + mg\cos\alpha_{\max} \tag{8-13}$$

以附着力确定的传动系最大传动比需求为：

$$\frac{T_{\max}i_{\max}\eta_T}{r} = \phi mg \tag{8-14}$$

式中　$i_{\max}$——传动系最大传动比；
　　　$T_{\max}$——驱动电机峰值转矩（N·m）；
　　　η_T——传动效率；
　　　r——车轮滚动半径（m）；

α_{max}——最大爬坡度（°）；

ϕ——道路附着系数。

确定传动系最小传动比时，需考虑满足最高车速。以最高车速确定的传动系最小传动比需求为：

$$u_{max} = 0.377\left(n_{max}\frac{r}{i_{min}}\right) \tag{8-15}$$

式中　u_{max}——最高车速（km/h）；

n_{max}——驱动电机峰值转速（r/min）；

r——车轮滚动半径（m）；

i_{min}——传动系最小传动比。

依据车辆设计参数和性能指标，根据最大爬坡度、附着力确定的传动系最大传动比应介于 27.57~44.14 之间。

2. 变速器和主减速器的传动比

依据上述传动系参数需求和主减速比确定的变速器最低挡传动比需介于 5.24~8.39 之间，最高挡传动比需不大于 1.14。

8.3　转向系统设计

虽然国内外氢燃料电池汽车技术取得了很大进步，但是氢燃料电池动力系统技术仍尚未成熟，存在集成化程度低、体积大、质量重等缺点，导致同平台的燃料电池汽车相比传统汽车质量及轴荷增大，转向系统需要具备较大的转向助力能力。现阶段国内外氢燃料电池汽车主要是以传统轿车平台为基础，通过动力系统替换和整车适应性改造而实现的，前舱转向系统布置空间有限，为方便布置和结构匹配容易实现，需要结构紧凑、模块化集成度高的动力转向系统。由于氢燃料电池汽车取消了内燃发动机，原来依靠发动机带动提供转向助力的动力转向泵失去动力源，传统的液压动力转向系统（Hydraulic Power Steering System，HPS）已无法适应燃料电池汽车的要求，转向系统需要自带独立的转向动力源。

能满足氢燃料电池汽车上述特点和要求的助力转向系统主要有电动液压助力转向系统（Electro Hydraulic Power Steering System，EHPS）和电动助力转向系统（Electric Power Steering System，EPS）。EHPS 系统可以充分利用传统的液压动力转向系统技术，沿用较多成熟的 HPS 系统零部件，实现节能，提高转向性能。但液压装置仍存在难以克服的环保问题，因此 EHPS 是传统转向技术向未来动力转向技术发展的过渡技术，短期可以满足燃料电池汽车技术研发的需求，但无法成为燃料电池汽车产业化转向技术的发展方向。而 EPS 系统没有液压装置，更加节能环保，且模块化集成度高，转向性能和安全性方面也比 EHPS 系统更佳，在传统汽车上已得到广泛的应用，适合燃料电池汽车转向技术的要求，已成为氢燃料电池汽车转向技术发展的主流。

8.3.1　电动助力转向系统组成和工作原理

氢燃料电池汽车电动助力转向系统跟传统汽车的电动助力转向系统基本组成和工作原理类似。

1. 电动助力转向系统基本组成及工作原理

氢燃料电池汽车的电动助力转向系统（EPS）是一种直接依靠电机提供辅助转矩的动力转向系统，根据不同的使用工况控制电动机提供不同的辅助动力。它的主要部件包括转向轴、转向器、减速机构、电机、传感器和电子控制单元（Electric Control Unit，ECU）等，图 8-2 为 EPS 系统的实物图。

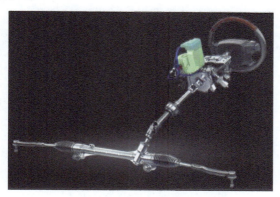

图 8-2　EPS 系统的实物图

电动助力转向系统的转向轴由转向输入轴和转向输出轴组成。转向输入轴通过转向管柱与转向盘连接。转向输出轴与转向器连接，通过转向器的转向拉杆控制车辆的车轮转动。转向输入轴与转向输出轴通过扭杆连接，转矩传感器安装在转向输入轴与转向输出轴之间。当转向轴转动时，在扭杆作用下，转向输入轴相对于转向输出轴有角位移，转角传感器开始工作，此时将产生的相对转角转变成电信号传给 ECU。ECU 根据转矩传感器、车速传感器和转角传感器等信号，计算处理控制电机的旋转方向和电流的大小。电机通过减速机构将辅助动力施加到转向系统中，从而完成转向的实时助力控制、回正控制和阻尼控制等功能。

2. 电动助力转向系统的类型及其特点

氢燃料电池汽车电动助力转向系统根据电机布置位置的不同，主要分为 3 种类型：转向轴助力式（C-Electric Power Steering System，C-EPS）、齿轮助力式（P-Electric Power Steering System，P-EPS）和齿条助力式（R-Electric Power Steering System，R-EPS），见图 8-3。

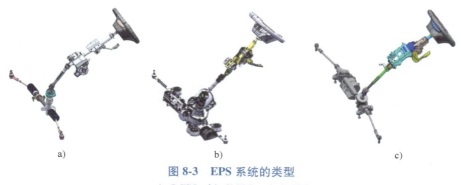

图 8-3　EPS 系统的类型
a) C-EPS　b) P-EPS　c) R-EPS

各种类型的电动助力转向系统，其选用的电机类型、转向器具有的齿条力能力和布置均具有各自的特点，表 8-2 为各种类型的电动助力转向系统对比。

表 8-2 各种类型的电动助力转向系统对比

助力类型	转向齿条力适用范围		布置特点
	电机类型	齿条力范围/kN	
C-EPS	有刷电机	2.5~8	电机、减速机构和 ECU 布置在驾驶室，集成在转向管柱上，电机噪声要求高，防水防尘要求低
C-EPS	无刷电机	5.5~10	电机、减速机构和 ECU 布置在驾驶室，集成在转向管柱上，电机噪声要求高，防水防尘要求低
P-EPS	无刷电机	7~12	电机、减速机构和 ECU 布置在发动机舱，集成在转向齿轮上，防水防尘要求高
R-EPS	无刷电机	7~16	电机、减速机构和 ECU 布置在副车架附近，集成在转向齿条上，防水防尘要求高

8.3.2 电动助力转向系统结构匹配设计

氢燃料电池汽车电动助力转向系统的匹配设计需要综合考虑 EPS 系统的技术要求、安全、布置、成本、重量和开发时间等多种因素。表 8-3 为 EPS 系统匹配设计的主要项目，包括主要关键部件结构选择和相关参数的匹配。

表 8-3 EPS 系统匹配设计的主要项目

项目	说明	项目	说明
转向器结构	根据悬架结构及系统类型选择	转向器齿轮齿条传动比	根据转向灵敏性要求确认
转向器最大齿条力	根据前轴载荷确定	转向齿条行程	根据整车性能和底盘设计硬点确定
减速机构结构	根据系统选型和布置要求确定	电机最大转速	根据电机选型及电机特性确定
电机类型	根据系统选型和助力要求确定	电机最大功率	根据电机选型及电机特性确定
电机最大输出转矩	根据转向轻便性要求确定	电机最大转速	根据电机选型及电机特性确定
转矩传感器	根据系统选型和功能要求确认	转矩传感器	根据系统性能和控制目标要求确认

（1）转向器结构类型选择

转向器又称为转向机、方向机，它的作用是为了增大转向盘作用到转向传动机构的力，并且改变力的传递方向。转向器按结构形式可分为多种类型，目前较常用的有齿轮齿条式转向器、蜗杆曲柄指销式转向器和循环球-齿条齿扇式转向器等。转向器结构类型的选择，主要是根据汽车的类型、前轴载荷、布置要求、使用条件等来决定。另外，还需要考虑其效率特性、角传动比变化特性、装配及维修、寿命和成本等因素。齿轮齿条式转向器是以齿轮和齿条传动作为传动机构，主要由转向器壳体、转向齿轮、轮向齿条、转向外拉杆、转向内拉杆和防尘罩等组成。由于它具有结构简单紧凑、重量轻、刚性大、转向灵敏、制造容易、成本低和正、逆效率都高等特点，适合与麦弗逊式独立悬架配用，在轿车、微型货车和轻型货车上应用广泛。氢燃料电池汽车一般是前置-前轮驱动，前悬架大多数是麦弗逊式独立悬架，普遍采用的都是齿轮齿条式转向器。齿轮齿条式转向器的结构主要是根据转向系统的布置设计和性能要求确定的，性能参数包括齿条行程、齿轮齿条传动比和转向齿条力等，图 8-4

为转向器结构布置示意图。转向器壳体结构是根据整车动力总成布置和尺寸要求,结合副车架的结构形式来确定,包含转向器支架位置和总长度等;转向外拉杆和内拉杆结构不仅需要满足整车轮距、动力总成布置及尺寸要求,而且还应满足摆臂的球头设计硬点要求;转向齿条、转向内拉杆和转向外拉杆直径以及转向齿轮、齿条结构等都需要根据齿轮齿条传动比、转向齿条行程和最大齿条力等性能参数要求确定。

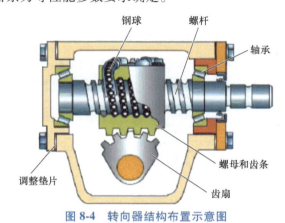

图 8-4 转向器结构布置示意图

(2) 电机类型选择

电机是 EPS 关键部件之一,主要功能是为 EPS 提供助力。目前 EPS 中应用的电机主要有永磁直流电机、异步电机、永磁同步电机,以及正在研究的开关磁阻电机,表 8-4 为 EPS 各种电机的特性分析。EPS 系统对助力电机的基本要求是:低速大转矩、转矩波动小、转动惯量小、功率密度大、效率高、可靠性高、易控制以及较低的噪声等。电机最关键的性能是电机转矩与转速($T\text{-}n$)的特性,它直接影响 EPS 系统的转向助力性能。

表 8-4　EPS 各种电机的特性分析

电机特性	永磁直流电机	异步电机	永磁同步电机	开关磁阻电机
电机可靠性	低	高	中	高
效率	低	低	高	中
功率密度	低	低	高	中
振动、噪声	大	小	小	大
控制难易程度	易	难	中	难
力矩波动	中	中	高	高
温度影响	大	小	大	小
电枢短路影响	有	无	有	无
EMC	高	小	小	中
成本	低	中	高	低
转动惯量	大	中	小	小
应用	C-EPS	P-EPS	所有 EPS	所有 EPS

电机的选型关键是为达到整车对转向系统的性能要求，确定在不同工况下随着转向盘转速的变化所需的转向齿条力、转向盘力矩和电机输出力矩的要求，提出电机转矩和转速特性要求，结合 EPS 各种电机的特性选择合适类型的电机。氢燃料电池汽车一般前轴载荷较大，前舱布置空间有限，需要选择体积小、大功率的助力电机，通过分析 EPS 各种电机的特性可知，氢燃料电池汽车 EPS 系统通常应该选用永磁同步电机。

8.3.3 电动助力转向系统参数匹配设计

齿轮齿条式转向器参数匹配设计，主要是根据氢燃料电池汽车电动助力转向系统技术要求，确定转向器的齿条行程、齿轮齿条传动比和最大齿条力等性能参数。

1. 转向器参数匹配

转向器的齿条行程是指转向齿条左右运动的长度。齿条行程一般是根据转向器的设计硬点和转向角传动比的要求来确定。转向器的最大行程是转向盘从左极端位置到右极端位置时，转向齿条运动的总长度。这个过程中，转向盘的转动圈数被称为转向盘的总圈数。转向器的最大行程对应着转向盘的总圈数。图 8-5 所示为 37 款车转向盘总圈数的统计结果，其中大部分车型的转向盘总圈数在 2.8～3.0 范围内，因此氢燃料电池汽车电动助力转向系统转向盘的总圈数可在此范围内选择。

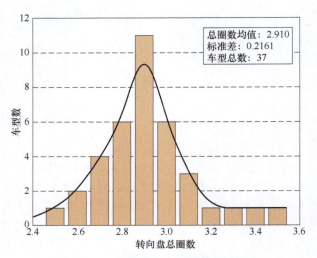

图 8-5　37 款车转向盘总圈数统计结果

P-EPS 系统的转向器齿轮齿条传动比计算公式如下：

$$i_{\text{c-factor}} = \frac{(T_h \times \eta_2 + T_m \times \eta_1 \times i) \times 2\pi \times \eta_3}{F_r} \tag{8-16}$$

式中　$i_{\text{c-factor}}$——转向器齿轮齿条传动比（mm/r）；

T_h——转向盘手力矩（N·m）；

T_m——电机输出转矩（N·m）；

i——蜗轮蜗杆传动比；

η_1——蜗轮蜗杆效率；

η_2——中间轴效率；

η_3——转向器效率；

F_r——转向器齿条力（kN）。

改变转向器齿轮齿条传动比可以通过更改转向器内部的齿轮和齿条结构来实现，内部结构改将不会引起转向器总体的外形尺寸和结构发生变化，对汽车的整体布置没有影响。因此，在转向系统匹配设计中，经常通过改变转向器齿轮齿条传动比来调整转向器的齿条力，这种手段对转向器齿条力的改变明显，调整空间比较大。

2. 转向器最大齿条力

转向时驾驶员作用至转向盘上的手力与转向轮在地面上回转时产生的转向阻力矩有关，影响转向阻力矩的主要因素有转向轴的负荷、轮胎与地面之间的滑动摩擦系数和轮胎气压。精确地计算出转向阻力矩是很困难的，目前常用经验公式计算，计算公式如下：

$$T_r = \frac{f}{3}\sqrt{\frac{G_1^3}{P}} \tag{8-17}$$

式中　T_r——转向阻力矩（N·m）；
　　　G_1——前轴载荷（N）；
　　　P——轮胎气压（Pa）；
　　　f——轮胎与地面的滑动摩擦系数，一般取0.7。

转向器的齿条力是指转向器输出给车轮的力，转向齿条力计算公式如下：

$$F_r = \frac{T_r}{L_0}L_r \tag{8-18}$$

式中　F_r——转向器齿条力（N）；
　　　T_r——转向器输出转矩（N·m）；
　　　L_0——转向节力臂（m）；
　　　L_r——转向器的齿条行程（m）。

一般认为，当汽车原地转向时，转向阻力矩最大T_{rmax}。为克服原地转向时的转向阻力矩，对应的转向器齿条力也最大F_{rmax}。

3. 电机参数匹配

电机的性能很大程度决定了EPS系统的助力能力，因此电机的参数匹配设计尤为重要。电机的参数匹配主要是根据氢燃料电池汽车EPS系统的技术要求，确定电机的最大输出转矩和最大转速。

（1）电机最大输出转矩

汽车在转向时，转向阻力通过驾驶员施加在转向盘上的力矩和助力电机的输出力矩来克服，P-EPS电机输出转矩计算公式如下：

$$T_m = \frac{F_r \times i_{c\text{-factor}}}{2\pi \times i \times \eta_1 \times \eta_3} - \frac{T_h \times \eta_2}{i \times \eta_1} \tag{8-19}$$

式中　T_m——电机输出转矩（N·m）；
　　　F_r——转向器齿条力（kN）；
　$i_{c\text{-factor}}$——转向器齿轮齿条传动比（mm/r）；
　　　T_h——转向盘手力矩（N·m）；
　　　i——蜗轮蜗杆传动比；
　　　η_1——蜗轮蜗杆效率；
　　　η_2——中间轴效率；
　　　η_3——转向器效率。

汽车在原地转向工况时转向阻力最大T_{rmax}，此时需要的电机输出转矩最大T_{mmax}。

（2）电机最大转速

在电动助力转向系统中，电机的转速应随着驾驶员转动转向盘的速度变化而变化。电机转速计算公式如下：

$$n_m = n_h i \tag{8-20}$$

式中　n_m——电机转速（r/min）；
　　　n_h——转向盘的转速（r/min）；
　　　i——蜗轮蜗杆传动比。

当驾驶员以最快转速 n_{hmax} 转动转向盘时，电机应能跟上该转速 n_{mmax}。

汽车转向系统性能影响行车安全，电动助力转向系统已成为氢燃料电池汽车转向技术的主流。燃料电池汽车逐步从目前的小规模量产化和商业化推广阶段向产业化阶段发展，缺少成熟的燃料电池汽车电动转向系统匹配设计方法。通过对燃料电池汽车电动助力转向系统的结构、参数和传感器的匹配设计分析，指出了合理选择转向器结构、减速机构、电机和传感器类型，以及相关参数匹配设计，才能满足氢燃料电池汽车的助力要求。按照转向系统的要求，提出了匹配参数的指标，对氢燃料电池汽车电动助力转向系统的开发具有指导意义。

本章小结

本章针对氢燃料电池汽车驱动系统、传动系统以及转向系统特性，进行针对性的设计。对于驱动系统，需要进行参数匹配，确定高压平台、电池参数以及动力参数；对于传动系统，需要确定电机参数，变速器以及减速器匹配；对于转向系统，需要进行转向机构选型、参数匹配等。

思考题

1. 辅助能源的作用及选型依据是什么？
2. 传动系统设计中具体参数计算是什么？
3. 氢燃料电池轿车电动助力转向系统组成和工作原理是什么？

第 9 章 氢燃料电池汽车制动系统设计

汽车制动系统是用以强制行驶中的汽车减速或停止、使下坡行驶的汽车车速保持稳定，以及使已停止的汽车在原地驻留不动的机构。随着汽车技术的发展和汽车行驶速度的提高，为了保证行车安全，汽车制动系统的工作可靠性显得尤为重要，尤其对于燃料电池汽车，其动力源为易燃、易爆的氢气。同时，也只要制动性能良好、制动系统工作可靠的汽车，才能充分发挥其动力性能。

9.1 制动器的结构方案分析

汽车制动器按其在汽车上的位置分为车轮制动器和中央制动器，前者是安装在车轮处，后者则安装在传动系统的某轴上。车轮制动器主要用作行车制动装置，有的也兼作驻车制动之用，而中央制动器则仅用于驻车制动，当然也可起应急制动的作用。摩擦式制动器按其旋转元件的形状又可分为鼓式和盘式两大类。

鼓式制动器又分为内张型鼓式制动器和外束型鼓式制动器。内张型鼓式制动器的固定摩擦元件是一对带有摩擦蹄片的制动蹄，安装于制动底板上，而制动底板则又紧固于前梁或后桥壳的突缘，其旋转摩擦元件为固定在轮毂上的制动鼓，并利用制动鼓的圆柱内表面与制动蹄摩擦片的外表面作为一对摩擦表面在制动鼓上产生摩擦力矩，故又称为蹄式制动器。外束型鼓式制动器的固定摩擦元件是带有摩擦片且刚度较小的制动带，其旋转摩擦元件为制动鼓，并利用制动鼓的外圆柱表面和制动带摩擦片的内圆弧面作为一对摩擦表面，产生摩擦力矩作用于制动鼓，故又称为带式制动器。由于外束型鼓式制动器通常简称为带式制动器，在汽车上已很少采用，所以通常所说的鼓式制动器是指这种内张型鼓式结构。

盘式制动器的旋转元件是一个垂向安放且以两侧面为工作面的制动盘，其固定摩擦元件一般是位于制动盘两侧并带有摩擦片的制动块。当制动盘被两侧的制动块夹紧时，摩擦表面便产生作用于制动盘上的摩擦力矩。盘式制动器常用作轿车的车轮制动器，也可用作各种汽车的中央制动器。

1. 鼓式制动器的结构形式及选择

如图 9-1 所示为典型鼓式制动器示意图，鼓式制动器可按其制动蹄的受力情况分类，它们的制动效能、制动鼓的受力平衡状况以及车轮旋转方向对制动效能的影响均不同。

制动蹄按其张开时的转动方向和制动鼓的旋转方向是否一致，有领蹄和从蹄之分。制动蹄张开的转动方向与制动鼓的旋转方向一致的制动蹄，称为领蹄；反之，则称为从蹄。

（1）领从蹄式制动器

当汽车前进时制动蹄分为领蹄和从蹄，倒车时制动鼓的旋转方向改变，变为反向旋转，随之领蹄与从蹄也就相互对调了。这种当制动鼓正、反向旋转时总具有一个领蹄和一个从蹄的内张型鼓式制动器，称为领从蹄式制动器。

图 9-1　典型鼓式制动器结构简图

领从蹄式制动器的效能及稳定性均处于中等水平，但由于其在汽车前进和倒车时的制动性能不变，结构简单，造价较低，也便于附装驻车制动机构，故仍广泛用作中、重型载货汽车的前、后轮以及轿车的后轮制动器。

（2）双领蹄式制动器

当汽车前进时，若两制动蹄均为领蹄的制动器，称为双领蹄式制动器。但这种制动器在汽车倒车时，两制动蹄又都变为从蹄，因此，它又称为单向双领蹄式制动器。两制动蹄各用一个单活塞制动轮缸推动，两套制动蹄、制动轮缸等机件在制动底板上是以制动底板中心作对称布置的，因此，两蹄对制动鼓作用的合力恰好相互平衡，故属于平衡式制动器。

（3）双向双领蹄式制动器

当制动鼓正向和反向旋转时两制动蹄均为领蹄的制动器，称为双向双领蹄式制动器。它也属于平衡式制动器。由于这种制动器在汽车前进和倒退时的性能不变，故广泛用于中、轻型载货汽车和部分轿车的前、后轮。但用作后轮制动器时，需另设中央制动器。

2. 盘式制动器的结构类型及选择

按摩擦副中的固定摩擦元件的结构，盘式制动器分为钳盘式和全盘式制动器两大类，图 9-2 所示为典型盘式制动器。钳盘式制动器的固定摩擦元件是两块带有摩擦衬块的制动块，后者装在以螺栓固定于转向节或桥壳上的制动钳体中。两块制动块之间有作为旋转元件的制动盘，制动盘用螺栓固定于轮毂上。制动块的摩擦衬块与制动盘的接触面积很小，在盘上所占的中心角一般仅约 30°～50°，因此这种盘式制动器又称为点盘式制动器。它的结构较简单，质量小，散热性较好，借助于制动盘的离心力作用易于将泥水、污物等甩掉，维修也方便。但由于摩擦衬块的面积较小，单位压力很高，摩擦面的温度较高，故对摩擦材料的要求较高。

图 9-2　典型盘式制动器结构图

（1）固定钳式盘式制动器

在制动钳体上有两个液压缸，其中各装有一个活塞。当压力油液进入两个液压缸活塞外腔时，推动两个活塞向内将位于制动盘两侧的制动块总成压紧到制动盘上，从而将车轮制动。当放松制动踏板使油液压力减小时，回位弹簧又将两制动块总成及活塞推离制动盘。这种形式也称为对置活塞式或浮动活塞式。

固定钳式盘式制动器的优点是制动钳的刚度好，除活塞和制动块外无其他滑动件，但由于需采用两个液压缸分置于制动盘的两侧，使结构尺寸较大，布置较困难；需两组高精度的液压缸和活塞，成本较高；制动热经制动钳体上的油路传给制动液，易使其由于温度过高而产生气泡影响制动效果。另外，由于两侧制动块均靠活塞推动，难于兼用由机械操纵的驻车制动，必须另加装一套驻车制动用的辅助制动钳。

（2）浮动钳式盘式制动器

浮动钳式盘式制动器的制动钳体是浮动的。其浮动方式有两种，一种是制动钳体可做平行滑动，另一种是制动钳体可绕一支承销摆动。因而有滑动钳式盘式制动器和摆动钳式盘式制动器之分。但它们的制动液压缸均为单侧的，且与液压缸同侧的制动块总成是活动的，而另一侧的制动块总成则固定在钳体上。制动时在制动液压力作用下，活塞推动活动制动块总成压靠到制动盘，而反作用力则推动制动钳体连同固定制动块总成压向制动盘的另一侧，直到两制动块总成受力均等为止。

浮动钳式盘式制动器只在制动盘的一侧装液压缸，结构简单，造价低廉，易于布置，结构尺寸紧凑，可以将制动器进一步移近轮毂，同一组制动块可兼用于行车和驻车制动。浮动钳由于没有跨越制动盘的油道或油管，减少了受热机会，单侧液压缸又位于盘的内侧，受车轮遮蔽较少使冷却条件较好，另外，单侧液压缸的活塞比两侧液压缸的活塞要长，也增大了液压缸的散热面积，因此制动液温度比用固定钳时低 $30\sim50℃$，汽化的可能性较小。但由于制动钳体是浮动的，必须设法减少滑动处或摆动中心处的摩擦、磨损和噪声。

与鼓式制动器相比，盘式制动器的优点如下。

1）热稳定性较好。因为制动盘对摩擦衬块无摩擦增力作用，制动摩擦衬块的尺寸不长，其工作表面的面积仅为制动盘面积的 $6\%\sim12\%$，故散热性较好。

2）水稳定性较好。因为制动衬块对盘的单位压力高，易将水挤出，同时在离心力的作用下沾水后也易于甩掉，再加上衬块对盘的擦拭作用，因而，出水后只需经一、二次制动即能恢复正常；而鼓式制动器则需经过十余次制动方能恢复正常制动效能。

3）制动稳定性好。盘式制动器的制动力矩与制动液压缸的活塞推力及摩擦系数呈线性关系，再加上无自行增势作用，因此在制动过程中制动力矩增长较和缓，与鼓式制动器相比，能保证高的制动稳定性。

4）制动力矩与汽车前进和后退行驶无关。

5）在输出同样大小的制动力矩的条件下，盘式制动器的质量和尺寸比鼓式要小。

6）盘式的摩擦衬块比鼓式的摩擦衬片在磨损后更易更换，结构也较简单，维修保养容易。

7）制动盘与摩擦衬块间的间隙小（$0.05\sim0.15mm$），这就缩短了液压缸活塞的操作时间，并使制动驱动机构的力传动比有增大的可能。

8）制动盘的热膨胀不会像制动鼓热膨胀那样引起制动踏板行程损失，这也使间隙自动调整装置的设计可以简化。

9）易于构成多回路制动驱动系统，使系统有较好的可靠性和安全性，以保证汽车在任何车速下各车轮都能均匀一致地平稳制动。

10）能方便地实现制动器磨损报警，以便及时更换摩擦衬块。

盘式制动器的主要缺点是难以完全防止尘污和锈蚀；兼作驻车制动器时，所需附加的驻车制动驱动机构较复杂，因此有的汽车采用前轮为盘式后轮为鼓式的制动系统；另外，由于无自行增势作用，制动效能较低，用于大型轿车时需采用加力装置。

9.2 制动器主要参数的确定

1. 整车基本参数

整车基本参数见表 9-1。

表 9-1 整车基本参数

物理量	代号	单位
整备质量	m_1	kg
满载质量	m_2	mm
轴距（整备/满载）	L	mm
整备质心距前轴中心线水平距离	a_1	mm
满载质心距前轴中心线水平距离	a_2	mm
整备质心距后轴中心线水平距离	b_1	mm
满载质心距后轴中心线水平距离	b_2	mm
整备质心高度	h_{g1}	mm
满载质心高度	h_{g2}	mm
车轮滚动半径 R	R	mm

2. 制动系统的主要参数

制动系统的主要参数包括同步附着系数、制动强度、附着系数利用率、制动器最大制动力矩、制动器因素、制动蹄因素以及制动器的结构参数，其中制动器的结构参数可具体分为鼓式制动器结构参数和盘式制动器结构参数，分别见表 9-2 和表 9-3。

表 9-2 鼓式制动器的结构参数

物理量	代号	单位
制动鼓内径	D	mm
摩擦衬片宽度	b	mm
包角	β	°
摩擦衬片起始角	β_0	°
制动器中心到张开力 P 作用线的距离	a	mm
制动蹄支承点位置坐标	k, c	mm
衬片摩擦系数	f	

表 9-3 盘式制动器的结构参数

物理量	代号	单位
制动盘直径	D	mm
制动盘厚度	h	mm
摩擦衬块工作面积	A	cm^2
摩擦衬块内半径	R_1	mm
摩擦衬块外半径	R_2	mm

3. 制动器主要参数的确定

（1）同步附着系数

同步附着系数是汽车制动性能的一个重要参数，由汽车结构参数所决定。同步附着系数的计算公式如下：

$$\varphi_0 = \frac{L\beta - L_2}{h_g} \tag{9-1}$$

式中　φ_0——同步附着系数。

对于前、后制动器制动力为固定比值的汽车，只有在附着系数 φ 等于同步附着系数 φ_0 的路面上，前、后车轮制动器才会同时抱死。当汽车在不同 φ 值的路面上制动时，可能有以下情况：

1）当 $\varphi<\varphi_0$，制动时总是前轮先抱死。它虽是一种稳定工况，但丧失转向能力。

2）当 $\varphi>\varphi_0$，制动时总是后轮先抱死，这时容易发生后轴侧滑使汽车失去方向稳定性。

3）当 $\varphi=\varphi_0$，制动时汽车前、后轮同时抱死，是一种稳定工况，但也失去转向能力。

为了防止汽车的前轮失去转向能力和后轮产生侧滑，希望在制动过程中，以即将出现车轮抱死但尚无任何车轮抱死时的制动减速度，为该车可能产生的最高减速度。分析表明，汽车在同步附着系数 φ_0 的路面上制动（前、后车轮同时抱死）时，其制动减速度为 $\varphi_0 g$。而在其他附着系数 φ 的路面上制动时，达到前轮或后轮即将抱死时的制动强度 $q<\varphi$，这表明只有在 $\varphi=\varphi_0$ 的路面上，地面的附着条件才得到充分利用。附着条件的利用情况可用附着系数利用率 ε（或附着力利用率）来表达，可定义为：

$$\varepsilon = \frac{F_B}{G\varphi} = \frac{q}{\varphi} \tag{9-2}$$

式中　F_B——汽车总的地面制动力（N）；

　　　G——汽车所受重力（N）；

　　　q——制动强度。

当 $\varphi=\varphi_0$ 时，$q=\varphi_0$，$\varepsilon=1$，利用率最高。

（2）制动强度和附着系数利用率

根据所定的同步附着系数 φ_0，可以得到：

$$\beta = \frac{L_2 + \varphi_0 h_g}{L} \tag{9-3}$$

$$1-\beta = \frac{L_1 - \varphi_0 h_g}{L} \tag{9-4}$$

进而求得：

$$F_{B1} = F_B\beta = Gq\beta = \frac{G}{L}(L_2+\varphi_0 h_g)q \tag{9-5}$$

$$F_{B2} = F_B(1-\beta) = Gq(1-\beta) = \frac{G}{L}(L_1-\varphi_0 h_g)q \tag{9-6}$$

当 $\varphi=\varphi_0$ 时：

$$F_{B1}=F_{\varphi 1}, F_{B2}=F_{\varphi 2} \quad 故\ F_B=G\varphi, q=\varphi; \varepsilon=1$$

当 $\varphi<\varphi_0$ 时，可能得到的最大总制动力取决于前轮刚刚首先抱死的条件，即 $F_{B1}=F_{\varphi 1}$。可得：

$$F_B = \frac{GL_2\varphi}{L_2+(\varphi_0-\varphi)h_g} \tag{9-7}$$

$$q = \frac{L_2\varphi}{L_2+(\varphi_0-\varphi)h_g} \tag{9-8}$$

$$\varepsilon = \frac{L_2}{L_2+(\varphi_0-\varphi)h_g} \tag{9-9}$$

当 $\varphi>\varphi_0$ 时，可能得到的最大总制动力取决于后轮刚刚首先抱死的条件，即 $F_{B2}=F_{\varphi 2}$。可得：

$$F_B = \frac{GL_1\varphi}{L_1+(\varphi_0-\varphi)h_g} \tag{9-10}$$

$$q = \frac{L_1\varphi}{L_1+(\varphi_0-\varphi)h_g} \tag{9-11}$$

$$\varepsilon = \frac{L_1}{L_1+(\varphi_0-\varphi)h_g} \tag{9-12}$$

对于 β 值恒定的汽车，为使其在常遇附着系数范围内 ε 不致过低，其 φ_0 值总是选得小于可能遇到的最大附着系数。所以在 $\varphi>\varphi_0$ 的良好路面上紧急制动时，总是后轮先抱死。

(3) 制动器最大制动力矩

最大制动力是在汽车附着质量被完全利用的条件下获得的，这时制动力与地面作用于车轮的法向力 Z_1，Z_2 成正比。双轴汽车前、后车轮附着力同时被充分利用或前、后轮同时抱死时的制动力之比为：

$$\frac{F_{f1}}{F_{f2}} = \frac{Z_1}{Z_2} = \frac{L_2+\varphi_0 h_g}{L_1-\varphi_0 h_g} \tag{9-13}$$

式中 L_1，L_2——汽车质心离前、后轴距离；

h_g——汽车质心高度；

Z_1——作用于前轴车轮上的地面法向反力（N）；

Z_2——作用于后轴车轮上的地面法向反力（N）。

通常，式（9-13）的比值：轿车约为 1.3~1.6；货车约为 0.5~0.7。

制动器所能产生的制动力矩，受车轮的计算力矩所制约，即

$$T_{f1} = F_{f1}r_e \tag{9-14}$$

$$T_{f2} = F_{f2}r_e \tag{9-15}$$

式中　F_{f1}——前轴制动器的制动力，$F_{f1}=Z_{1}\varphi$（N）；
　　　F_{f2}——后轴制动器的制动力，$F_{f2}=Z_{2}\varphi$（N）；
　　　T_{f1}——作用于前轴车轮上的地面法向反力（N）；
　　　T_{f2}——作用于后轴车轮上的地面法向反力（N）；
　　　r_e——车轮有效半径（m）。

对于常遇到的道路条件较差、车速较低因而选取了较小的同步附着系数 φ_0 值的汽车，为了保证在 $\varphi>\varphi_0$ 的良好的路面上能够制动到后轴和前轴先后抱死滑移（此时制动强度 $q=\varphi$），前、后轴的车轮制动器所能产生的最大制动力力矩为：

$$T_{f1max}=Z_1\varphi r_e=\frac{G}{L}(L_2+\varphi h_g)\varphi r_e \tag{9-16}$$

$$T_{f2max}=\frac{1-\beta}{\beta}T_{f1max} \tag{9-17}$$

式中　φ——该车所能遇到的最大附着系数；
　　　q——制动强度。

一个车轮制动器应有的最大制动力矩为按上列公式计算结果的半值。

（4）制动器因数

制动器因数 BF 的表达式：

$$BF=\frac{fN_1+fN_2}{P} \tag{9-18}$$

它表示制动器的效能，因此又称为制动器效能因数。它的实质是制动器在单位输入压力或力矩的作用下所能输出的力或力矩，用于评比不同结构形式的制动器的效能。制动器因数可定义为在制动鼓或制动盘的作用半径上所产生的摩擦力与输入力之比，即

$$BF=\frac{T_f}{PR} \tag{9-19}$$

式中　T_f——制动器的摩擦力矩（N·m）；
　　　R——制动鼓或制动盘的作用半径（m）；
　　　P——输入力，一般取加于两制动蹄的张开力（或加于两制动块的压紧力）的平均值为输入力（N）。

对于钳盘式制动器，设两侧制动块对制动盘的压紧力均为 P，则制动盘在其两侧工作面的作用半径上所受的摩擦力为 $2fP$，此处 f 为盘与制动衬块间的摩擦系数，于是钳盘式制动器的制动器因数为：

$$BF=\frac{2fP}{P}=2f \tag{9-20}$$

对于全盘式制动器，则有

$$BF=2nf \tag{9-21}$$

式中　n——旋转制动盘数目；
　　　f——摩擦系数。

对于鼓式制动器，设作用于两蹄的张开力分别为 P_1、P_2，制动鼓内圆柱面半径即制动鼓工作半径为 R，两蹄给予制动鼓的摩擦力矩分别为 T_{Tf1} 和 T_{Tf2}，则两蹄的效能因数即制动蹄因数分别为：

$$BF_{T1} = \frac{T_{Tf1}}{P_1 R}, BF_{T2} = \frac{T_{Tf2}}{P_2 R} \tag{9-22}$$

整个鼓式制动器的制动因数则为：

$$BF = \frac{T_f}{PR} = \frac{T_{Tf1} + T_{Tf2}}{0.5(P_1 + P_2)R} = \frac{2(T_{Tf1} + T_{Tf2})}{(P_1 + P_2)R} \tag{9-23}$$

当 $P_1 = P_2 = P$ 时，则：

$$BF = \frac{T_{Tf1} + T_{Tf2}}{PR} = BF_{T1} + BF_{T2} \tag{9-24}$$

(5) 制动器的结构参数与摩擦系数

1) 制动鼓直径 D 或半径 R。输入力 P 一定时，制动鼓的直径愈大，则制动力矩亦愈大，散热性能亦愈好。但直径 D 的尺寸受到轮辋内径的限制，而且 D 的增大也使制动鼓的质量增大，使汽车的非悬架质量增大，而不利于汽车的行驶平顺性。制动鼓与轮辋之间应有相当的间隙，此间隙一般不应小于 20~30mm，以利于散热通风，也可避免由于轮辋过热而损坏轮胎。由此间隙要求及轮辋的尺寸即可求得制动鼓直径 D 的尺寸。另外，制动鼓直径 D 与轮辋直径 D_r 之比的一般范围为：

轿车　　$D/D_r = 0.64\text{-}0.74$

货车　　$D/D_r = 0.70\text{-}0.83$

2) 制动蹄摩擦衬片的包角 β 和宽度 b。摩擦衬片的包角 β 可在 90°~120° 范围内选取，试验表明，摩擦衬片包角 $\beta = 90° ~ 100°$ 时，磨损最小，制动鼓温度也最低，且制动效能最高。再减小 β 虽有利于散热，但由于单位压力过高将加速磨损。β 一般也不宜大于 120°，因过大不仅不利于散热，而且易使制动作用不平顺，甚至可能发生自锁。

摩擦衬片宽度 b 较大可以降低单位压力、减少磨损，但过大则不易保证与制动鼓全面接触。通常是根据在紧急制动时使其单位压力不超过 2.5MPa 的条件来选择衬片宽度 b 的。设计时应尽量按摩擦片的产品规格选择 b 值。另外，根据国外统计资料可知，单个鼓式车轮制动器总的衬片摩擦面积随汽车总质量的增大而增大，而单个摩擦衬片的摩擦面积 A 又决定于制动鼓半径 R、衬片宽度 b 及包角 β，即：

$$A = Rb\beta \tag{9-25}$$

式 (9-25) 中 β 是以弧度为单位，当 A, R, β 确定后，由式 (9-25) 也可用于初选衬片宽 b 的尺寸。

3) 摩擦衬片起始角 β_0。一般是将衬片布置在制动蹄外缘的中央，并令 $\beta_0 = 90° - (\beta/2)$。有时为了适应单位压力的分布情况，将衬片相对于最大压力点对称布置，以改善制动效能和磨损的均匀性。

4) 张开力 P 的作用线至制动器中心的距离 a。在保证制动轮缸或凸轮能够布置于制动鼓内的条件下，应使距离 a 尽可能地大，以提高其制动效能。初步设计时可暂定 $a = 0.8R$ 左右。

5) 制动蹄支销中心的坐标位置是 k 与 c。制动蹄支销中心的坐标尺寸 k 应尽可能地小，以使尺寸 c 尽可能地大，初步设计可暂定 $c = 0.8R$ 左右。

6) 摩擦片摩擦系数 f。选择摩擦片时不仅希望其摩擦系数要高些，更要求其热稳定性要好，受温度和压力的影响要小。不能单纯地追求摩擦材料的高摩擦系数，应提高对摩擦系数的稳定性和降低制动器对摩擦系数偏离正常值的敏感性的要求，后者对蹄式制动器是非常重要的。各种制动器用摩擦材料的摩擦系数的稳定值约为 0.3~0.5，少数可达 0.7。一般说来，摩擦系数愈高的材料，其耐磨性愈差。所以在制动器设计时并非一定要追求高摩擦系数的材料。当前国产的制动摩擦片材料在温度低于 250℃ 时，保持摩擦系数在 0.35~0.40 范围内已无问题。因此，在假设的理想条件下计算制动器的制动力矩，取 $f=0.3$ 可使计算结果接近实际。另外，在选择摩擦材料时应尽量采用减少污染和对人体无害的材料。

9.3 制动器的设计与计算

在制动器设计过程中，必须满足 GB/T 21670—2008《乘用车制动系统技术要求及试验方法》、GB/T 12676—2014《商用车辆和挂车制动系统技术要求及试验方法》、GB/T 13594—2003《机动车和挂车防抱制动性能和试验方法》和 GB/T 7258—2017《机动车运行安全技术条件》等标准要求。

1. 制动器因数及摩擦力矩分析计算

通常先通过对制动器摩擦力矩的计算分析，再根据计算式由定义得出制动器因数 BF 的表达式，具体计算过程如下：

1) 定出制动器基本结构尺寸、摩擦片包角及其位置布置参数，并规定制动鼓旋转方向。

2) 确定制动蹄摩擦片压力分布规律，令 $q = q_0 \sin\varphi$。

3) 在张开力 P 作用下，确定最大压力 q_0 值。

4) 计算沿摩擦片全长总的摩擦力矩，公式如下。

$$T_f = \int_{\varphi_1}^{\varphi_2} f q_0 R^2 \cdot \sin\varphi \, d\varphi = f q_0 R^2 (\cos\varphi_1 - \cos\varphi_2) \tag{9-26}$$

5) 再由式（9-19），可导出制动器因数。

(1) 支承销式领—从蹄制动器

单个领蹄的制动蹄因数 BF_{T1}：

$$BF_{T1} = \frac{f \dfrac{h}{r}}{A \dfrac{a'}{r} - fB} \tag{9-27}$$

单个从蹄的制动蹄因数 BF_{T2}：

$$BF_{T2} = \frac{f \dfrac{h}{r}}{A \dfrac{a'}{r} + fB} \tag{9-28}$$

式（9-27）和式（9-28）中，A 和 B 分别为：

$$A = \frac{a_0 - \sin\alpha_0 \cos\alpha_3}{4\sin\dfrac{a_0}{2}\sin\dfrac{a_3}{2}} \tag{9-29}$$

$$B = 1 + \frac{a'}{r}\cos\frac{\alpha_0}{2}\cos\frac{\alpha_3}{2} \tag{9-30}$$

整个制动器因数 BF 为：
$$BF = BF_{T1} + BF_{T2} \tag{9-31}$$

（2）支承销式双领蹄制动器

支承销式双领蹄制动器的制动器因数 BF 为：
$$BF = 2BF_{T1} \tag{9-32}$$

其中，制动蹄因数 BF_{T1} 可由式（9-27）得出。

（3）浮式领—从蹄制动器（斜支座面）

对于浮式蹄，其蹄片端部支座面法线可与张开力作用线平行（称为平行支座）或不平行（称为斜支座），一般平行支座可视作斜支座的特例。

单个斜支座浮式领蹄制动蹄因数 BF_{T3}：
$$BF_{T3} = \frac{fD + f^2 E}{F - fG + f^2 H} \tag{9-33}$$

单个斜支座浮式从蹄制动蹄因数 BF_{T4}：
$$BF_{T4} = \frac{fD - f^2 E}{F + fG + f^2 H} \tag{9-34}$$

其中：
$$D = \left(\frac{c}{r} + \frac{a}{r} + f'_s \cdot \frac{o}{r}\right)\cos\beta + f'_s \cdot \frac{c}{r}\sin\beta \tag{9-35}$$

$$E = f'_s \cdot \frac{c}{r}\cos\beta - \left(\frac{c}{r} + \frac{a}{r} + f'_s \cdot \frac{o}{r}\right)\sin\beta \tag{9-36}$$

$$F = \frac{\alpha_0 + \sin\alpha_0}{\frac{4\sin\alpha_0}{2}}\left(\frac{a}{r} + f'_s \cdot \frac{o}{r}\right) \tag{9-37}$$

$$G = \cos\beta + f'_s \sin\beta \tag{9-38}$$

$$H = F - (f'_s \cos\beta - \sin\beta) \tag{9-39}$$

$$f'_s = f_s + \tan\psi \tag{9-40}$$

式中 f_s——蹄片端部与支座面间摩擦系数，如为钢对钢则 $f_s = 0.2 \sim 0.3$。

β 角正负号取值按下列规则确定：当 $\gamma > \alpha_0/2$，β 为正；$\gamma < \alpha_0/2$，β 为负。

浮式领从制动器因数：
$$BF = BF_{T3} + BF_{T4} \tag{9-41}$$

（4）浮式双领蹄（斜支座面）制动器

浮式双领蹄（斜支座面）制动器的制动器因数 BF 为：
$$BF = 2BF_{T3} \tag{9-42}$$

其中，制动蹄因数 BF_{T3} 可由式（9-33）得出。

（5）浮式双增力蹄制动器

浮式双增力蹄，其结构布置为：支座面都不倾斜，属平行支座。制动器因数为：
$$BF = BF_{T3} + BF_{T5} \tag{9-43}$$

其中，制动蹄因数 BF_{T3} 可由式（9-33）得出，而 BF_{T5} 由式（9-44）得到
$$BF_{T5} = (fD + f^2 E)(F - fG + f^2 H)\left(\frac{c}{a} + BF_{T3} \cdot \frac{r}{a}\right) \tag{9-44}$$

(6) 支承销双增力蹄制动器

支承销双增力蹄制动器第一蹄片相当于平行支座浮式蹄，第二蹄片为绕支承销转动的蹄。总的制动器因数如下：

$$BF = \frac{F_{d1}}{P} + \frac{F_{d2}}{p} = \frac{F_{d1}}{P} + \frac{F_{d2}}{F_{ax}} \frac{F_{ax}}{p} \tag{9-45}$$

其中，F_{d1}/P 可按式（9-33）计算，而 F_{d2}/F_{ax} 可按式（9-27）计算，F_{ax}/p 可按式（9-46）计算：

$$\frac{F_{ax}}{P} = \frac{c}{a} + \frac{F_{d1}}{P} \frac{r}{a} \tag{9-46}$$

(7) 固定凸轮式（S形凸轮）气制动器

固定凸轮式气制动器结构上属绕支承销式领从蹄制动器，因其凸轮只能绕固定轴转动，作用于领蹄和从蹄上的张开力不等，使得领蹄的效能有点下降，而从蹄的效能略有增加。这样，固定凸轮式气制动器总的平均制动器因数可由式（9-47）来计算：

$$BF = \frac{4BF_{T1} \cdot BF_{T2}}{BF_{T1} + BF_{T2}} \tag{9-47}$$

其中，制动蹄因数 BF_{T1} 可由式（9-27）得出，BF_{T2} 可由式（9-28）得出。

(8) 楔式气制动器

楔式气制动器从结构原理上属浮式蹄。单气室楔式制动器可认为是浮式领从蹄制动器，双气室楔式制动器则是浮式双领蹄制动器，它们各自的制动器因数，可根据前面有关公式计算。

有关制动器摩擦力矩的计算，则可根据各制动器之制动器因数再按式（9-26）计算。

2. 制动蹄片上的制动力矩

在计算鼓式制动器时，必须建立制动蹄对制动鼓的压紧力与所产生的制动力矩之间的关系。

为计算有一个自由度的制动蹄片上的力矩 T_{Tf}，在摩擦衬片表面上取一横向单元面积，并使其位于与 y_1 轴的交角为 α 处，单元面积为 $bR\mathrm{d}\alpha$，其中 b 为摩擦衬片宽度，R 为制动鼓半径，$\mathrm{d}\alpha$ 为单元面积的包角。

由制动鼓作用在摩擦衬片单元面积的法向力为：

$$\mathrm{d}N = qbR\mathrm{d}\alpha = q_{max}bR\sin\alpha\mathrm{d}\alpha \tag{9-48}$$

摩擦力 $f\mathrm{d}N$ 产生的制动力矩为：

$$\mathrm{d}T_{Tf} = \mathrm{d}NfR = q_{max}bR^2 f\sin\alpha\mathrm{d}\alpha \tag{9-49}$$

在由 α' 至 α'' 区段上积分式（9-49），得：

$$T_{Tf} = q_{max}bR^2 f(\cos\alpha' - \cos\alpha'') \tag{9-50}$$

当法向压力均匀分布时：

$$\mathrm{d}N = q_p bR\mathrm{d}\alpha \tag{9-51}$$

$$T_{Tf} = q_p bR^2 f(\alpha'' - \alpha') \tag{9-52}$$

由式（9-51）和式（9-52）可求出不均匀系数：

$$\Delta = \frac{\alpha'' - \alpha'}{\cos\alpha' - \cos\alpha''} \tag{9-53}$$

式（9-51）和式（9-52）给出的由压力计算制动力矩的方法，但在实际计算中采用由张

开力 P 计算制动力矩 T_{Tf1} 的方法则更为方便。

增势蹄产生的制动力矩 T_{Tf1} 可表达如下：

$$T_{Tf1} = fN_1\rho_1 \tag{9-54}$$

式中　N_1——单元法向力的合力（N）；

　　　ρ_1——摩擦力 fN_1 的作用半径（m）。

如果已知制动蹄的几何参数和法向压力的大小，便可用式（9-52）算出蹄的制动力矩。

为了求得力 N_1 与张开力 P_1 的关系式，写出制动蹄上力的平衡方程式：

$$P_1\cos\alpha_0 + S_{1x} - N_1(\cos\delta_1 + f\sin\delta_1) = 0 \tag{9-55}$$

$$P_1 a - S_{1x} C' + f\rho_1 N_1 = 0 \tag{9-56}$$

式中　δ_1——x_1 轴与力 N_1 的作用线之间的夹角（°）；

　　　S_{1x}——支承反力在轴上的投影（N）。

解式（9-56），得

$$N_1 = \frac{hP_1}{c'(\cos\delta_1 + f\sin\delta_1) - f\rho_1} \tag{9-57}$$

对于增势蹄可用式（9-58）表示：

$$T_{Tf1} = \frac{P_1 fh\rho_1}{c'(\cos\delta_1 + f\sin\delta_1) - f\rho_1} = P_1 B_1 \tag{9-58}$$

对于减势蹄可类似地表示为：

$$T_{Tf2} = \frac{P_2 fh\rho_2}{c'(\cos\delta_2 - f\sin\delta_2) + f\rho_2} = P_2 B_2 \tag{9-59}$$

为了确定 ρ_1，ρ_2 及 δ_1，δ_2，必须求出法向力 N 及其分量。如果将 dN 看作是它投影在 x_1 轴和 y_1 轴上分量 dN_x 和 dN_y 的合力，则根据式 9-48 有：

$$N_x = \int_{\alpha'}^{\alpha''} \mathrm{d}N\sin\alpha = q_{\max}bR\int_{\alpha'}^{\alpha''}\sin^2\alpha\,\mathrm{d}\alpha = \frac{q_{\max}bR(2\beta - \sin2\alpha'' + \sin2\alpha')}{4} \tag{9-60}$$

$$N_y = \int_{\alpha'}^{\alpha''} \mathrm{d}N\cos\alpha = q_{\max}bR\int_{\alpha'}^{\alpha''}\sin^2\alpha\cos\alpha\,\mathrm{d}\alpha = \frac{q_{\max}bR(2\alpha'' - \cos2\alpha'')}{4} \tag{9-61}$$

因此，

$$\delta = \arctan\left(\frac{N_y}{N_x}\right) = \arctan\left(\frac{\cos2\alpha' - \cos2\alpha''}{2\beta - \sin2\alpha'' + \sin2\alpha'}\right) \tag{9-62}$$

式中　$\beta = \alpha'' - \alpha'$

根据式（9-50）和式（9-54），并考虑到

$$N_1 = \sqrt{N_x^2 + N_y^2} \tag{9-63}$$

则有

$$\rho = \frac{4R(\cos\alpha' - \cos\alpha'')}{\sqrt{(\cos2\alpha' - \cos2\alpha'')^2 + (2\beta - \sin2\alpha'' + \sin2\alpha')^2}} \tag{9-64}$$

如果顺着制动鼓旋转的制动蹄和逆着制动鼓旋转的制动蹄的 α' 和 α'' 不同，显然两种蹄的 δ 和 ρ 值也不同。对具有两蹄的制动器来说，其制动鼓上的制动力矩等于两蹄摩擦力矩之和，即：

$$T_f = T_{Tf1} + T_{Tf2} = P_1B_1 + P_2B_2 \tag{9-65}$$

对于液压驱动的制动器来说，$P_1 = P_2$，所需的张开力为

$$P = \frac{T_f}{B_1 + B_2} \tag{9-66}$$

对于凸轮张开机构，其张开力可由前述作用在蹄上的力矩平衡条件得到的方程式求出：

$$P_1 = \frac{0.5T_f}{B_1} \tag{9-67}$$

$$P_2 = \frac{0.5T_f}{B_2} \tag{9-68}$$

计算蹄式制动器时，必须检查蹄有无自锁的可能，由式（9-58）得出自锁条件。当该式的分母等于零时，蹄自锁：

$$c'(\cos\delta_1 + f\sin\delta_1) - f\rho_1 = 0 \tag{9-69}$$

如果式（9-70）成立，则不会自锁：

$$f < \frac{c'\cos\delta_1}{\rho_1 - c'\sin\delta_1} \tag{9-70}$$

由式（9-50）和式（9-58）可求出领蹄表面的最大压力为：

$$q_{max1} = \frac{P_1 h\rho_1}{bR^2(\cos\alpha' - \cos\alpha'')[c'(\cos\delta_1 + f\sin\delta_2) - f\rho_1]} \tag{9-71}$$

式中　b——摩擦衬片宽度（m）；

　　　f——摩擦系数。

3. 摩擦衬片（衬块）的磨损特性计算

摩擦衬片（衬块）的磨损，与摩擦副的材质、表面加工情况、温度、压力以及相对滑摩速度等多种因素有关，因此在理论上要精确计算磨损性能是困难的。但试验表明，摩擦表面的温度、压力、摩擦系数和表面状态等是影响磨损的重要因素。

汽车的制动过程是将其机械能（动能、势能）的一部分转变为热量而耗散的过程。在制动强度很大的紧急制动过程中，制动器几乎承担了耗散汽车全部动能的任务。此时由于在短时间内热量来不及逸散到大气中，致使制动器温度升高。此即所谓制动器的能量负荷。能量负荷愈大，则衬片（衬块）的磨损愈严重。

制动器的能量负荷常以其比能量耗散率作为评价指标。比能量耗散率又称为单位功负荷或能量负荷，它表示单位摩擦面积在单位时间内耗散的能量，单位为 W/mm^2。

双轴汽车的单个前轮制动器和单个后轮制动器的比能量耗散率分别为：

$$e_1 = \frac{1}{2}\frac{\delta m_a(v_1^2 - v_2^2)}{2tA_1}\beta \tag{9-72}$$

$$e_2 = \frac{1}{2}\frac{\delta m_a(v_1^2 - v_2^2)}{2tA_2}(1-\beta) \tag{9-73}$$

$$t = \frac{v_1 - v_2}{j} \tag{9-74}$$

式中　δ——汽车回转质量换算系数；

　　　m_a——汽车总质量（kg）；

v_1，v_2——汽车制动初速度与终速度，计算时 v_1 轿车取 27.8m/s；总质量 3.5t 以下的货车取 22.2m/s；总质量 3.5t 以上的货车取 18m/s；

j——制动减速度，计算时取 $0.6g$，即 $0.6\text{m}^2/\text{s}$；

t——制动时间（s）；

A_1，A_2——前、后制动器衬片（衬块）的摩擦面积（m^2）；

β——制动力分配系数。

在紧急制动到 $v_2=0$ 时，并可近似地认为 $\delta=1$，则有：

$$e_1 = \frac{1}{2}\frac{m_a v_1^2}{2tA_1}\beta \tag{9-75}$$

$$e_2 = \frac{1}{2}\frac{m_a v_1^2}{2tA_2}(1-\beta) \tag{9-76}$$

鼓式制动器的比能量耗损率以不大于 $1.8\text{W}/\text{mm}^2$ 为宜，但当制动初速度 v_1 低于式（9-72）~式（9-74）所规定的 v_1 值时，则允许略大于 $1.8\text{W}/\text{mm}^2$。轿车盘式制动器的比能量耗散率应不大于 $6.0\text{W}/\text{mm}^2$。比能量耗散率过高，不仅会加速制动衬片（衬块）的磨损，而且可能引起制动鼓或盘的开裂。

磨损特性指标也可用衬片（衬块）的比摩擦力即单位摩擦面积的摩擦力来衡量。单个车轮制动器的比摩擦力为

$$F_{f0} = \frac{T_f}{RA} \tag{9-77}$$

式中 T_f——单个制动器的制动力矩（N·m）；

R——制动鼓半径（或制动盘有效半径）（m）；

A——单个制动器的衬片（衬块）摩擦面积（m^2）。

当制动减速度 $j=0.6g$ 时，鼓式制动器的比摩擦力 F_{f0} 以不大于 $0.48\text{N}/\text{mm}^2$ 为宜。

4. 制动器的热容量和温升的核算

应核算制动器的热容量和温升是否满足如下条件：

$$(m_d c_d + m_h c_h)\Delta t \geq L \tag{9-78}$$

式中 m_d——各制动鼓（盘）的总质量（kg）；

m_h——与各制动鼓（盘）相连的受热金属件（如轮毂、轮辐、轮辋、制动钳体等）的总质量（kg）；

c_d——制动鼓（盘）材料的比热容，对铸铁 $c=482\text{J}/(\text{kg·K})$，对铝合金 $c=880\text{J}/(\text{kg·K})$，[$\text{J}/(\text{kg·K})$]；

c_h——与制动鼓（盘）相连的受热金属件的比热容，[$\text{J}/(\text{kg·K})$]；

Δt——制动鼓（盘）的温升，（一次由 $v_a=30\text{km/h}$ 到完全停车的强烈制动，温升不应超过15℃）；

L——满载汽车制动时由动能转变的热能（J）。

因制动过程迅速，可以认为制动产生的热能全部为前、后制动器所吸收，并按前、后轴制动力的分配比率分配给前、后制动器，即：

$$L_1 = m_a \frac{v_a^2}{2}\beta \tag{9-79}$$

$$L_2 = m_a \frac{v_a^2}{2}(1-\beta) \tag{9-80}$$

式中 m_a——满载汽车总质量（kg）；

v_a——汽车制动时的初速度，可取 $v_a = v_{amax}$，（m/s）；

β——制动力分配系数。

5. 盘式制动器制动力矩的计算

假设衬块的摩擦表面与制动盘接触良好，且各处的单位压力分布均匀，则盘式制动器的制动力矩为：

$$T_f = 2fNR \tag{9-81}$$

式中 f——摩擦系数；

N——单侧制动块对制动盘的压紧力（N）；

R——作用半径（m）。

对于常见的扇形摩擦衬块，如果其径向尺寸不大，取 R 为平均半径 R_m 或有效半径 R_e 已足够精确。

$$R_m = \frac{R_1 + R_2}{2} \tag{9-82}$$

式中 R_1，R_2——扇形摩擦衬块的内半径和外半径。

$$R_e = \frac{4}{3}\left[1 - \frac{m}{(1+m)^2}\right]R_m \tag{9-83}$$

其中，$m = \frac{R_1}{R_2} < 1$。当 R_1 接近 R_2 时，m 接近 1，R_e 接近 R_m。但当 m 过小，即扇形的径向宽度过大，衬块摩擦表面在不同半径处的滑摩速度相差太大，磨损将不均匀，因而单位压力分布将不均匀，则上述计算方法失效。

6. 驻车计算

图 9-3 所示为汽车在上坡路上停驻时的受力情况，由图可以看出汽车上坡停驻时的后轴车轮的附着力为：

$$Z_2\phi = \frac{m_a g \phi}{L}(L_1 \cos\alpha + h_g \sin\alpha) \tag{9-84}$$

同样可求出汽车下坡停驻时的后轴车轮的附着力为：

$$Z_2'\phi = \frac{m_a g \phi}{L}(L_1 \cos\alpha - h_g \sin\alpha) \tag{9-85}$$

据后轴车轮附着力与制动力相等的条件可求得汽车在上坡路和下坡路上停驻时的坡度极限倾角 α，α'，即由：

$$\frac{m_a g \phi}{L}(L_1 \cos\alpha + h_g \sin\alpha) = m_a g \sin\alpha \tag{9-86}$$

求得汽车在上坡时可能停驻的极限上坡路倾角为：

$$\alpha = \arctan\frac{\phi L_1}{L - \phi h_g} \tag{9-87}$$

汽车在下坡时可能停驻的极限下坡路倾角为：

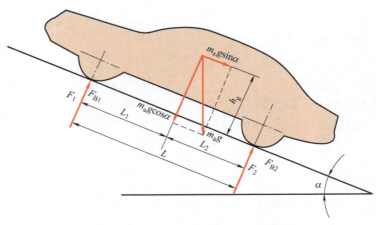

图 9-3 汽车上坡路上停驻时的受力简图

$$\alpha' = \arctan\frac{\phi L_1}{L+\phi h_g} \tag{9-88}$$

一般对轻型货车要求不应小于 25%，中型货车不小于 20%，汽车列车的最大停驻坡度为 12% 左右。

9.4 制动驱动机构的设计与计算

制动驱动机构用于将驾驶员或其他动力源的制动作用力传给制动器，使之产生制动力矩。根据制动力源的不同，制动驱动机构可分为简单制动、动力制动和伺服制动三大类。

1. 简单制动系

简单制动系即人力制动系，是靠驾驶员作用于制动踏板上或手柄上的力作为制动力源。力的传递方式又有机械式和液压式两种。机械式靠杆系或钢索传力，其结构简单，造价低廉，工作可靠，但机械效率低，故仅用于中、小型汽车的驻车制动装置中。液压式简单制动系通常简称为液压制动系，用于行车制动装置。其优点是作用滞后时间短、工作压力高、轮缸尺寸小，可布置在制动器内部作为制动蹄张开机构或制动块压紧机构，使之结构简单、紧凑、质量小、造价低。但它有限的力传动比限制了它在汽车上的使用范围。另外，液压管路在过度受热时会形成气泡而影响传输，使制动效能降低甚至失效。液压式简单制动系曾广泛用于轿车、微型/轻型货车及部分中型货车上。

2. 动力制动系

动力制动系是以发动机动力形成的气压能或液压能作为汽车制动的全部力源进行制动，而驾驶员作用于制动踏板或手柄上的力仅用于对制动回路中控制元件的操纵。在简单制动系中的踏板力与其行程间的反比例关系在动力制动系中便不复存在，因此，此处的踏板力较小且可有适当的踏板行程。

气压制动系是动力制动系最常见的形式，由于可获得较大的制动驱动力且主车与被拖的挂车以及汽车列车之间制动驱动系统的连接装置结构简单、连接和断开都很方便，因此它广泛用于总质量为 8t 以上尤其是 15t 以上的载货汽车、越野汽车和客车上。但气压制动系必须采用空气压缩机、贮气罐、制动阀等装置，使得它结构复杂、笨重、轮廓尺寸大、造价高；

管路中气压的产生和撤除均较慢,作用滞后时间较长。

气顶液式制动系是动力制动系的另一种形式,即利用气压系统作为普通的液压制动系统主缸的驱动力源的一种制动驱动机构。它兼有液压制动和气压制动的主要优点,气压系统的管路短,作用滞后时间也较短。但是,其结构复杂、质量大、造价高,故主要用于重型汽车上,一部分总质量为9~11t的中型汽车上也有采用。

3. 伺服制动系

伺服制动系是在人力液压制动系中增加由其他能源提供的助力装置,使人力与动力并用。在正常情况下,其输出工作压力主要由动力伺服系统产生,而在伺服系统失效时,仍可全由人力驱动液压系统产生一定程度的制动力。因此,它在中级以上的轿车及轻型、中型客货车上得到了广泛的应用。

按伺服系统能源的不同,有真空伺服制动系、气压伺服制动系和液压伺服制动系之分。

真空伺服制动系是利用发动机进气管中节气门后的真空度(负压,一般可达0.05~0.07MPa)作动力源。真空伺服制动系多用于总质量在1.1~1.35t以上的轿车及装载质量在6t以下的轻型、中型载货汽车上;气压伺服制动系是由发动机驱动的空气压缩机提供压缩空气作为动力源,伺服气压一般可达0.6~0.7MPa。故在输出力相等时,气压伺服气室直径比真空伺服气室直径小得多。且在双回路制动系中,如果伺服系统也是分立式的,则气压伺服比真空伺服更适宜,因为后者难于使各回路真空度均衡。但气压伺服系统的其他组成部分却较真空伺服系统复杂得多。气压伺服制动系广泛用于装载质量为6~12t的中、重型货车以及极少数高级轿车上;液压伺服制动系一般是由发动机驱动高压泵产生高压油液供伺服制动系和动力转向系共同使用。

对于燃料电池汽车,其采用的液压制动系统与传统汽车基本结构区别不大,主要差异在于真空辅助助力系统。真空助力器利用前后腔的压差提供助力,传统汽车真空助力装置的真空源来自于发动机进气歧管,真空度负压一般可达到0.05~0.07MPa。对于燃料电池汽车由于没有发动机总成即没有了传统的真空源,仅由人力所产生的制动力无法满足行车制动的需要,通常需要单独设计一个电动真空泵来为真空助力器提供真空源。这个助力系统就是电动真空助力系统,即EVP系统(Electric Vacuum Pump,电动真空助力),如图9-4所示,主要由真空泵、真空罐、真空泵控制器、真空助力器和12V电源组成。

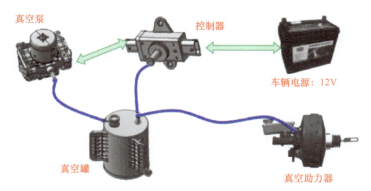

图9-4 电动真空助力系统组成

下面以液压制动驱动机构为例,说明制动驱动机构的设计计算过程。

4. 制动轮缸直径与工作容积

制动轮缸对制动蹄或制动块的作用力 P 与轮缸直径 d_w 及制动轮缸中的液压 p 有如下关系：

$$d_w = 2\sqrt{\frac{P}{\pi p}} \tag{9-89}$$

式中　p——考虑制动力调节装置作用下的轮缸或管路液压，$p = 8 \sim 12\text{MPa}$，（MPa）。

制动管路液压在制动时一般不超过 $10 \sim 12\text{MPa}$，对盘式制动器可再高些。压力愈高轮缸直径就愈小，但对管路特别是制动软管及管接头则提出了更高的要求，对软管的耐压性、强度及接头的密封性的要求就更加严格。

轮缸直径应在标准规定的尺寸系列中选取，轮缸直径的尺寸系列为：19，22，24，25，28，30，32，35，38，40，45，50，55mm。

一个轮缸的工作容积：

$$V_w = \frac{\pi}{4}\sum_1^n d_w^2 \delta \tag{9-90}$$

式中　d_w——一个轮缸活塞的直径（mm）；
　　　n——轮缸的活塞数目；
　　　δ——一个轮缸活塞在完全制动时的行程：$\delta = \delta_1 + \delta_2 + \delta_3 + \delta_4$，在初步设计时，对鼓式制动器可取 $\delta = 2 \sim 2.5\text{mm}$，（mm）；
　　　δ_1——消除制动蹄（制动块）与制动鼓（制动盘）间的间隙所需的轮缸活塞行程，对鼓式制动器 δ_1 约等于相应制动蹄中部与制动鼓之间的间隙的 2 倍（mm）；
　　　δ_2——因摩擦衬片（衬块）变形而引起的轮缸活塞行程，可根据衬片（衬块）的厚度、材料弹性模量及单位压力计算（mm）；
　　　δ_3，δ_4——鼓式制动器的蹄与鼓之变形而引起的轮缸活塞行程，由试验确定，（mm）。

全部轮缸的总工作容积

$$V = \sum_1^m V_w \tag{9-91}$$

式中　m——轮缸数目。

5. 制动主缸直径与工作容积

制动主缸应有的工作容积

$$V_m = V + V' \tag{9-92}$$

式中　V'——制动软管在液压下变形而引起的容积增量（mm^3）。

在初步设计时，考虑到软管变形，轿车制动主缸的工作容积可取为 $V_m = 1.1V$；货车取 $V_m = 1.3V$，式中 V 为全部轮缸的总工作容积。

主缸活塞直径 d_m 和活塞行程 s_m 可由式（9-93）确定：

$$V_m = \frac{\pi}{4}d_m^2 s_m \tag{9-93}$$

一般 $s_m = (0.8 \sim 1.2)d_m$。

主缸的直径应符合系列尺寸，主缸直径的系列尺寸为：19，22，26，28，32，35，38，40，45mm。

6. 制动踏板力与踏板行程

制动踏板力 F_P 可用式（9-94）验算：

$$F_P = \frac{\pi}{4} d_m^2 p \frac{1}{i_p} \cdot \frac{1}{\eta} \tag{9-94}$$

式中 d_m——主缸活塞直径（mm）；

   p——制动管路的液压（MPa）；

   i_p——踏板机构传动比，$i_p = r_2/r_1$，一般为 2~5；

   η——踏板机构及制动主缸的机械效率，可取 0.85~0.95；

   F_p——制动踏板力（N）。

通常，汽车液压驱动机构制动轮缸径与制动主缸缸径之比 $d_W/d_m = 0.9 \sim 1.2$，d_m 较小时，其活塞行程 s_m 及相应的踏板行程 x_p 便要加大。

制动踏板的工作行程为 x_p 为：

$$x_p = i_p (s_m + \delta_{m1} + \delta_{m2}) \tag{9-95}$$

式中 δ_{m1}——主缸中推杆与活塞间的间隙（mm）；

   δ_{m2}——主缸活塞空行程，即主缸活塞由不工作的极限位置到使其皮碗完全封堵主缸上的旁通孔所经过的行程（mm）；

   x_p——制动踏板的工作行程（mm）。

在确定主缸容积时应考虑到制动器零件的弹性变形和热变形，以及用于制动驱动系统信号指示的制动液体积，因此，制动踏板的全行程（至与地板相碰的行程）应大于正常工作行程的 40%~60%，以便保证在制动管路中获得给定的压力。

踏板力 F_P 和踏板全行程分别不应超过 500~700N 和 150~170mm（小值用于轿车）。同时，为了避免空气进入制动管路，在主缸活塞回位弹簧（亦为回油阀弹簧）的计算中，应保证在踏板放开后，制动管路中仍能保持 0.05~0.14MPa 的残余液压。

7. 制动主缸

制动主缸壳体应有足够的耐压强度，铸件表面不能有裂纹和疏松，一般在 20MPa 以内壳体不应有任何泄漏。壳体通常选择材料有灰铸铁 HT200、HT250h 和铸造铝合金；此外，也有采用锻造铝合金、低碳钢冷挤压成形。为保证良好的密封性，壳体内孔必须有足够的表面粗糙度，其表面粗糙度值不得高于 0.25μm，尺寸公差推荐不大于 H9 级。

主缸壳体用铝合金时，活塞以锌合金压铸件或钢材者为多；缸体材料为铸件时，活塞采用铝合金棒材铸铝，表面氧化铝膜处理。活塞的配合直径名义尺寸与缸孔相同，其配合间隙一般在 0.04~0.10 范围。

橡胶密封件皮碗和皮圈是制动主缸最关键的零件，它的质量优劣直接影响制动主缸的性能和使用寿命。目前皮碗和皮圈的材料广泛采用 SBR 橡胶和 EPDM 橡胶。

8. 真空助力器

真空助力器的随动作用是通过橡胶反作用盘的弹性实现的，在助力器处于平衡状态时，橡胶反作用盘的作用与液压系统的压力相似，即助力器产生的有效助力对反作用盘的压力相等。真空助力器的静特性方程如下：

$$F_F + F_1 - (F_0 - F_2) - p_0(A_1 - A_2) \cdot \eta - P(A_1 - A_5) \cdot \eta = 0 \tag{9-96}$$

$$\frac{F_0 - F_2}{A} = \frac{p_0(A_1 - A_2) \cdot \eta + P(A_2 - A_5) \cdot \eta}{A_3 - A_4} \tag{9-97}$$

式中　F_F——真空助力器的输出力（N）；

　　　F_0——作用控制推杆上的输入力（N）；

　　　F_1——助力器回位弹簧的作用力（N）；

　　　F_2——控制推杆回位弹簧的作用力（N）；

　　　p_0——平衡时前后腔的压力差（Pa）；

　　　P——前腔的最大真空度（Pa）；

　　　A_1——膜片的有效总面积（m^2）；

　　　A_2——控制阀的套管截面积（m^2）；

　　　A_3——橡胶反作用盘的截面积（m^2）；

　　　A_4——控制活塞面积（m^2）；

　　　A_5——主缸推杆柄部的截面积（m^2）；

　　　η——效率系数，一般取 0.9~0.95。

通过上述公式即可绘制真空助力器的特性曲线，该公式适合于在最大助力点之前的输入输出关系的计算。当助力器达到最大助力点时，前后的气压差达到最大值并等于前腔的真空度，则有：

$$F_F = (F_0 - F_2) + P(A_1 - A_5) \cdot \eta - F_1 \tag{9-98}$$

当汽车要求的输出力大于最大助力点时，继续增加踏板力，助力器依然打开，由助力器产生一个固定的附加力，该力与制动踏板的推力相加在一起，则产生更高的输出力。此时，前腔的最大真空度保持不变，上式中 $P(A_1 - A_5) \cdot \eta$ 是一个常数，输出力和输入力将同步变化。

真空助力器的助力比即助力器的输出力与有效输入力（$F_0' = F_0 - F_2$）的比值，如式（9-99）：

$$i_z = \frac{F_P}{F_0'} \tag{9-99}$$

在发动机最大真空度一定的条件下，助力器直径不变时，能取得的最大助力效果基本是确定的。助力比选择越大，曲线越陡，踏板力越轻，踏板力的操纵范围越窄，可操纵和控制性能不好。一般设计的最大助力点是，对轿车范围可取 200~250N，对货车可取 300~450N。

真空助力器的伺服比 i_s 是由伺服气室膜片受气压差的作用产生有效伺服力 F_s' 与有效输入力的比：

$$i_s = \frac{F_s'}{F_0'} \tag{9-100}$$

由于 $F_P = F_s' + F_0$

$$i_s = \frac{F_P - F_0'}{F_0'} = i_z - 1 \tag{9-101}$$

实际上伺服比 $i_s = \dfrac{A_3 - A_4}{A_4}$，它也是确定的参数。助力比则为 $i_z = \dfrac{A_3}{A_4}$。

（1）真空助力器的选择

若以 i_k 表示总制动力 F_B 与踏板力 F_F 的比值，如果 i_k 的平均值大于 18（最大允许到 22），该汽车则应安装真空助力器。

(2) 助力比的确定

汽车可能达到的总制动力是

$$F_B = F_P \cdot \frac{S_F}{2\lambda} \cdot BF \cdot \frac{R}{R_e} \cdot \eta_A \cdot i_z \tag{9-102}$$

式中　F_P——踏板力，对于轿车200～250N；对于货车300～450N；
　　　S_F——踏板行程（m）；
　　　2λ——一个制动器的动作行程（m）；
　　　BF——制动器的效能因素；
　　　R——制动器作用半径（m）；
　　　R_e——轮胎有效半径（m）；
　　　η_A——效率。

无助力时，总制动力F_B与踏板力F_p的比值为：

$$i_{k0} = \frac{S_F}{2\lambda} \cdot BF \cdot \frac{R}{R_e} \eta_A \tag{9-103}$$

如表9-4所示为德国Teves公司提供的上述参数经验数据。根据式（9-103），当总制动力F_B与踏板力F_p确定后，利用这些数据则可求出助力器助力比。

表9-4　制动器主要参数经验值

参数	盘式制动器	简单鼓式制动器
S_F	120～160	120～160
λ	0.65～0.70	2.2～2.6
BF	0.68～0.76	2.0～2.4
R/R_e	0.32～0.36	0.34～0.40
η_A	0.72～0.76	0.70～0.74
i_{k0}	$18^{+7.5}_{-5.5}$	17^{+7}_{-6}

真空助力器助力比i_z的典型值范围一般为2.5～8.0。它能保证安全减速的汽车最大质量和真空助力比呈线性关系。但设计时也必须考虑如果助力比太大出现的真空度失控现象。

(3) 真空助力器直径的确定

忽略弹簧阻力及效率系数，真空助力器助力值与制动主缸的受力关系如下：

$$\pi d_M^2 \cdot P_0 = p_{max} \cdot \pi \cdot d_m^2 \cdot \frac{i_z - 1}{i_z} \tag{9-104}$$

$$d_M^2 = \frac{p_{max} d_m^2 (i_z - 1)}{P_0 i_z} \tag{9-105}$$

式中　p_{max}——设定最大助力点的主缸液压（Pa）；
　　　P_0——膜片的前后压力差（Pa）；
　　　d_m——主缸活塞的直径（m）；
　　　d_M——真空助力器膜片直径（m）。

为了充分利用真空助力器的伺服助力作用，选择真空助力器的直径应保持最大输出力等于或略大于汽车紧急制动所需主要液压 p_{max} 确定的主缸活塞推力。助力器的行程要保证略大于制动主缸的行程，使得制动主缸活塞运动到底时助力器膜片不碰到前壳体。

9.5 制动器的主要结构元件

制动器的主要结构元件有制动鼓、制动蹄、摩擦衬片（衬块）和制动鼓（盘）与衬片（块）之间的间隙自动调整装置等。

1. 制动鼓

如图9-5所示，制动鼓应当有足够的强度、刚度和热容量，与摩擦衬片材料相配合，又应当有较高的摩擦系数。

制动鼓有铸造的和组合式两种。铸造制动鼓多选用灰铸铁，它具有机械加工容易、耐磨、热容量大等优点。为防止制动鼓工作时受载变形，常在制动鼓的外圆周部分铸有加强肋，用来加强刚度和增加散热效果。精确计算制动鼓壁厚既复杂又困难，所以常根据经验选取。轿车制动鼓壁厚取为7~12mm，货车取为13~18mm。

组合式制动鼓的圆柱部分可以用铸铁铸出，腹板部分用钢板冲压成形；也可以在钢板冲压的制动鼓内侧，镶装用离心浇铸的合金铸铁件，组合构成制动鼓；或者主体用铝合金铸成，内镶一层珠光体组成的灰铸铁作为工作面。组合式制动鼓的共同特点是质量小，工作面耐磨，并有较高的摩擦因数。

图9-5 制动鼓示意图

2. 制动蹄

轿车和轻型货车的制动蹄广泛采用T形型钢锻压或用钢板焊接制成，重型货车的制动蹄则多用铸铁或铸钢铸成。制动蹄的断面形状和尺寸应保证其刚度。但小型汽车用钢板制成的制动蹄腹板上往往开一条或两条径向槽，使蹄的弯曲刚度小些，其目的是衬片磨损较为均匀，并减小制动时的尖叫声。重型汽车的制动蹄断面有工字形、山字形和Ⅱ字形几种。制动蹄腹板和翼缘的厚度，轿车为3~5mm，货车约为5~8mm。如图9-6所示为制动蹄外观图。

为了提高效率，增加制动蹄的使用寿命和减轻磨损，在中型、重型货车的铸造制动蹄靠近张开凸轮一端，常设置有滚轮或者镶装有支持张开凸轮的垫片。制动蹄和摩擦片可以铆接，也可以粘接。粘接的优点在于衬片更换前允许磨损的厚度较大，其缺点是工艺较复杂，且不易更换衬片。铆接件的优点是噪声较小。

3. 摩擦衬片（衬块）

摩擦衬片（衬块）的材料应满足如下要求：

1）具有一定的稳定的摩擦系数。在温度、压力升高和工作速度发生变化时，摩擦系数变化尽可能小。

图9-6 制动蹄外观图

2）具有良好的耐磨性。不仅摩擦衬片（块）应有足够的使用寿命，而且对偶摩擦副的磨损也要求尽可能小。如盘式制动器的摩擦衬块硬度过高，则制动盘磨损严重，所以这样的衬块并不可取。通常要求制动盘的磨耗不大于衬块的 1/10。

3）要有尽可能小的压缩率和膨胀率。压缩变形太大影响制动主缸的排量和踏板行程，降低制动灵敏度。热膨胀率过大，摩擦衬块和制动盘要产生拖磨，尤其对鼓式制动器衬片受热膨胀消除间隙后，可能产生咬死现象。

4）制动时不易产生噪声，对环境无污染。

5）应采用对人体无害的摩擦材料。

6）有较高的耐挤压强度和冲击强度，以及足够的抗剪切能力。

7）摩擦衬块的热传导率应控制在一定范围。要求摩擦衬块在 300℃ 加热板上作用 30min 后，背板的温度不超过 190℃，防止防尘罩、密封圈过早老化和制动液温度迅速升高；

以前制动器摩擦衬片使用的是由增强材料（石棉及其他纤维）、黏结剂、摩擦性能调节剂组成的石棉摩阻材料。它有制造容易、成本低、不易刮伤对偶等优点，但因为它耐热性能差，随着温度升高摩擦系数降低、磨损增高和对环境有污染，特别是石棉能致癌，所以已逐渐遭受淘汰。由金属纤维、黏结剂和摩擦性能调节剂组成的半金属摩阻材料，具有较高的耐热性和耐磨性，特别是因为没有石棉粉尘公害，近来得到广泛的应用。

4. 制动鼓（盘）与衬片（块）之间的间隙自动调整装置

为了保证制动鼓（盘）在不制动时能自由转动，制动鼓（盘）与制动衬片（块）之间，必须保持一定的间隙。此间隙量应尽可能小，因为制动系统的许多工作性能受此间隙影响而变化。使用中因磨损会增大此间隙，过分大的间隙会带来许多不良的后果：制动器产生制动作用的时间增长；各制动器因磨损不同，间隙不一样，导致各制动器产生制动作用的时间不同；增加了压缩空气或制动液的消耗量，并使制动踏板或手柄行程增大。为保证制动鼓（盘）与制动衬片（块）之间在使用期间始终保持初设定的间隙量，要求采用自动调整间隙装置，如图 9-7 所示为一种制动间隙自调机构。

盘式制动器使用最简单的间隙自调方式，是利用制动钳中的橡胶密封圈的极限弹性变形量。当衬块磨损而导致所需的活塞行程大于设定值时，活塞可在液压作用下克服密封圈的摩擦力，继续前移到实现完全制动为止。活塞与密封圈之间这一不可恢复的相对位移便补偿了过量间隙。重型车辆的多片全盘式制动器也有采用这种自调方式的，但必须增加密封圈数，以保证足以保持活塞不制动位置的摩擦力。若盘式制动器的设定间隙较大，用密封圈便不可靠，需采用专门的间隙调整装置。

图 9-7　一种制动间隙自调机构

鼓式制动器也有采用间隙自调装置的，主要分为一次调准式自调装置和阶跃式自调装置。

当采用一次调准式自调装置时，制动器安装到车上后，不需要人工精细调整，只需进行一次完全制动即可自动调准到设定间隙，并且在行车过程中能随时补偿过量间隙。但制动器中的过量间隙并非完全由于衬片或衬块磨损所致，还有一部分是因制动器元件变形，特别是热膨胀造成的。鼓式制动器的热变形导致的过量间隙远较盘式制动器为大，故在采用一次调准式自动调整装置时，不得不选取更大的设定间隙，其中预留了足够的热膨胀裕量，这就增大了踏板行程损失。因此，现在鼓式制动器已很少采用一次调准式自调装置，而多用阶跃式自调装置。

　　阶跃式自调装置的特点在于必须经过若干次制动，待蹄鼓间过量间隙积累到一定值后方起一次调整作用，不能随时补偿微小过量间隙。它所允许的过量间隙已经考虑了热膨胀的影响，故设定间隙可取得小些。随之而来的缺点是制动器装到车上后必须经过很多次制动方能自调到设定间隙。

本章小结

　　本章从制动器的结构方案、参数的确定到制动器和制动驱动结构的设计与计算，介绍了氢燃料电池汽车制动系统的设计流程，对于氢燃料电池汽车，其采用的液压制动系统与传统汽车基本结构区别不大。制动器的结构可分为鼓式制动器和盘式制动器，主要参数为同步附着系数、制动强度、附着系数利用率、制动器最大制动力矩、制动器因素、制动蹄因素以及制动器的结构参数。本章还详细给出了制动器和制动驱动设计参数的计算方法，并以液压制动驱动机构为例，说明制动驱动机构的设计计算过程。最后，介绍了制动器的主要结构元件，包括制动鼓、制动蹄、摩擦衬片（衬块）和制动鼓（盘）与衬片（块）之间的间隙自动调整装置。

思考题

1. 氢燃料电池汽车的液压制动系统与传统车相比有何区别？
2. 制动系统设计的主要参数有哪些？
3. 摩擦衬片（衬块）作为制动器的主要结构元件之一，为确保制动安全其材料应满足什么要求？

附 录　常用缩写词

序号	缩写词	中文名称	英文名称
1	FCEV	氢氢燃料电池汽车	Fuel Cell Electric Vehicle
2	REESS	辅助电源	Rechargable Energy Storage System
3	CVM	电压巡检装置	Cell Voltage Monitor
4	BMS	电池管理系统	Battery Management System
5	SOC	荷电状态	State of Charge
6	SOH	健康状态	State of Health
7	SOP	功率状态	State of Power
8	ROHS	有毒有害物质禁用	Restriction of Hazardous Substances
9	MEA	膜电极	Membrane Electrode Assembly
10	PEM	质子交换膜	Proton Exchange Membrane
11	GDL	气体扩散层	Gas Diffusion Layer
12	CL	催化剂层	Catalyst layer
13	MPL	微孔层	Microporous layer
14	CVD	化学气相沉积	Chemical Vapor Deposition
15	PVD	物理气相沉积	Physical Vapor Deposition
16	SR	硅橡胶	Silicone Rubber
17	NBR	丁腈橡胶	Nitrile or Buna N Rubber
18	CR	氯丁橡胶	Common Neoprene
19	EPDM	三元乙丙橡胶	Ethylene Propylene Diene Rubber
20	PCU	动力控制单元	Power Control Unit

（续）

序号	缩写词	中文名称	英文名称
21	MSD	手动维修开关	Manual Service Disconnect
22	NGV	天然气汽车	Natural Gas Vehicle
23	PDU	高压配电盒	Power Distribution Unit
24	TFSC	丰田燃料电池堆	Toyota Fuel Cell Stack
25	NVH	声振粗糙度	Noise、Vibration、Harshness
26	EMC	电磁兼容性	Electromagnetic Compatibility
27	VCU	整车控制器	Vehicle Control Unit
28	FC-ECU	燃料电池控制器	Fuel Cell Engine Control Unit
29	BMS	电池管理系统	Battery Management System
30	NLPM	正常升每分钟	Normal Liter Per Minute
31	TPRD	温度驱动安全泄压装置	Thermally-Activated Pressure Relief Device
32	PRD	安全泄压装置	Pressure Relief Device
33	DOE	美国能源部	Department of Energy
34	CAN	控制器局域网络	Controller Area Network
35	HPS	液压动力转向系统	Hydraulic Power Steering System
36	EHPS	电动液压助力转向系统	Electro Hydraulic Power Steering System
37	EPS	电动助力转向系统	Electric Power Steering System
38	ECU	电子控制单元	Electric Control Unit
39	C-EPS	转向轴助力式	C-Electric Power Steering System
40	P-EPS	齿轮助力式	P-Electric Power Steering System
41	R-EPS	齿条助力式	R-Electric Power Steering System

REFERENCE

参考文献

[1] 杜微微. 燃料电池客车动力系统的改进研究 [D]. 长春：吉林大学，2016.
[2] 吴澈. 燃料电池汽车动力系统匹配及控制策略研究 [D]. 太原：中北大学，2016.
[3] 殷婷婷，黄晨东. 燃料电池汽车动力系统运行效率研究 [J]. 上海汽车，2012（8）：2-5.
[4] PEI P, CHANG Q, TANG T. A quick evaluating method for automotive fuel cell lifetime [J]. International Journal of Hydrogen Energy, 2008, 33 (14): 3829-3836.
[5] BABAZADEH H, ASGHARI B, SHARMA R. A new control scheme in a multi-battery management system for expanding microgrids [C]. IEEE, 2014.
[6] 衣宝廉，侯明. 车用燃料电池耐久性的解决策略 [J]. 汽车安全与节能学报，2011，2（2）：91-100.
[7] CHEN H, SONG Z, ZHAO X, et al. A review of durability test protocols of the proton exchange membrane fuel cells for vehicle [J]. Applied Energy, 2018 (224): 289-299.
[8] 孙明，侯水平. 氢燃料电池汽车可靠性试验方法及评价体系研究 [J]. 科技信息（科学教研），2008（16）：350-374.
[9] 全国汽车标准化技术委员会. 系统可靠性分析技术 失效模式和影响分析（FMEA）程序：GB/T 7826-2012 [S]. 北京：中国标准出版社，2012.
[10] 全国汽车标准化技术委员会. 爆炸性环境 第14部分：场所分类 爆炸性气体环境：GB/T 3836.14-2014 [S]. 北京：中国标准出版社，2014.
[11] 许翔，张众杰，凤蕴，等. 汽车环境适应性试验综述 [J]. 装备环境工程，2013，10（1）：61-65.
[12] 全国汽车标准化技术委员会. 道路车辆电气及电子设备的环境条件和试验：GB/T 28046-2011 [S]. 北京：中国标准出版社，2012.
[13] 全国汽车标准化技术委员会. 硫化橡胶或热塑性橡胶 热空气加速老化和耐热试验：GB/T 3512-2014 [S]. 北京：中国标准出版社，2014.
[14] 田奎森，刘春秀，王征宇，等. 电动汽车驱动电机系统的环境适应性设计 [J]. 大功率变流技术，2014（2）：27-30.
[15] 孙振东，刘佳彬，李希浩，等. 基于氢燃料电池汽车碰撞安全性的研究 [J]. 北京汽车，2009（2）：27-30.
[16] 全国汽车标准化技术委员会. 氢燃料电池汽车 安全要求：GB/T 24549-2009 [S]. 北京：中国标准出版社，2010.
[17] 全国汽车标准化技术委员会. 安全标志及其使用导则：GB/T 2894-2016 [S]. 北京：中国标准出版社，2016.
[18] 全国汽车标准化技术委员会. 压力管道规范工业管道：GB/T 20801-2006 [S]. 北京：中国标准出版社，2006.
[19] 刘艳秋，张志芸，张晓瑞，等. 氢燃料电池汽车氢系统安全防控分析 [J]. 客车技术与研究，2017，39（6）：13-16.
[20] 宋柯，章桐. 纯电动和串联式混合动力汽车电机传动系参数匹配 [J]. 汽车工程，2013，35（6）：

559-564.

[21] RAHMAN K M, EHSANI M. Performance analysis of electric motor drives for electric and hybrid electric vehicle applications [J]. IEEE Power Electronics in Transportation, 1996: 49-56.

[22] EHSANI M, RAHMAN K M, TOLIYAT H A. Propulsion system design of electric and hybrid Vehicles [J]. IEEE Transactions on Industrial Electronics, 1997: 19-27.

[23] TOLIYAT H A, RAHMAN K M, EHSANI M. Electric machines in electric and hybrid vehicle Applications [C]. Proceeding of ICPE 1995, 1995: 627-635.

[24] 全国汽车标准化技术委员会. 石油天然气工业 油气开采中用于含硫化氢环境的材料 第1部分: 选择抗裂纹材料的一般原则: GB/T 20972.1-2007 [S]. 北京: 中国标准出版社, 2007.

[25] 全国汽车标准化技术委员会. 电动汽车安全要求 第3部分: 人员触电防护: GB/T 18384.3-2015 [S]. 北京: 中国标准出版社, 2015.

[26] 尤寅. 新能源电动汽车动力系统匹配 [D]. 上海: 同济大学, 2010.

[27] 全国汽车标准化技术委员会. 混合动力电动汽车动力性能试验方法: GB/T 19752-2005 [S]. 北京: 中国标准出版社, 2005.

[28] 程伟, 税方, 路华鹏. 插电式串联混合动力汽车系统设计及仿真研究 [J]. 上海汽车, 2009 (12): 8-11.

[29] EHSANI M, GAO Y, EMADI A. Modern electric, hybrid electric and fuel cell vehicles: fundamentals, theory, and design [M]. 2nd ed. Boca Raton: CRC Press Taylor & Francis Group, 2010.

[30] DONG T, ZHAO F, LI J, et al. Design method and control optimization of an extended range electric vehicle [C]. IEEE international Conference Vehicle Power and Propulsion (VPPC), 2011: 1-6.

[31] SONG K, ZHANG J, ZHANG T. Design and development of a pluggable PEMFC extended range electric vehicle [C]. Proceedings of 2011 Second International Conference on Mechanic Automation and Control Engineering (MACE), 2011: 1144-1147.

[32] 张承慧, 李珂, 崔纳新, 等. 混合动力电动汽车能量及驱动系统的关键控制问题研究进展 [J]. 山东大学学报(工学版), 2011, 41 (5): 1-8.

[33] BRAHMA A, GUEZENNEC Y, RIZZONI G. Optimal energy management in series hybrid electric vehicles [C]. Proceedings of the 2000 American Control Conference, 1997 (1): 689-693.

[34] PAGANELLI G, DELPRAT S, GUERRA T M, et al. Equivalent consumption minimization strategy for parallel hybrid powertrains [C]. IEEE 55th Vehicular Technology Conference, 2002, VTC Spring 2002: 2076-2081.

[35] 舒红, 聂天雄, 邓丽君, 等. 插电式并联混合动力汽车模型预测控制 [J]. 重庆大学学报, 2011, 34 (5): 36-41.

[36] ANDERSON R, et al. A critical review of two-phase flow in gas flow channels of proton exchange membrane fuel cells [J]. Journal of Power Sources, 2010, 195 (15): 4531-4553.

[37] MANOJ K P, PARTHASARATHY V. A passive method of water management for an air-breathing proton exchange membrane fuel cell [J]. Energy, 2013, 51 (3): 457-461.

[38] 全国汽车标准化技术委员会. 质子交换膜燃料电池汽车用燃料 氢气: GB/T 37244-2018 [S]. 北京: 中国标准出版社, 2015.

[39] 全国汽车标准化技术委员会. 燃料电池电动汽车 安全要求: GB/T 24549-2020 [S]. 北京: 中国标准出版社, 2020.

[40] 全国汽车标准化技术委员会. 工业起升车辆用燃料电池发电系统 第1部分: 安全: GB/T 31037.1-2014 [S]. 北京: 中国标准出版社, 2014.

[41] 蔡年生. 固体聚合物电极质燃料电池中的水平衡 [J]. 电源技术, 1996, 20 (3): 128-133.

[42] 全国燃料电池及液流电池标准化技术委员会. 质子交换膜燃料电池 第1部分: 术语: GB/T 20042.1-

2017［S］.北京：中国标准出版社，2017.

［43］ DEBE, MARK K. Electrocatalyst approaches and challenges for automotive fuel cells［J］. Nature, 2012, 486 (7401)：43-51.

［44］ JANG I, HWANG I, TAK Y. Attenuated degradation of a PEMFC cathode during fuel starvation by using carbon-supported IrO2［J］. Electrochimica Acta, 2013, 90 (5)：148-156.

［45］ NIE Y, LI L, WEI Z. Recent advancements in Pt and Pt-free catalysts for oxygen reduction reaction［J］. Chemical Society Reviews, 2015, 46 (25)：2168-2201.

［46］ CUI C, AHMADI M, BEHAFARID F, et al. Shape-selected bimetallic nanoparticle electrocatalysts：evolution of their atomic-scale structure, chemical composition, and electrochemical reactivity under various chemical environments［J］. Faraday Discussions, 2013, 162 (9)：91-112.

［47］ STRASSER P, KOH S, ANNIYEV T, et al. Lattice-strain control of the activity in dealloyed core-shell fuel cell catalysts［J］. Nature Chemistry, 2010, 2 (6)：454-460.

［48］ YANG H. Platinum-based electrocatalysts with core-shell nanostructures［J］. Angew Chem Int ED Engl, 2015, 50 (2)：2674-2676.

［49］ WANG C, WANG S B, PENG L F, et al. Recent progress on the key materials and components for proton exchange membrane fuel cells［J］. Energies, 2016, 9 (8)：603.

［50］ 全国汽车标准化技术委员会. 固定式燃料电池发电系统 第1部分：安全：GB/T 27748.1-2017［S］. 北京：中国标准出版社，2017.

［51］ 全国汽车标准化技术委员会. 电动汽车安全要求：GB 18384-2020［S］. 北京：中国标准出版社，2020.

［52］ 全国汽车标准化技术委员会. 低压系统内设备的绝缘配合 第1部分：原理、要求和试验：GB/T 16935.1-2008［S］. 北京：中国标准出版社，2008.

［53］ 全国汽车标准化技术委员会. 质子交换膜燃料电池发电系统低温特性测试方法：GB/T 33979-2017［S］. 北京：中国标准出版社，2017.

［54］ WANG B. Recent development of non-platinum catalysts for oxygen reduction reaction［J］. Journal of Power Sources, 2005, 152 (1)：1-19.

［55］ WU G, ZELENAY P. Nanostructured nonprecious metal catalysts for oxygen reduction reaction［J］. Acc Chem Res, 2013, 46 (8)：1878-1889.

［56］ KREUER K D, et al. Transport in proton conductors for fuel-cell applications：simulations, elementary reactions, and phenomenology［J］. Cheminform, 2004, 35 (50)：4637-4678.

［57］ SUBIANTO S, PICA M, CASCIOLA M, et al. Physical and chemical modification routes leading to improved mechanical properties of perfluorosulfonic acid membranes for PEM fuel cells［J］. Journal of Power Sources, 2013, 233 (233)：216-230.

［58］ 全国汽车标准化技术委员会. 道路车辆用质子交换膜燃料电池模块：GB/T 33978-2017［S］. 北京：中国标准出版社，2017.

［59］ FADZILLAH D M, ROSLI M I, TALIB M Z M, et al. Review on microstructure modelling of a gas diffusion layer for proton exchange membrane fuel cells［J］. Renewable & Sustainable Energy Reviews, 2017, 77.

［60］ CINDRELLA L, KANNAN A M, LIN J F, et al. Gas diffusion layer for proton exchange membrane fuel cells-A review［J］. Journal of Power Sources, 2009, 194 (1)：146-160.

［61］ OMRANI R, SHABANI B. Gas diffusion layer modifications and treatments for improving the performance of proton exchange membrane fuel cells and electrolysers：A review［J］. International Journal of Hydrogen Energy, 2017, 42 (47).

［62］ 全国汽车标准化技术委员会. 质子交换膜燃料电池 第3部分 质子交换膜测试方法：GB/T 20042.3-2009［S］. 北京：中国标准出版社，2009.

[63] 全国汽车标准化技术委员会. 质子交换膜燃料电池 第5部分：膜电极测试方法：GB/T 20042.5-2009［S］. 北京：中国标准出版社，2009.

[64] SASSIN M B, et al. Fabrication method for laboratory-scale high-performance membrane electrode assemblies for fuel cells［J］. Analytical Chemistry, 2016, 89（1）：511.

[65] LIU C Y, SUNG C C. A review of the performance and analysis of proton exchange membrane fuel cell membrane electrode assemblies［J］. Journal of Power Sources, 2012, 220（4）：348-353.

[66] 全国汽车标准化技术委员会. 质子交换膜燃料电池膜电极工况适应性测试方法：GB/Z 27753-2011［S］. 北京：中国标准出版社，2011.

[67] 全国汽车标准化技术委员会. 质子交换膜燃料电池 第7部分：炭纸特性测试方法：GB/T 20042.7-2014［S］. 北京：中国标准出版社，2014.

[68] HUANG X, RIGDON W A, NEUTZLER J, et al. High performance membrane electrode assembly fabricated by ultrasonic spray technique［J］. Ecs Transactions, 2011, 41（1）.

[69] 全国汽车标准化技术委员会. 质子交换膜燃料电池 第6部分：双极板特性测试方法：GB/T 20042.6-2011［S］. 北京：中国标准出版社，2011.

[70] KIM I J S, et al. Fuel cell end plates：a review［J］. International Journal of Precision Engineering and Manufature, 2008. 9（1）：39-46.

[71] 侯明，衣宝廉. 燃料电池的关键技术［J］. 科技导报，2016，34（6）：52-61.

[72] 张化冰. 质子交换膜燃料电池金属双极板表面改性研究［D］. 大连：中国科学院大连化学物理研究所，2010.

[73] 王胜利. 质子交换膜燃料电池金属双极板表面改性研究［D］. 大连：中国科学院大连化学物理研究所，2016.

[74] XIAO K, et al. Research status of bipolar plate flow field structure of PEMFC［J］. Chinese Journal of Power Sources, 2018, 42（1）：153-156.

[75] LIU H, LI P W, JUAREZ-ROBLES D, et al. Experimental Study and Comparison of Various Designs of Gas Flow Fields to PEM Fuel Cells and Cell Stack Performance［J］. Frontiers in Energy Research, 2014, 2（2）.

[76] 周平. 燃料电池封装力学及多相微流动［D］. 大连：大连理工大学，2009.

[77] 全国汽车标准化技术委员会. 质子交换膜燃料电池 电池堆通用技术条件：GB/T 20042.2-2008［S］. 北京：中国标准出版社，2008.

[78] 武山诚，高山干城. 用于燃料电池的端板、燃料电池和燃料电池系统：CN105591119A［P］. 2016-05-18.

[79] 周平，吴承伟. 燃料电池弹性体密封特性的若干影响因素［J］. 电源技术，2005（4）：236-240.

[80] 付宇飞. 质子交换膜燃料电池系统密封与组装的研究［D］. 大连：中国科学院大连化学物理研究所，2008.

[81] 全国汽车标准化技术委员会. 电工电子产品着火危险试验 第5部分：试验火焰 针焰试验方法装置、确认试验方法和导则：GB/T 5169.5-2008［S］. 北京：中国标准出版社，2008.

[82] TAN J, CHAO Y J, YANG M, et al. Chemical and mechanical stability of a Silicone gasket material exposed to PEM fuel cell environment［J］. International Journal of Hydrogen Energy, 2011, 36（2）：1846-1852.

[83] 林鹏. 质子交换膜燃料电池电堆的热力耦合封装力学研究［D］. 大连：大连理工大学，2011.

[84] HIMANEN O, HOTTINEN T, TUURALA S. Operation of a planar free-breathing PEMFC in a dead-end mode［J］. Electrochemistry Communications, 2007, 9（5）：891-894.

[85] 刘明义，蒋利军，黄倬，等. 便携式质子交换膜燃料电池系统集成研究［J］. 电源技术，2006，30（6）：446-449.

[86] 全国汽车标准化技术委员会. 燃料电池 模块：GB/T 29838-2013［S］. 北京：中国标准出版社，2008.
[87] 全国汽车标准化技术委员会. 燃料电池电动汽车 燃料电池堆安全要求：GB/T 36288-2018［S］. 北京：中国标准出版社，2018.
[88] 谢晋. 质子交换膜燃料电池（PEMFC）控制和管理系统的研究［D］. 上海：上海海事大学，2005.
[89] YIZ，BIAO Z，SOBIESIAK A. Water and thermal management in a single PEM fuel cell with non-uniform stack temperature［J］. Journal of Power Sources，2006，161（1），143-159.
[90] 王洪卫，王伟国. 质子交换膜燃料电池阳极燃料循环方法［J］. 电源技术，2007，31（7）：559-561.
[91] 范明哲. PEMFC 阳极氢气回流装置模拟与优化研究［D］. 天津：天津大学，2016.
[92] 刘英，许思传，常国峰. PEMFC 引射器的设计及特性分析［J］. 佳木斯大学学报（自然科学版），2014，32（4）：21-27.
[93] 刘煜，方明. 质子交换膜燃料电池氢气循环过程的稳态模拟与分析［J］. 东方电气评论，2017，31（4）：21-27.
[94] 全国汽车标准化技术委员会. 质子交换膜燃料电池电堆低温特性试验方法：GB/T 31035-2014［S］. 北京：中国标准出版社，2014.
[95] 全国汽车标准化技术委员会. 外壳防护等级（IP 代码）：GB/T 4208-2017［S］. 北京：中国标准出版社，2017.
[96] CHEN F，SU Y G，SOONG C Y，et al. Transient behavior of water transport in the membrane of a PEM fuel cell［J］. Journal of Electroanalytical Chemistry，2004，566（1）：85-93.
[97] 崔东周，肖金生，潘牧，等. 质子交换膜燃料电池水、热、气管理［J］. 电池，2005，34（5）：373-375.
[98] AHLUWALIA R K，WANG X. Fuel cell systems for transportation：status and trends［J］. Journal of Power Sources，2008，177（1）：167-176.
[99] HWANG J J. Passive hydrogen recovery schemes using a vacuum ejector in a proton exchange membrane fuel cell system［J］. Journal of Power Sources，2014，247：256-263.
[100] 全国汽车标准化技术委员会. 电工电子产品环境试验 第 2 部分 试验方法 试验 Ka：盐雾：GB/T 2423.17-2008［S］. 北京：中国标准出版社，2008.
[101] 杨绍军，罗志平，潘牧，等. 质子交换膜燃料电池水管理［J］. 电池工业，2005（2）：100-104.
[102] AGNOLUCCI P. Economics and market prospects of portable fuel cells［J］. International Journal of Hydrogen Energy，2007，32（17）：4319-4328.
[103] HWANG J J. Effect of hydrogen delivery schemes on fuel cell efficiency［J］. Journal of Power Sources，2013，239（10）：54-63.
[104] KIM S，SHIMPALEE S，ZEE J W V. The effect of stoichiometry on dynamic behavior of a proton exchange membrane fuel cell（PEMFC）during load change［J］. Journal of Power Sources，2004，135（1-2）：110-121.
[105] 郭爱. 基于过氧比的车载燃料电池系统控制技术［D］. 成都：西南交通大学，2015.
[106] 全国汽车标准化技术委员会. 乘用车制动系统技术要求及试验方法：GB/T 21670-2008［S］. 北京：中国标准出版社，2008.
[107] PUKRUSHPAN J T，STEFANOPOULOU A G，PENG H. Control of fuel cell power systems principles，modeling，analysis，and feedback design［M］. NewYork：Springer，2004.
[108] 全国汽车标准化技术委员会. 商用车辆和挂车制动系统技术要求及试验方法：GB/T 12676-2014［S］. 北京：中国标准出版社，2014.
[109] SRIDHAR P，PERUMAL R，RAJALAKSHMI N，et al. Humidification studies on polymer electrolyte membrane fuel cell［J］. Journal of Power Sources，2001，101（1）：72-78.
[110] 虞红强. 质子交换膜燃料电池（PEMFC）反应气体湿度的控制研究［D］. 上海：上海交通大

学，2004.

[111] 葛福臻. 质子交换膜燃料电池湿度控制系统研究［D］. 武汉：武汉理工大学，2015.

[112] 全国汽车标准化技术委员会. 机动车和挂车防抱制动性能和试验方法：GB/T 13594-2003［S］. 北京：中国标准出版社，2003.

[113] MUTOH N, NAKASHIMA J, KANESAKI M. Multilayer Power Printed Structures Suitable for Controlling EMI Noises Generated in Power Converters［J］. IEEE Transactions on Industrial Electronics，2003，50（6）：1085-1094.

[114] ROMIL T, MARLIN B and SHU Y. Finite Element Modeling and Crash Analysis of a School Bus［J］. SAE Technical Paper，2003（1）：3425.

[115] 全国汽车标准化技术委员会. 机动车运行安全技术条件：GB/T 7258-2017［S］. 北京：中国标准出版社，2017.

[116] OKURA K. Development and Future Issues of High Voltage Systems for FCV［J］. Proceedings of the IEEE，2007，95（4）：790-795.

[117] POTDEVIN D. Insulation monitoring in high voltage systems for hybrid and electric vehicles［J］. Atzelektronik Worldwide，2009，4（6）：28-31.

[118] 全国汽车标准化技术委员会. 燃料电池电动汽车 安全要求：GB/T 24549-2020［S］. 北京：中国标准出版社，2020.

[119] MIYAZAKI S, SAWADA S, SUETANI M, et al. issue 4 high voltage, large current terminals for hybrid electric vehicle wire harnesses［J］. World Electric Vehicle Journal，2018.

[120] MIYAZAKI S, KIHIRA S, NOZAKI T. New shielding construction of high-voltage wiring harnesses for toyota prius-Winning of toyota superior award for cost reduction［J］. SEI Technical Review，2006，61：21-23.

[121] 燃料电池道路车辆 安全性规范 带压缩氢燃料汽车用氢危险防护措施［S］. BS ISO 23273：2013-10-31.

[122] WESTBROOK M. The Electric Car［J］. Institution of Electrical Engineers，2001.

[123] OH J S, RYU J S. Safety device for cutting-off high voltage for hybrid electric vehicle［P］. 2011.

[124] 全国汽车标准化技术委员会. 氢燃料电池汽车 车载氢系统 技术条件：GB/T 26990-2011［S］. 北京：中国标准出版社，2011.

[125] YAMAZAKI M S. System and method for charging a high voltage bus within a hybrid electric vehicle［P］. 2011.

[126] 朱建新，郑荣良，卓斌，等. 电动汽车高压电安全诊断与控制策略的研究［J］. 汽车工程，29（4）：308-312.

[127] 戴海峰. 电动汽车高压电安全分析及防护设计［J］. 机电一体化，2013（1）：53-59.

[128] 羌嘉曦，杨林，朱建新. 电动汽车动力电池高压电测试系统研究［J］. 电源技术，2007，31（8）：655-658.

[129] 燕希强. 车用PEM燃料电池堆绝缘电阻的实验研究［J］. 电源技术，2006（6）：443-445.

[130] 全国汽车标准化技术委员会. 氢燃料电池汽车 车载氢系统 试验方法：GB/T 29126-2012［S］. 北京：中国标准出版社，2012.

[131] 丁更新. 一种基于低频脉冲信号响应的绝缘电阻检测方法［J］. 汽车科技，2016（1）：52-55.

[132] 王友仁，崔江，刘新峰. 直流系统在线绝缘检测技术研究［J］. 仪器仪表学报，2005，26（8）：849-852.

[133] 陈志强，宋凡峰，刘畅. 一种新颖的直流系统在线绝缘检测方法［J］. 电工电气，2009（6）：40-42.

[134] 黄伟科，万党水，凌天均. 氢燃料电池汽车碰撞高压电安全的设计与评价［J］. 汽车工程，2012，34（6）：491-496.

[135] 全国汽车标准化技术委员会. 氢燃料电池汽车 加氢口: GB/T 26779-2011 [S]. 北京: 中国标准出版社, 2011.

[136] 严治国, 孙骁磊, 陈彦雷. 燃料电池客车高压电安全和氢安全设计 [J]. 客车技术与研究, 2011 (5): 20-24.

[137] 武晓华. PHEV 车型高压互锁方案设计及分析 [J]. 汽车电器, 2016 (9): 7-10.

[138] 马春生. 氢燃料电池客车滚翻的仿真及改进设计 [J]. 汽车安全与节能学报, 2014, 5 (1): 58-64.

[139] 全国汽车标准化技术委员会. 车用压缩氢气铝内胆碳纤维全缠绕气瓶: GB/T 35544-2017 [S]. 北京: 中国标准出版社, 2017.

[140] 李晶晶. 燃料电池发电系统安全与标准化 [J]. 标准应用与解读, 2010 (3): 47-49.

[141] 敖国强, 钟虎, 杨林, 等. 燃料电池汽车动力总成故障诊断硬件在环系统开发 [J]. 农业机械学报, 2007, 38 (2): 160-163.

[142] 全国汽车标准化技术委员会. 汽车用燃料电池发电系统 技术条件: GB/T 25319-2010 [S]. 北京: 中国标准出版社, 2010.

[143] 王嘉悦. 电动汽车有缘在线绝缘监测装置的研究与开发 [D]. 北京: 北京交通大学, 2011.

[144] 童俊. 混合动力客车高压电安全性能研究 [D]. 长沙: 湖南大学, 2008.

[145] 全国汽车标准化技术委员会. 旋转电机整体结构的防护等级（IP 代码）分级: GB/T 4942.1-2006 [S]. 北京: 中国标准出版社, 2006.

[146] 张俊. 纯电动汽车高压电安全监控系统研究 [D]. 杭州: 浙江工业大学, 2012.

[147] 郭宏榆, 姜久春, 温家鹏, 等. 新型电动汽车绝缘检测方法研究 [J]. 电子测量与仪器学报, 2011, 25 (3): 253-257.

[148] 全国汽车标准化技术委员会. 氢燃料电池汽车车载氢系统技术条件: GB/T 26990-2011 [S]. 北京: 中国标准出版社, 2011.

[149] 全国汽车标准化技术委员会. 道路车辆功能安全: GB/T 34590-2017 [S]. 北京: 中国标准出版社, 2011.

[150] 赵春明, 吴志新, 马宁, 等. 电动汽车高压电系统状态参数在线监测 [J]. 吉林大学学报, 2007, 37 (1): 37-41.

[151] 全国汽车标准化技术委员会. 电动汽车碰撞后安全要求: GB/T 31498-2015 [S]. 北京: 中国标准出版社, 2015.

[152] 全国汽车标准化技术委员会. 汽车正面碰撞的乘员保护: GB 11551-2014 [S]. 北京: 中国标准出版社, 2014.

[153] 樊彦强, 姜久春, 潘磊, 等. 用于电力机车辅助电路接地故障检测的新方法 [J]. 制造业自动化, 2005, 27 (6): 68-73.

[154] 王洪武, 张戟, 杨腾飞. 电动汽车驱动系统 EMC 问题研究现状 [J]. 电子测量技术, 2011, 34 (6): 18-22.

[155] 王伟, 周雅夫, 王健. 电动汽车电磁兼容性研究 [J]. 汽车工程, 2008, 130 (5): 399-402.

[156] 全国汽车标准化技术委员会. 氢燃料电池汽车 整车氢气排放测试方法: GB/T 37154-2018 [S]. 北京: 中国标准出版社, 2018.

[157] 魏跃远, 詹文章, 林逸. 燃料电池混合动力汽车动力系统匹配与优化研究 [J]. 汽车工程, 2008 (10): 24-27.

[158] 全国汽车标准化技术委员会. 汽车侧面碰撞的乘员保护: GB 20071-2006 [S]. 北京: 中国标准出版社, 2006.

[159] 王保华. 混合动力城市客车控制策略与实验研究 [D]. 上海: 上海交通大学, 2008.

[160] 曾小华, 王庆年, 王伟华, 等. 正交优化设计理论在混合动力汽车设计中的应用 [J]. 农业机械学报, 2006 (5): 1-5.

[161] 袭著永. 混合动力电动汽车控制策略的仿真研究及优化［D］. 合肥：合肥工业大学，2007.

[162] 李玉芳，何洪文，林逸. 燃料电池混合动力汽车能源配置方法研究［J］. 计算机仿真，2007（12）：11-13.

[163] 姬芬竹，高峰，周荣. 电动汽车传动系统参数设计和续驶里程研究［J］. 辽宁工程技术大学学报，2006（3）：19-23.

[164] 琚龙. 基于 MATLAB 仿真的纯电动车动力系统匹配研究［J］. 硅谷，2010（11）：9-13.

[165] 刘峰，田韶鹏. 电动汽车动力性能计算与仿真［J］. 北京汽车，2011（3）：12-14.

[166] 侯明，衣宝廉. 燃料电池技术发展现状［J］. 电源技术，2008（10）：649-654.

[167] 阿布里提·阿布都拉. 燃料电池汽车的现状及开发动向［J］. 电工电能新技术，2000（6）：54-59.

[168] 赵思臣. 自增湿阴极开放式 PEMFC 输出特性实验分析及动态建模［D］. 成都：西南交通大学，2014.

[169] 郑怡颖，赵治国. 车用质子交换膜燃料电池动态建模与仿真分析［J］. 机械与电子，2012（4）：53-57.

[170] 张锦芳. 小功率质子交换膜燃料电池及其控制方法研究［D］. 成都：西南交通大学，2012.

[171] CHOI J W, HWANG Y S, CHA S W, et al. Experimental study on enhancing the fuel efficiency of an anodic dead-end mode polymer electrolyte membrane fuel cell by oscillating the hydrogen［J］. International Journal of Hydrogen Energy，2010，35（22）：12469-12479.

[172] YERRAMALLA S, DAVARI A, FELIACHI A, et al. Modeling and simulation of the dynamic behavior of a polymer electrolyte membrane fuel cell［J］. Journal of Power Sources，2003，124（1）：104-113.

[173] CHEVALIER S, AUVITY B, OLIVIER J C, et al. Detection of Cells State-of-Health in PEM Fuel Cell Stack Using EIS Measurements Coupled with Multiphysics Modeling［J］. Fuel Cells，2014，14（3）：416-429.

[174] 胡建军，李彤，龚为伦，等. 汽车转向技术进展分析［J］. 液压与气动，2006（12）：17-22.

[175] 陈家瑞. 汽车构造［M］. 北京：人民交通出版社，2006.

[176] 厉晓飞. 一种新型转向轴式 EPS 系统减速机构的设计［J］. 轻型汽车技术，2011（1）：9-12.

[177] 申荣卫，台晓虹，赵剑锋，等. 纯电动客车电动助力转向系统匹配设计理论研究［J］. 拖拉机与农用运输车，2009，36（4）：63-65.

[178] 张春虎. 汽车电动助力转向系统研究及设计［D］. 西安：长安大学，2011.

[179] 王望予. 汽车设计［M］. 北京：机械工业出版社，2006.

[180] 何仁，苗立东. 电动助力转向系统电动机与减速机构的匹配研究［J］. 公路交通科技，2005，22（3）：111-114.

[181] 郑虎，周中坚. 汽车电动转向系统用驱动电机现状及其发展［J］. 上海汽车，2011（2）：36-41.

[182] 肖峰. 汽车线控转向控制器的开发研究［D］. 西安：长安大学，2008.

[183] 孔繁盛. 夏利汽车电动助力转向系统的匹配研究［D］. 长春：吉林大学，2010.

[184] 崔立伟，张鹏，龙晓丹，等. 氢燃料电池汽车电动真空助力制动系统的动力学分析与测试［J］. 机械设计与研究，2014，30（3）：143-149.

[185] 邱明喆. 电驱动客车制动能量回收系统的仿真与试验研究［D］. 北京：清华大学，2015.

[186] 刘清河，刘涛，孙泽昌. 燃料电池汽车线控串行复合制动系统的开发［J］. 汽车工程，2011（7）：586-589.

[187] 刘清河，孙泽昌. 燃料电池汽车并行复合制动系统开发［J］. 高技术通信，2010（5）：544-550.

[188] 姜波波. 电动汽车制动系统现状及对策［J］. 南方农机，2021，52（24）：144-147.

[189] 王旭. 基于制动意图识别的纯电动客车再生制动控制策略研究［D］. 西安：长安大学，2013.

[190] 林逸，贺丽娟，何洪文，等. 电动汽车真空助力制动系统的计算研究［J］. 汽车技术，2006（10）：19-22.

［191］孔红领，陈青平，李文浩. 电动汽车真空助力制动系统研究［C］. 中国汽车工程学会年会论文集. 北京：机械工业出版社，2020.

［192］李银刚. 基于电动真空助力的纯电动汽车电液复合制动系统研究［D］. 镇江：江苏大学，2021.

［193］邢志伟，毕凤荣，马小强，等. 纯电动汽车的复合制动系统多目标控制研究［J］. 机械科学与技术，2020，39（12）：1805-1812.

［194］KO S，SONG S. Effects of design parameters on cavitation in a solenoid valve for an electric vehicle braking system and design optimization［J］. Journal of Mechanical Science & Technology，2015，22（11）：4757-4765.

［195］PUTRA M，NIZAM M，T JAHJANA D，et al. The Effect of Air Gap on Braking Performance of Eddy Current Brakes on Electric Vehicle Braking System［C］. International Conference on Electric Vehicular Technology（ICEVT）. IEEE，2019.